KB273850

가족관계법에 따른

개명 · 입양 · 연령정정 실무와 사례

편저 : 이 상 범

대한민국 법률지식의 중심
법문 북스

머 리 말

　　현대 사회와 가정은 예전에 비해 더욱 복잡하고 다양한 인간 관계와 가족을 형성하게 되었습니다.

　　특히 가족의 구성은 출생에서부터 신고·인지신고·입양신고·친양자·혼인·사망·친권·국적 취득 및 상실 등 제반 문제와

　　비송문제에서는 성·본·창설·개명·연령 정정·성·본의 정정 등 복잡하고 다양한 문제들이 있습니다.

　　제1편에는 가족등록부 증명서·가족등록법률 제정이유 주요내용과 별지 증명서 발급 절차 등이 수록되었고

　　제2편 가족관계 등록신고에서부터 출생신고·인지신고·입양신고·친양자 입양신고·혼인신고·이혼신고·사망신고·친권에 관한 신고 등을 기술하였고

　　제3편 비송 분야에는 국적 취득자의 성·본·창설·개명·법원허가에 의한 가족관계 정정·연령 정정·성·본의 정정·성별 정정·한자성의 한글표기 정정 등이 기술되었으며 해당 내용에는 최근 개정된 법률과 대법원 판례와 각 사례·양식·서식이 수록되어 있어 실무 해결에 많은 도움이 될 것입니다.

2013. 6. 10.

차 례

제1편 가족관계등록부 증명서

제1장 가족관계의 등록 등에 관한 법률의 제정

제2장 각종 부책과 서류

제1절 중앙관리소의 가족관계등록전산정보 ················· 69

제2절 시(구) · 읍 · 면의 사무소에 비치할 부책과 서류 ·· 70

제2편　가족관계등록신고

제1장 총　론

제2장 출생신고

제8장 사망신고

제9장 친권(親權)에 관한 신고

제10장 후견에 관한 신고

제11장 국적 취득 및 상실에 관한 신고

제3편 가족관계등록비송

제1장 서 론

제2장 국적취득자의 성·본 창설

제3장 개 명

제4장 가족관계등록창설

제5장 법원의 허가에 의한 가족관계등록부의 정정

제1편

가족관계등록부

증명서

제1장 가족관계의 등록 등에 관한 법률의 제정

제1절 제 정

1. 제정이유와 주요내용

(1) 제정이유

「민법」이 개정(법률 제7427호 2005. 3. 31. 공포·시행)되어 2008년 1월 1일부터 「민법」상 호주제가 폐지됨에 따라 호적제도를 대체할 새로운 가족관계 등록제도를 마련하여 국민 개개인별로 출생·혼인·사망 등의 신분 변동사항을 전산정보처리조직에 따라 기록·관리하도록 하는 한편, 그 등록정보를 사용목적에 따른 다양한 증명서 형태로 발급하도록 하고, 가족관계 등록 등의 사무를 국가사무화하여 대법원이 관장하도록 하고, 국적변동사항이 있는 경우 국적업무의 관장기관인 법무부장관이 국적변동자의 등록기준지 시·읍·면의 장에게 이를 직접 통보하여 가족관계등록부에 국민의 국적변동사항을 정확하게 기재할 수 있도록 하는 등 국민의 편의를 도모하려는 것임.

(2) 주요내용

1) 가족관계 등록사무의 국가사무화(법 제2조·제3조 및 제7조)

① 국민의 각종 가족법적 신분변동사항을 등록하거나 증명하는 가족관계 등록사무(종전의 호적사무)는 그 법적 성격이 국가사무임에도 자치사무로 되어 있어 지방자치단체가 막대한 적자를 감수하며 사무를 담당하는 등의 문제점이 있었음.

② 가족관계 등록사무를 국가사무로 하여 대법원이 그 사무를 관장하되, 그 등록사무 처리에 관한 권한을 시·읍·면의 장에게 위임하며, 사무처리에 소요되는 비용은 국가가 부담하도록 함.

③ 그동안 호적업무의 감독을 하던 대법원이 주도적으로 가족관계 등록사무를 관장함에 따라 업무수행을 하는 과정에서 국민의 혼란을 방지하고, 사무처리비용을 국가가 부담함으로써 지방재정에도 도움이 될 것으로 기대됨.

　2) 개인별 가족관계등록부 편제와 전산정보처리조직에 의한 관리(법 제9조·제10조 및 제11조)

① 호주를 기준으로 가(家) 단위로 국민의 가족관계를 편제하는 호적제도는 개인의 존엄과 양성평등의 헌법이념에 어긋난다는 비판이 있었음.

② 호적부를 대신하여 국민 개인별로 등록기준지에 따라 가족관계 등록부를 편제하고, 사무의 전산화에 따라 각종 가족관계의 취득·발생 및 변동사항의 입력과 처리 및 관리를 전산정보처리조직에 의하도록 함.

③ 국민 개개인별로 가족관계사항이 기록·공시됨에 따라 호주제 폐지의 취지 및 양성평등의 원칙을 구현하고, 가(家)를

전제로 한 입적·복적·분가 등의 복잡한 사무처리가 개선되는 등 업무의 효율성이 크게 증대될 것으로 기대됨.

　3) 목적별 다양한 증명서 발급 및 발급신청기준 명확화(법 제14조 및 제15조)

① 호적제도는 호적등본이라는 하나의 증명서에 본인은 물론 가족 전체의 신분에 관한 사항이 모두 기재되어 있고 그 발급신청인도 원칙적으로 제한이 없어 민감한 개인정보가 부당하게 노출되는 등의 문제점이 있었음.

② 증명하려는 목적에 따라 다양한 증명서(가족관계증명, 기본증명, 혼인관계증명, 입양관계증명, 친양자입양관계증명)를 발급받을 수 있도록 하되, 증명서 교부신청은 원칙적으로 본인 또는 본인의 배우자·직계혈족·형제자매만이 할 수 있도록 하고, 친양자입양관계증명은 친양자가 성년이 되어 신청하는 경우 등 한정적으로만 인정하여 발급 요건을 더욱 강화함.

③ 입증사항에 따른 다양한 목적별 증명서의 발급으로 불필요한 개인의 가족관계정보의 공개가 최소화됨으로써 개인정보보호에 크게 이바지할 것으로 기대됨.

　4) 「민법」 개정에 따른 구체적 절차 마련(법 제67조 내지 제71조 및 제100조)

① 「민법」이 개정되어 친양자제도, 자의 성과 본 변경 등이 인정됨에 따라 그에 따른 구체적 절차를 마련할 필요가 있음.

② 친양자를 입양하려는 사람은 친양자 입양재판의 확정일부터 1개월 이내에 재판서의 등본 및 확정증명서를 첨부하여

신고하도록 하고, 혼인중 출생한 자녀가 어머니의 성과 본을 따르기로 한 경우에는 혼인신고서에 그 내용을 기재한 후 부모의 협의서를 첨부하도록 하며, 자녀의 성과 본을 변경하려는 사람은 재판확정일부터 1개월 이내에 재판서의 등본 및 확정증명서를 첨부하여 신고하도록 함.

③ 「민법」의 신설 및 개정 조항에 대한 구체적 절차를 마련함으로써 그 시행에 차질이 없게 될 것으로 기대됨.

　5) 현행 「호적법」의 일부 미비점 개선(법 제76조 및 제85조)

① 현행 「호적법」은 가정법원의 협의이혼의사 확인이 있는 경우에도 이혼신고서에 증인 2인의 연서가 필요하고, 사망신고인을 친족 및 동거인 등으로 한정함으로써 독거노인 등에 대한 사망신고가 잘 이루어지지 않는 등의 문제점이 있었음.

② 가정법원의 이혼의사확인서등본을 첨부한 경우에는 증인 2인의 연서가 있는 것으로 보아 이혼신고를 할 수 있도록 하고, 사망장소의 동장이나 통장 또는 이장도 사망신고를 할 수 있도록 함.

③ 현행 「호적법」 운용 과정에서 나타난 일부 미비점을 개선함으로써 국민의 편의가 대폭 증진될 것으로 기대됨.

　6) 국적변동사항의 통보(법 제98조)

① 국적을 취득하거나 상실·이탈한 사람이라 하더라도 호적관서에 그 사실을 신고하지 않는 한 호적부에 그 변동사항이 기재되지 아니하거나 신호적이 편제되지 아니하는 문제점이

있었음.

② 국적변동사항이 있는 경우 국적업무의 관장기관인 법무부 장관이 국적변동자의 등록기준지의 시·읍·면의 장에게 이를 직접 통보하도록 하고, 대한민국 국민으로 판정받은 사람이 등록되어 있지 아니한 때에는 그 통보를 받은 시·읍·면의 장은 가족관계등록부를 작성하도록 함.

③ 국적변동사항을 국민 신고제에서 관장기관 통보제로 전환하여 국민편의를 도모함.

7) 가족관계 등록정보의 남용자 등에 대한 처벌 강화(법 제117조 내지 제119조)

① 가족관계 등록 전산정보자료는 국민의 민감한 개인정보가 기록되어 있어 그 자료가 부정하게 사용되는 경우 개인의 사생활 침해 등의 문제가 발생할 우려가 있고, 가족관계에 관한 사항을 거짓으로 신고하는 경우 등록사무처리의 진정성을 확보하기 어려운 문제점이 있음.

② 가족관계 등록사무를 처리하는 사람이 법률에서 정하는 사유가 아닌 다른 사유로 등록전산정보자료를 이용하거나 타인에게 제공한 경우에는 3년 이하의 징역 또는 1천만원 이하의 벌금에 처하도록 하고, 거짓으로 신고를 한 사람은 1년 이하의 징역 또는 300만원 이하의 벌금에 처할 수 있도록 함.

③ 거짓신고자와 타인정보 남용자를 처벌하도록 함으로써 등록정보가 철저히 관리되고 개인정보 보호도 강화될 것으로

기대됨.

2. 가족관계등록사항별 증명서의 종류와 그 기록사항

(1) 가족관계증명서

1) 본인의 등록기준지·성명·성별·본·출생연월일 및 주민 등록번호

2) 부모의 성명·성별·본·출생연월일 및 주민등록번호(입양의 경우 양부모를 부모로 기록한다. 다만 단독입양한 양부가 친생모와 혼인관계에 있는 때에는 양부와 친생모를, 단독입양한 양모가 친생부와 혼인관계에 있는 때에는 양모와 친생부를 각각 부모로 기록한다) (개정법률 제15조제1항).

※ 입양의 경우 기존 가족관계증명서에 친부모와 양부모가 함께 기록됨으로써 입양사실이 쉽게 드러나 입양가정의 사생활 보호에 반하는 문제점이 있으므로, 동 증명서에는 양부모만을 부모로 기록하고, 친부모 및 양부모는 입양관계증명서에 기록하여 입양관계를 확인할 수 있도록 함.

3) 배우자, 자녀의 성명·성별·본·출생연월일 및 주민등록번호

(2) 기본증명서

1) 본인의 등록기준지·성명·성별·본·출생연월일 및 주민등록번호

2) 본인의 출생, 사망, 국적상실·취득 및 회복 등에 관한 사항

　(3) 혼인관계증명서

　1) 본인의 등록기준지·성명·성별·본·출생연월일 및 주민등록번호

　2) 배우자의 성명·성별·본·출생연월일 및 주민등록번호

　3) 혼인 및 이혼에 관한 사항

　(4) 입양관계증명서

　1) 본인의 등록기준지·성명·성별·본·출생연월일 및 주민등록번호

　2) 친생부모·양부모 또는 양자의 성명·성별·본·출생연월일 및 주민등록번호(개정법률 제15조제1항).

3. 일부사항증명서

　위 각 호의 증명서의 기록사항 중 일부사항을 증명하는 증명서를 발급할 수 있으며, 이 경우 그 증명서의 기록사항에 관하여 필요한 사항은 대법원규칙으로 정한다(법제15조제2항).

　이는 이혼 등 과거의 기록사항을 전부 현출하는 전부증명형식과는 별도로 개인의 사생활 보호를 위하여 시행되었는데, 제15조제1항 각 호의 증명서의 기록사항 중 일부사항을 증명하는 증명서(이하 "일부사항증명서"라고 한다)는 정정이력사항 및 다음 각 호와 관련된 기록사항을 제외하고 작성한다

(규칙제21조의2제1항).

  (1) 가족관계증명서

   1) 혼인 외 또는 전혼 중의 자녀

   2) 사망한 자녀

  (2) 기본증명서

   1) 기아발견

   2) 인지

   3) 친권.후견 종료

   4) 실종선고취소

   5) 국적취득

   6) 성.본 창설 및 변경

   7) 개명

   8) 가족관계등록창설

  (3) 혼인관계증명서

   1) 혼인취소

   2) 이혼

  (4) 입양관계증명서

   1) 입양취소

   2) 파양

  (5) 친양자입양관계증명서

   1) 친양자입양취소

   2) 친양자파양

4. 가족관계에 관한 그 밖의 증명서 및 가족관계 기록사항에 관하여 필요한 사항은 대법원규칙으로 정한다(법제15조제3항).

♣【별지 제1호 서식】

가 족 관 계 증 명 서(일 부 사 항)

등록기준지	서울특별시 영등포구 여의도동 1번지의 1234

구분	성 명	출생연월일	주민등록번호	성별	본
본인	김본인(金本人)	1965년 01월 01일	650101-1234567	남	金海

가족사항

구분	성명	출생연월일	주민등록번호	성별	본
부	김양부(金養父)	1940년 04월 01일	400401-1333333	남	金海
모	이양모(李養母)	1942년 04월 02일	420402-2222222	여	全州

배우자	박여인(朴女人)	1968년 02월 02일	680202-2345678	여	密陽

자녀	정이군(鄭二君)	1973년 11월 20일	731120-1234566	남	全州
자녀	김일순(金一順)	1990년 01월 01일	900101-2777777	여	金海
자녀	김상준(金上樽)	1999년 05월 08일	990508-1111111	남	金海

위 가족관계증명서(일부사항)는 가족관계등록부의 기록사항과
틀림없음을 증명합니다.

년　　　월　　　일

○○시(읍·면)장　　○　○　○　　　직인

※ 위 증명서는 가족관계등록부의 가족관계 기록사항 중 일부사항에 대한 증명서이므
로, 기록사항 전부에 대하여는 그 전부가 반영된 가족관계증명서를 발급받으시기 바랍
니다.

♣【별지 제2호 서식】

혼 인 관 계 증 명 서(일 부 사 항)

등록기준지	서울특별시 영등포구 여의도동 1번지의 1234

구분	성 명	출생연월일	주민등록번호	성별	본
본인	김본인(金本人)	1965년 01월 01일	650101-1234567	남	金海

혼인사항

구분	성 명	출생연월일	주민등록번호	성별	본
배우자	박여인(朴女人)	1968년 02월 02일	680202-2345678	여	密陽

구분	상 세 내 용
혼인	[신고일] 2008년 02월 01일 [배우자] 박여인 [배우자의 주민등록번호] 680202-2345678 [처리관서] 서울특별시 중구

위 혼인관계증명서(일부사항)는 가족관계등록부의 기록사항과 틀림없음을 증명합니다.

년   월   일

○○시(읍·면)장   ○ ○ ○   직인

※ 위 증명서는 가족관계등록부의 혼인관계 기록사항 중 일부사항에 대한 증명서이므로, 기록사항 전부에 대하여는 그 전부가 반영된 혼인관계증명서를 발급받으시기 바랍니다.

입 양 관 계 증 명 서(일 부 사 항)

등록기준지	서울특별시 영등포구 여의도동 1번지의 1234

구분	성 명	출생연월일	주민등록번호	성별	본
본인	김본인(金本人)	1965년 01월 01일	650101-1234567	남	金海

입양사항

구분	성 명	출생연월일	주민등록번호	성별	본
친생부	김일남(金一男)	1941년 02월 01일	410201-1555555	남	金海
친생모	이일녀(李一女)	1938년 03월 01일	380301-2333333	여	全州
양부	김양부(金養父)	1940년 04월 01일	400401-1333333	남	金海
양모	이양모(李養母)	1942년 04월 02일	420402-2222222	여	全州
양자	정이군(鄭二君)	1973년 11월 20일	731120-1234566	남	全州
양자	김상준(金上樽)	1999년 05월 08일	990508-1111111	남	金海

구분	상 세 내 용
입양	[신고일] 1995년 01월 03일 [양자] 정이군
입양	[신고일] 1997년 03월 10일 [양부] 김양부 [양모] 이양모
입양	[신고일] 2008년 01월 03일 [양자] 김상준 [양자의 주민등록번호] 990508-1111111 [처리관서] 서울특별시 중구

위 입양관계증명서(일부사항)는 가족관계등록부의 기록사항과 틀림없음을 증명합니다. 단, 친양자입양관계는 친양자입양관계증명서에만 표시합니다.

년 　 월 　 일

○○시(읍·면)장 　 ○ ○ ○ 　 직인

※ 위 증명서는 가족관계등록부의 입양관계 기록사항 중 일부사항에 대한 증명서이므로, 기록사항 전부에 대하여는 그 전부가 반영된 입양관계증명서를 발급받으시기 바랍니다.

♣【별지 제4호 서식】

친 양 자 입 양 관 계 증 명 서(일 부 사 항)

등록기준지	서울특별시 영등포구 여의도동 1번지의 1234

구분	성　　명	출생연월일	주민등록번호	성별	본
본인	김본인(金本人)	1965년 01월 01일	650101-1234567	남	金海

친양자입양사항

구분	성　　명	출생연월일	주민등록번호	성별	본
친양자	김순희(金順喜) 사망	1995년 11월 11일	951111-2888888	여	金海

구분	상 세 내 용
입양	[친양자입양재판확정일] 2008년 03월 02일 [결정법원] 서울가정법원 [친양자] 정순희 [친양자의 주민등록번호] 951111-2888888 [신고일] 2008년 04월 03일 [신고인] 김본인 [처리관서] 서울특별시 영등포구

위 친양자입양관계증명서(일부사항)는 가족관계등록부의 기록사항과 틀림없음을 증명합니다.

년　　　월　　　일

○○시(읍·면)장　　○ ○ ○　　　| 직인 |

※ 위 증명서는 가족관계등록부의 친양자입양관계 기록사항 중 일부사항에 대한 증명서이므로, 기록사항 전부에 대하여는 그 전부가 반영된 친양자입양관계증명서를 발급받으시기 바랍니다.

♣ 【별지 제5호 서식】

기 본 증 명 서(일 부 사 항)

등록기준지	서울특별시 영등포구 여의도동 1번지의 1234				
구분	상 세 내 용				
작성	[가족관계등록부 작성일] 2008년 01월 01일 [작성사유] 가족관계의 등록 등에 관한 법률 부칙 제3조제1항				

구분	성 명	출생연월일	주민등록번호	성별	본
본인	김본인(金本人)	1965년 01월 01일	650101-1234567	남	金海

일반등록사항

구분	상 세 내 용
출생	[출생장소] 서울특별시 중구 명동 1234번지 [신고일] 1968년 02월 15일 [신고인] 부

위 기본증명서(일부사항)는 가족관계등록부의 기록사항과 틀림없음을
증명합니다.

년　　　월　　　일

○○시(읍·면)장　　○ ○ ○　　　직인

※ 위 증명서는 가족관계등록부의 기본 기록사항 중 일부사항에 대한 증명서이므로, 기
록사항 전부에 대하여는 그 전부가 반영된 기본증명서를 발급받으시기 바랍니다.

제2절 등록사항별 증명서 등의 교부청구 등

1. 등록사항별 증명서등의 교부청구

(1) 교부 청구권자

본인 또는 배우자, 직계혈족, 형제자매는 법 제15조에 규정된 등록부등의 기록사항에 관하여 발급할 수 있는 증명서의 교부를 청구할 수 있고, 본인등의 대리인이 청구하는 경우에는 본인등의 위임을 받아야 한다(법제14조제1항본문).

이는 개인의 신상에 관한 민감한 사항을 담고 있는 개인신분정보는 높은 단계의 정보보호가 필요함을 고려하여, 제3자는 원칙적으로 본인등의 위임을 받도록 하여 개인의 가속관계정보를 보호하기 위함이다.

특히 제14조제5항은 "등록사항별 증명서를 제출할 것은 요구하는 자는 사용목적에 필요한 최소한의 등록사항이 기록된 증명서를 요구하여야 하며, 제출받은 증명서를 사용목적 외의 용도로 사용하여서는 아니 된다"고 규정하여, 증명서 제출을 요구하는 자는 필요최소한의 가족관계등록사항이 기록된 증명서를 요구하여야 하고 본래의 목적 외의 용도로 사용하는 것을 금지하였다.

다만, 다음 각 호의 어느 하나에 해당하는 경우에는 본인등이 아닌 경우에도 교부를 신청할 수 있다(법제14조제1항단서).

1) 국가 또는 지방자치단체가 직무상 필요에 따라 문서로 신청하는 경우

2) 소송·비송·민사집행의 각 절차에서 필요한 경우

3) 다른 법령에서 본인등에 관한 증명서를 제출하도록 요구하는 경우

4) 그 밖에 대법원규칙으로 정하는 정당한 이해관계가 있는 사람이 신청하는 경우

♣ 위 제4호의 '대법원규칙으로 정하는 정당한 이해관계가 있는 사람'이라 함은 다음 각 호의 경우를 말한다(규칙제19조제2항).

1) 민법상의 법정대리인

2) 채권·채무의 상속과 관련하여 상속인의 범위를 확인하기 위해서 등록사항별 증명서의 교부가 필요한 사람

3) 그 밖에 공익목적상 합리적 이유가 있는 경우로서 대법원예규가 정하는 사람

한편, 여기서 말하는 채권·채무관계의 의미 및 내용, 공익목적의 예 등에 관하여 필요한 사항은 대법원예규로 정하도록 하였으며(규칙제19조제4항), 본인등이 아닌 경우에는 증명서 청구 시 이를 소명하는 자료를 제출하도록 하였고(규칙제19조제3항), 증명서가 필요한 이유를 추가적으로 밝히도록 하여(규칙제22조) 증명서 신청요건을 한층 강화하였다.

(2) 친양자입양관계증명서의 경우

1) 친양자입양관계증명서는 다음 각 호의 어느 하나에 해당하는 경우에 한하여 교부를 청구할 수 있다(법제14조제2항).

① 친양자가 성년이 되어 신청하는 경우

② 혼인당사자가 「민법」 제809조의 친족관계를 파악하고자 하는 경우

③ 법원의 사실조회촉탁이 있거나 수사기관이 수사상 필요에 따라 문서로 신청하는 경우(단, 수사기관이 증명서의 교부를 청구하는 경우에는 각 대상자마다 증명서가 필요한 사유를 구체적으로 기재하되, 관련사건명과 사건접수연월일을 명시하여 청구하여야 하며, 이 경우 규칙 제22조제3항 후단의 규정을 준용한다(규칙제23조제5항))

④ 그 밖에 대법원규칙으로 정하는 경우

친양자입양관계증명서의 경우에는 본인에게도 그 증명서의 교부청구권을 성년이 되기까지 제한하여 다른 증명서보다도 더 강도 높은 제한을 가함으로써 친양자의 복리를 우선시 하도록 한 것이다.

2) 위 법 제14조제2항에 따른 친양자입양관계증명서의 교부제한은 교부청구 대상 본인의 친양자입양 여부와 관계없이 적용되며(규칙제23조제2항). 이러한 규정은 친양자입양에 관한 신고서류의 열람 등의 절차에 준용한다(규칙제23조제4항).

3) 다음 각 호의 어느 하나에 해당하는 경우에 법 제14조제2항제4호에 따른 친양자입양관계증명서의 교부청구를 할

수 있다. 다만, 다음 제1호 및 제2호의 구체적인 소명자료는 대법원예규에 의한다(규칙제23조제3항). 이러한 규정은 친양자의 입양관계에 관한 신고서류의 열람 등의 절차에 이를 준용한다(규칙제23조제4항).

① 「민법」 제908조의4 및 제908조의5의 규정에 의하여 입양취소 또는 파양을 할 경우

② 친양자의 복리를 위하여 필요함을 구체적으로 소명하여 신청하는 경우

③ 그 밖의 대법원예규가 정하는 정당한 이유가 있는 경우

　(3) 등록사항별 증명서 교부청구 방식 및 발급요건

　1) 증명신청서 제출

등록부등의 기록사항에 관하여 발급할 수 있는 증명서, 즉 등록사항별 증명서의 교부신청은 등록부 등의 기록사항 등에 관한 증명신청서(예규제315호 별지 제11호서식)에 그 사유를 기재하여 제출하여야 한다. 그러나 본인이 청구하는 경우에는 신청서를 작성하지 아니할 수 있고, 대리인이 법 제14조제1항의 본인등의 위임을 받아 이를 청구하는 때에는 본인등의 위임장(예규제315호 별지 제12호서식)과 주민등록증·운전면허증·여권 등의 신분증명서 사본을 제출하여야 한다(규칙제19조제1항). 신청서에는 대상자의 성명과 등록기준지를 정확하게 반드시 기재하여야 한다(규칙제19조제3항).

　2) 위임장 없이 교부청구할 수 있는 경우에 필요한 소명자료

신청서에 대상자의 성명과 등록기준지를 정확하게 반드시 기재하여야 하며, 자격여부에 대한 판단자료로 활용하기 위하여 다음 각 호에 해당하는 서류를 소명자료로 제출하여야 한다(규칙제19조제3항).

① 법 제14조제1항제1호의 경우(국가 또는 지방자치단체가 직무상 필요에 따라 문서로 신청하는 경우)에는 그 근거법령과 사유를 기재한 신청기관의 공문 및 관계 공무원의 신분증명서

② 법 제14조제1항제2호의 경우(소송·비송·민사집행의 각 절차에서 필요한 경우)에는 법원의 보정명령서, 재판서, 촉탁서 등 이를 소명하는 자료

③ 법 제14조제1항제3호의 경우(다른 법령에서 본인등에 관한 증명서를 제출하도록 요구하는 경우)에는 이를 소명하는 자료 및 관계법령에 의한 정당한 권한이 있는 사람임을 확인할 수 있는 자료

④ 법 제14조제1항제4호의 경우(그 밖에 대법원규칙으로 정하는 정당한 이해관계가 있는 사람이 신청하는 경우로서, 규칙 제19조제2항에 의하여 인정된 민법상의 법정대리인, 채권·채무의 상속과 관련하여 상속인의 범위를 확인하기 위해서 등록사항별 증명서의 교부가 필요한 사람, 그 밖에 공익목적상 합리적 이유가 있는 경우로서 대법원예규가 정하는 사람)에는 그 근거와 사유를 기재한 신청서 및 정당한 이해관계를 소명하는 자료와 신청인의 신분증명서

3) 증명서를 청구하는 이유를 밝힘

① 법 제14조제1항제1호와 제3호에 따라 등록사항별 증명서의 교부를 청구하는 경우, 각 대상자 마다 등록사항별 증명서가 필요한 이유를 구체적으로 밝혀야 한다(규칙제22조제1항전단). 따라서 위 규칙 제19조제3항제1호와 제3호의 요건인 국가 또는 지방자치단체가 직무상 필요에 따라 문서로 신청하는 경우에는 그 근거법령과 사유를 기재한 신청기관의 공문 및 관계공무원의 신분증명서, 다른 법령에서 본인등에 관한 증명서를 제출하도록 요구하는 경우에는 이를 소명하는 자료 및 관계법령에 의한 정당한 권한이 있는 사람임을 확인할 수 있는 자료를 갖추었을 때에도 등록사항별 증명서가 필요한 이유를 구체적으로 밝혀야 한다.

한편, 한 번에 30통 이상을 청구하는 경우에는 증명서의 교부를 청구하는 기관 또는 단체의 소재지를 관할하는 등록관서에 청구하여야 하는데(규칙제22조제1항후단), 이는 대도시 등록관서의 업무 부담을 줄이기 위함이다.

② 법 제14조제1항제4호의 경우에 해당하는 자는 위 규칙 제19조제3항제4호의 요건, 즉 그 밖에 대법원규칙으로 정하는 정당한 이해관계가 있는 사람이 신청하는 경우로서 규칙 제19조제2항에 의하여 인정된, 민법상의 법정대리인, 채권·채무의 상속과 관련하여 상속인의 범위를 확인하기 위해서 등록사항별 증명서의 교부가 필요한 사람, 그 밖에 공익목적상 합리적 이유가 있다고 인정되어 대법원예규가 정하는 사람의 경우로서 그 근거와 사유를 기재한 신청서 및 이를 소

명하는 자료와 신청인의 신분증명서를 갖추는 것 이외에도 각각의 등록사항별 증명서가 필요한 이유를 별도로 밝혀야 한다(규칙제22조제2항). 이는 본인의 사생활을 보호하기 위하여 모든 등록사항별 증명서의 교부청구를 자유롭게 할 수 있는 것이 아니라 필요한 증명서만을 교부청구할 수 있도록 하기 위함이다.

③ 본인·배우자·직계혈족 이외의 사람, 예를 들면 본인의 형제자매가 등록사항별 증명서 중 가족관계증명서를 교부받고자 하는 경우에는 가족관계증명서가 필요한 이유를 밝혀야 한다(규칙제22조제3항). 배우자를 포함한 가족의 신분정보사항을 포함하고 있는 가족관계증명서의 발급요건을 한층 강화한 것이다.

　4) 부당한 목적에 의한 청구 금지

시(구)·읍·면의 장은 증명서의 교부청구가 등록부에 기록된 사람에 대한 사생활의 비밀을 침해하는 등 부당한 목적에 의한 것이 분명하다고 인정되는 때에는 증명서의 교부를 거부할 수 있다(법제14조제4항).

♣【별지 제11호 서식】

가족관계등록부 등의 증명서 교부 등 신청서

신청 대상	□대상자	성 명	(한자 :　　　　　　　　)
		등록기준지	
		주민등록 번 호	-
			※ 뒷면 작성방법 5.에 해당하는 경우 등록기준지의 기재 없이 주민등록번호로도 신청할 수 있습니다.

신청내용	1. 등록사항별 증명서　①가족관계증명서…( )통　②기본증명서…( )통 　　　　　　　　　　　③혼인관계증명서…( )통　④입양관계증명서…( )통 　　　　　　　　　　　⑤친양자입양관계증명서…( )통 2. 일부사항증명서　　①가족관계증명서…( )통　②기본증명서…( )통 　　　　　　　　　　　③혼인관계증명서…( )통　④입양관계증명서…( )통 　　　　　　　　　　　⑤친양자입양관계증명서…( )통 3. 신고서류기재사항증명…( )건 4. 수리·불수리 증명………( )건 5. 열람(신고서류) ＿＿＿＿년＿＿월＿＿일 접수 ＿＿＿＿＿＿＿＿＿＿신고 6. 종전「호적법」에 따른 제적 : 본적＿＿＿＿＿＿＿＿＿＿＿＿＿＿＿＿＿＿＿＿ 　　　　　　　　　　　호주:＿＿＿＿＿＿　대상자 :＿＿＿＿＿의＿＿＿＿＿ 　　　　제적등본…( )통, 제적초본…( )통, 제적부열람…( )건

주 민 등 록 번호(뒷부 분6자리숫 자의) 공개신청 여부	□전부 공개 □신청대상 자 본인만 공개	공개 신청 사유	□ 1. 신청대상자의 주민등록번호를 정확하게 기재한 경우 □ 2. 신청인이 신청대상자 본인 또는 본인의 부모, 양부 모, 배우자, 자녀 및 그 대리인인 경우 □ 3. 가족관계등록관서 출석 신청인이 재판상 필요를 소 명 □ 4. 공무원 등이 공용목적임을 소명한 경우

※ 수수료	① 등록사항별 증명서(일부사항증명서 포함) 또는 제적 등본 1통당 1,000원, 제적초본 　　1통당 500원 ② 신고서류 열람·증명(신고서류기재사항증명, 수리·불수리 증명 등), 제적부 열람 　　1건당 200원

청구사유	
소명자료	

신 청 인	성명	㊞(서명)	주민등록번호	-	신청인자격	의
	주소				휴대전화번호	
					전화번호	

접수번호	20　　　년　　월　　일 　　　　　　　　　　　　　○○시(구)·읍·면장　귀하

＿＿＿＿＿＿＿ 절취선 ＿＿＿＿＿＿＿

접　　　수　　　증

접수일자: 20 ．　　．　　．　　　　　　　신청인 성명:
접수번호:　　　　　　　　　　　　　　　납부수수료액:
열람·교부예정시간:　　　　　　　　　　　○○시(구)·읍·면장　㊞

※ 법 제117조 3호 : 제14조 제1항·제2항 및 제42조를 위반하여 거짓이나, 그밖의 부정한 방
법으로 다른 사람의 신고서류를 열람하거나 신고서류에 기재되어 있는 사항 또는 등록
부등의 기록사항에 관한 증명서를 교부받은 사람은 3년 이하의 징역 또는 1천만원 이하
의 벌금에 처하게 됩니다. 법 제11조제6항을 위반하여 발급대상이 아닌 사람에게 고의
로 발급한 사람도 같은 처벌을 받습니다.
※ 발급관서가 "시"인 경우에는 "구"가 설치되지 않은 시를 말합니다.

작 성 방 법

(뒤 쪽)

※ 공동상속처럼 신청대상이 수인일 때 신청대상자란에 "별지와 같음"이라고 기재한 후 별지서식을 이용하여 기재할 수 있으며, 이 경우 신청서와 별지를 간인(서명)을 하여야 합니다.

※ 신청서를 작성하는 경우에는 대상자의 성명과 등록기준지를 정확히 기재하여야 합니다. 다만, 본인, 배우자, 직계혈족과 그 대리인의 경우와 아래 5.의 경우에는 대상자의 성명과 주민등록번호로도 청구할 수 있으나, 우편으로 청구할 때에는 등록기준지를 반드시 기재하여야 합니다.

※ 가족관계등록부의 기록사항 전부를 확인하고자 할 경우에는 '등록사항별 증명서', 그 일부만을 확인하고자 할 경우에는 '일부사항증명서' 교부를 신청하여야 합니다.

1. 본인이 청구하는 경우에 신청서를 작성하지 아니할 수 있으나, 본인 등의 대리인이 위임을 받아 청구하는 경우에는 신청서에 본인 등이 서명 또는 날인한 위임장과 신분증명서(주민등록증, 운전면허증, 여권, 공무원증, 외국인등록증, 국내거소신고증, 주민등록번호 및 주소가 기재된 장애인등록증 등)사본을 제출하여야 합니다. 다만, 다음 각 항에 해당하여 소명자료를 제출하는 경우에는 본인 등이 아닌 경우에도 본인 등의 위임 없이 증명서의 교부를 신청할 수 있습니다.

   ① 국가, 지방자치단체 또는 공공기관이 직무상 필요 및 법령상 근거에 따라 문서로 신청하는 경우
   ② 소송, 비송, 민사집행, 보전 등의 각 절차에서 필요한 경우
   ③ 다른 법령에서 본인 등에 관한 증명서를 제출하도록 요구하는 경우
   ④ 민법상의 법정대리인(후견인, 유언집행자, 상속재산관리인, 부재자재산관리인)
   ⑤ 채권·채무 등 재산권의 상속과 관련하여 상속인의 범위를 확인하기 위한 경우
   ⑥ 보험금 또는 연금의 수급권자를 결정하기 위하여 필요한 때
   ⑦ 「공익사업을 위한 토지 등의 취득 및 보상에 관한 법률」에 따라 토지 등의 소유자의 상속인을 확인할 필요가 있는 경우

※청구사유란 및 신청인의 자격란은 구체적으로 **아래 예**와 같이 기재하며, 신청인란의 기재를 하지 않거나, 청구사유를 기재하여야 할 사람이 청구사유를 기재하지 않은 경우 또는 신청인이나 청구사유를 허위로 기재한 경우에는 등록사항별 증명서 또는 제적부의 열람 및 등·초본을 발급받을 수 없습니다.

   예) **청구사유** : 가사소송관련(○○○의 ○○사건)법원제출용
   　　신청인의 자격 : 본인의 부, ○○○의 대리인.

2. 친양자입양관계증명서(신고서류의 열람을 포함한다)는 다음 각 호의 어느 하나에 해당하는 경우에 한하여 발급을 청구 할 수 있습니다.

   ① 성년자가 본인의 친양자입양관계증명서를 신청하는 경우
   ② 친양자의 친생부모·양부모가 본인의 친양자입양관계증명서를 신청하는 경우에는 친양자가 성년자임을 소명한 때
   ③ 혼인당사자가 「민법」 제809조의 친족관계를 파악하고자 하는 경우
   ④ 법원의 사실조회촉탁이 있거나 수사기관이 규칙 제23조제5항에 따라 문서로 신청하는 경우
   ⑤ 「민법」 제908조의4에 따라 입양취소를 하거나 같은 법 제908조의5에 따라 파양을 할 경우

⑥「입양특례법」제16조에 따라 입양취소를 하거나 같은 법 제17조에 따라 파양을 할 경우

⑦ 친양자의 복리를 위하여 필요함을 친양자의 양부모가 구체적으로 소명할 때

⑧ 친양자입양관계증명서가 소송, 비송, 민사집행·보전의 각 절차에서 필요한 경우

⑨ 채권·채무 등 재산권의 상속과 관련하여 상속인의 범위를 확인하기 위한 경우

⑩ 가족관계등록부가 작성되지 않은 채로 사망한 사람의 상속인의 친양자입양관계증명서가 필요한 경우

⑪ 법률상의 이해관계를 소명하기 위하여 친양자의 친생부모·양부모의 친양자입양관계증명서를 신청하는 경우 그 해당법령과 구체적인 소명자료 및 필요 이유를 제시하는 경우

3. **주민등록번호 공개신청여부란**은 다음 각 호의 어느 하나에 해당하는 경우에 한하여 공개 신청여부('전부 공개', '신청대상자 본인만 공개')와 그 사유를 선택하며, 그 밖의 경우에는 기재하지 않습니다.

① 시(구)·읍·면·동의 사무소에 출석한 신청인이 신청대상자의 주민등록번호를 정확하게 기재하여 해당 증명서의 교부를 청구하는 경우

② 신청서의 신청인란에 기재된 신청인이 본인 또는 그 부모, 양부모, 배우자, 자녀인 경우

③ 시(구)·읍·면 및 동의 사무소에 출석한 신청인이 소송, 비송, 민사집행, 보전 등의 각 절차에서 필요함을 소명하는 자료(예 : 법원의 재판서, 보정명령서 등)를 첨부하여 증명서의 교부를 청구하는 경우

④ 국가·지방자치단체의 공무원(「공익사업을 위한 토지 등의 취득 및 보상에 관한 법률」제8조에 따른 사업시행자의 직원을 포함한다)이, 공용 목적임을 소명하는 자료(예: 공문서, 재결서 등)를 첨부하여 증명서의 교부를 청구하는 경우

4. 위 3.의 규정에도 불구하고 다음 각 호의 어느 하나에 해당하는 경우에는 주민등록번호 뒷부분 6자리 숫자의 공개를 제한하지 아니합니다.

① 종전「호적법 시행규칙」부칙(2004. 10. 18) 제3조에 규정된 이미지 전산 제적부 등

② 종전「호적법」에 따른 호적용지로 작성된 제적부

5. 아래의 경우 시(구)읍면동의 사무소에 직접 출석하여 신청대상자의 성명과 주민등록번호를 기재하고 신청인의 신분증사본을 첨부하면 **제적 등의 열람 및 등·초본, 등록사항별 증명서의 발급**을 청구할 수 있습니다.

  - 위 제1.의 ①,②,③,④,⑥,⑦ 및 제2의 ⑦,⑧에 따라 청구하는 경우 법원의 보정명령 등 법령으로 정한 소명자료를 제출한 때 및 상속인이 상속관계의 확인을 위하여 청구하는 때

<별지>

신청 대상	□대상자	성 명	(한자 :)
		등록기준지	
		주민등록 번 호	-

신청내용	1. 등록사항별 증명서 ①가족관계증명서…( )통 ②기본증명서…( )통 　　　　　　　　　　　 ③혼인관계증명서…( )통 ④입양관계증명서…( )통 　　　　　　　　　　　 ⑤친양자입양관계증명서…( )통 2. 일부사항증명서　　　①가족관계증명서…( )통　②기본증명서…( )통 　　　　　　　　　　　 ③혼인관계증명서…( )통 ④입양관계증명서…( )통 　　　　　　　　　　　 ⑤친양자입양관계증명서…( )통 3. 신고서류기재사항증명…( )건 4. 수리·불수리 증명………( )건 5. 열람(신고서류) ＿＿＿년＿월＿일 접수 ＿＿＿＿＿＿신고 6. 종전「호적법」에 따른 제적 : 본적＿＿＿＿＿＿＿＿＿＿＿＿ 　　　　　　　　　　　　 호주:＿＿＿＿＿ 대상자 :＿＿＿의 　　　　제적등본…( )통, 제적초본…( )통, 제적부열람…( )건

신청 대상	□대상자	성 명	(한자 :)
		등록기준지	
		주민등록 번 호	-

신청내용	1. 등록사항별 증명서 ①가족관계증명서…( )통 ②기본증명서…( )통 　　　　　　　　　　　 ③혼인관계증명서…( )통 ④입양관계증명서…( )통 　　　　　　　　　　　 ⑤친양자입양관계증명서…( )통 2. 일부사항증명서　　　①가족관계증명서…( )통　②기본증명서…( )통 　　　　　　　　　　　 ③혼인관계증명서…( )통 ④입양관계증명서…( )통 　　　　　　　　　　　 ⑤친양자입양관계증명서…( )통 3. 신고서류기재사항증명…( )건 4. 수리·불수리 증명………( )건 5. 열람(신고서류) ＿＿＿년＿월＿일 접수 ＿＿＿＿＿＿신고 6. 종전「호적법」에 따른 제적 : 본적＿＿＿＿＿＿＿＿＿＿＿＿ 　　　　　　　　　　　　 호주:＿＿＿＿＿ 대상자 :＿＿＿의 　　　　제적등본…( )통, 제적초본…( )통, 제적부열람…( )건

신청 대상	□대상자	성 명	(한자 :)
		등록기준지	
		주민등록 번 호	-

신청내용	1. 등록사항별 증명서 ①가족관계증명서…( )통 ②기본증명서…( )통 　　　　　　　　　　　 ③혼인관계증명서…( )통 ④입양관계증명서…( )통 　　　　　　　　　　　 ⑤친양자입양관계증명서…( )통 2. 일부사항증명서　　　①가족관계증명서…( )통　②기본증명서…( )통 　　　　　　　　　　　 ③혼인관계증명서…( )통 ④입양관계증명서…( )통 　　　　　　　　　　　 ⑤친양자입양관계증명서…( )통 3. 신고서류기재사항증명…( )건 4. 수리·불수리 증명………( )건 5. 열람(신고서류) ＿＿＿년＿월＿일 접수 ＿＿＿＿＿＿신고 6. 종전「호적법」에 따른 제적 : 본적＿＿＿＿＿＿＿＿＿＿＿＿ 　　　　　　　　　　　　 호주:＿＿＿＿＿ 대상자 :＿＿＿의 　　　　제적등본…( )통, 제적초본…( )통, 제적부열람…( )건

접수공무원의 수임인 신분확인	㉑	
성명		주민등록번호

위 임 장

위임받은 사람

　　　성　　　　　명 :
　　　주민등록번호 :
　　　주　　　　　소 :

위임인 ________는(은) 아래행위에 관한 권한을 위 ________에게 위임합
니다.

- 아　　래 -

「가족관계의 등록 등에 관한 법률」 제14조 및 「가족관계의 등록 등에
관한 규칙」 제19조에 따라 등록부 등의 기록사항 등에 관한 증명신청서 제
출 및 수령 등에 관한 일체의 행위

20 　　년 　월 　일

위임인　성　　　　　명:　　　　　　　서명 또는 ㉑
　　　　주　　　　　소:
　　　　주민등록번호:
　　　　전 화 번 호:

○ 첨부서류
　1. 위임인의 신분증명서 사본 1부.

※ 유의사항
　타인의 서명 또는 인장의 도용 등으로 허위의 위임장을 작성하여 증명서
의 신청 또는 수령한 경우에는 「형법」 제231조 등에 따라 5년 이하의 징역
또는 1천만원 이하의 벌금형에 처해집니다.

(4) 증명서의 공시 제한

등록관서의 장은, 법 제15조의 규정에 의한 등록사항별 증명서를 발급함에 있어서, 각 증명서의 본인 또는 가족의 주민등록번호란 및 일반등록사항란에 기록된 주민등록번호 중 그 일부를 공시하지 아니할 수 있다. 등록사항별 증명서의 주민등록번호 일부 공시제한에 관하여 필요한 사항은 대법원예규로 정한다(규칙제23조제1항, 아래 예규제278호 참조).

등록사항별 증명서에는 본인뿐만 아니라 가족들의 주민등록번호가 공시되기 때문에 증명서를 제한없이 발급하게 되는 경우에는 개인정보보호에 문제가 있다고 볼 수 있으므로 주민등록번호의 일부에 대하여 공시를 제한할 수 있는 근거를 둔 것이다.

등록사항별 증명서에서는 특정등록사항란 뿐만 아니라 일반등록사항란에 기재된 주민등록번호도 공시를 제한하도록 하여 정보보호의 실효성을 높였다.

(5) 등록사항별 증명서의 발급 등에 관한 사무처리지침(예규 제359호)

예규 제359호는, 등록사항별 증명서의 교부청구와 발급 요건에 대한 법과 규칙의 규정을 포함한 등록사항별 증명서의 발급사무에 관한 구체적인 지침을 포괄적으로 규정하고 있다.

  1) 총칙

① 등록사항별 증명서의 교부청구 등

가. 법 제14조와 규칙 제19조에 따라 본인, 배우자, 직계혈족, 형제자매는 수수료를 납부하고 등록사항별 증명서의 교부를 청구할 수 있다.

나. 신청인은 '가족관계등록사무의 문서 양식에 관한 예규' 별지 제11호서식의 신청서에 그 사유를 기재하여 제출하여야 하지만, 본인이 청구하는 경우에는 신청서를 작성하지 아니할 수 있다.

다. 대리인이 청구하는 경우에는 별지 제12호 신청서에 본인 등이 서명 또는 날인한 위임장과 신분증명서 사본을 제출하여야 한다. 위임장은 원본을 제출하되, 변호사의 경우 등록사항별 증명서의 교부청구의 위임취지가 명확하게 기재된 소송위임장의 사본을 제출할 수 있다.

라. 등록사항별 증명서의 교부를 청구하는 경우에는 대상자의 성명과 등록기준지를 정확하게 기재하여야 한다. 다만, 본인, 배우자, 직계혈족과 그 대리인의 경우에는 대상자의 성명과 주민등록번호로도 교부를 청구할 수 있다.

마. 다음 각 호의 어느 하나에 해당하는 경우에는 본인등의 위임없이 청구할 수 있다.

(ㄱ) 국가, 지방자치단체 또는 공공기관이 직무상 필요에 따라 문서로 신청하는 경우로서 근거법령과 사유를 기재한 신청기관의 공문 및 관계공무원의 공무원증(공공기관의 경우는 사원증)을 첨부한 때

(ㄴ) 소송, 비송, 민사집행·보전의 각 절차에서 필요한 경우

로서 이를 소명하는 자료를 첨부한 때

(ㄷ) 다른 법령에서 본인 등에 관한 증명서를 제출하도록 요구하는 경우로서 이를 소명하는 자료 및 관계법령에 따른 정당한 권한이 있는 사람임을 확인할 수 있는 자료를 첨부한 때

(ㄹ) 민법상의 법정대리인(후견인, 유언집행자, 상속재산관리인, 부재자재산관리인 등)이 이를 소명하는 자료와 신청인의 신분증명서를 첨부한 때

(ㅁ) 채권·채무 등 재산권의 상속과 관련하여 상속인의 범위를 확인하기 위해서 등록사항별 증명서가 필요한 경우로서 이를 소명하는 자료와 신청인의 신분증명서를 첨부한 때

(ㅂ) 보험금 또는 연금의 수급권자를 결정하기 위하여 신청대상자에 대한 등록사항별 증명서가 필요한 때

(ㅅ) 「공익사업을 위한 토지 등의 취득 및 보상에 관한 법률」에 따른 공익사업을 수행하는 때에 토지 등의 소유자의 상속인을 확인할 필요가 있는 때

바. 시(구)·읍·면의 장은 교부청구가 제적부 또는 등록부에 기록된 사람에 대한 사생활의 비밀침해 등 부당한 목적임이 분명한 경우에는 등록사항별 증명서의 발급을 거부할 수 있다.

사. 시(구)·읍·면의 장이 신청서를 접수한 때에는 지체 없이 전산정보처리조직에 입력하여야 한다.

② 친양자입양관계증명서 교부청구의 특례

가. 위 ①의 제 가.항 및 제 마.항에도 불구하고 친양자입양관계증명서는 다음 각 호의 어느 하나에 해당하는 경우에 한하여 교부를 청구할 수 있다.

(ㄱ) 성년자가 본인의 친양자 입양관계증명서를 신청하는 경우로서 성년자임을 신분증명서에 의하여 소명하는 경우

(ㄴ) 친양자의 친생부모·양부모가 본인의 친양자입양관계증명서를 신청하는 경우에는 친양자가 성년자임을 소명하는 경우

(ㄷ) 혼인당사자가 「민법」 제809조의 친족관계를 파악하고자 하는 경우로서 출석한 양당사자 및 그 신분증명서에 의하여 가족관계등록사무담당 공무원이 혼인의사 및 혼인적령임을 확인한 경우

(ㄹ) 법원의 사실조회촉탁이 있거나 수사기관이 규칙 제23조제5항에 따라 문서로 신청하는 경우

(ㅁ) 「민법」 제908조의4 및 제908조의5에 따라 입양취소 또는 파양을 할 경우로서 이에 관한 법원의 접수증명원이 첨부된 경우

(ㅁ-2) 「입양특례법」 제16조에 따라 입양취소를 하거나 같은 법 제17조에 따라 파양을 할 경우로서 이에 관한 법원의 접수증명원이 첨부된 경우

(ㅂ) 친양자의 복리를 위하여 필요함을 친양자의 양부모가 구체적으로 소명자료를 첨부하여 신청하는 경우

(ㅅ) 친양자입양관계증명서가 소송, 비송, 민사집행·보전의 각 절차에서 필요한 경우로서 소명자료를 첨부하여 신청하는 경우

(ㅇ) 채권·채무 등 재산권의 상속과 관련하여 상속인의 범위를 확인하기 위해서 사망한 사람의 친양자입양관계증명서가 필요한 경우로서 소명자료를 첨부하여 신청하는 경우

(ㅈ) 가족관계등록부가 작성되지 않은 채로 사망한 사람의 상속인의 친양자입양관계증명서가 필요한 경우로서 법률상의 이해관계를 소명하는 자료를 첨부하여 신청하는 경우

(ㅊ) 법률상의 이해관계를 소명하기 위하여 친양자의 친생부모·양부모의 친양자입양관계증명서를 신청하는 경우로서 그 해당법령과 그에 따른 구체적인 소명자료 및 필요이유를 제시하여 신청하는 경우

나. 제 가.항의 친양자입양관계증명서의 교부청구에 대한 제한은 교부청구 대상 가족관계등록부의 본인이 친양자로 입양되었는지에 관계없이 적용한다.

③ 외국인의 경우

가. 외국인은 그 배우자, 직계혈족, 형제자매의 등록사항별 증명서의 교부를 청구할 수 있고, 한국인과의 신분관계가 해소되더라도 외국인 본인 또는 배우자, 직계혈족은 외국인 본인의 기록사항이 기재된 등록사항별 증명서의 교부를 청구할 수 있다.

나. 현재 외국 국적을 취득하여 한국 국적을 상실하였으나 과

거에 출생 등을 원인으로 한국의 제적 또는 가족관계등록부에 기록된 외국인 본인 또는 배우자, 직계혈족도 등록사항별 증명서의 교부를 청구할 수 있다.

다. 제 가.항 또는 제 나.항에 해당하는 외국인이 해외에서 우편으로 등록사항별 증명서의 교부를 청구한 때에는 '⑦ 우편에 의한 청구 등'을 준용한다.

라. 외국인이 위 ①의 제 마.항에 따라 등록사항별 증명서의 교부를 청구하는 때에는 직접 시(구) · 읍 · 면사무소에 출석하여 외국인등록증이나 국내거소신고증으로 국내거주를 소명한 후에 신청서를 작성 · 제출하여야 하며, 우편으로 등록사항별 증명서의 교부를 청구할 수 없다.

④ 청구사유 등의 기재 및 소명자료의 제출

가. 대리인이 청구하는 경우에도, 실제 출석하여 청구하는 그 대리인을 신청인으로 기재하고, 신청인의 자격란에는 "본인의 부" 등으로 표시하며, 주소 등 나머지 신청인란도 대리인에 관한 사항을 기재한다.

나. 이때 청구사유는 위임인의 교부 청구 목적을 기재한다.

다. 위 ①의 제 마.항에 해당하는 사람은 신청서에 청구사유를 기재하고 그 사유를 소명하는 자료를 제출하여야 한다.

라. 위 ①의 제 마.항과 관련한 소명자료의 예시는 별지 제1호의 기재와 같다.

마. 시(구) · 읍 · 면의 장은 소명자료 중 원본은 사본에 원본대조확인인을 날인하는 등 원본과 동일함을 확인한 후 반환

한다. 다만, 채권·채무 등 정당한 이해관계가 있는 별지 제2호 기재의 금융기관의 경우에는 금융기관의 원본대조확인인을 날인한 사본 및 법인인감증명서로 원본을 갈음할 수 있다.

⑤ 청구목적의 부당성 판단기준

가. 부당한 목적의 청구란 혼인외 출생자인 사실 또는 이혼경력 등 일반적으로 타인에게 알리고 싶지 않다고 생각되는 사항을 정당한 사유 없이 단지 호기심으로 알고자 하거나, 그 등록부에 기록된 신분사항을 범죄에 이용하고자 하여 청구하는 경우 등을 말한다.

나. 부당한 목적인지의 판단은 신청인란과 청구사유란의 기재 및 소명자료의 내용으로 판단하되, 신청인란의 기재를 하지 않거나, 청구사유를 기재하여야 할 사람이 청구사유를 기재하지 않은 경우 또는 신청인이나 청구사유를 허위로 기재한 경우에는 일단 부당한 목적이 있는 것으로 볼 수 있다.

⑥ 신청인의 신분확인 등

가. 시(구)·읍·면의 장이 신청서를 접수할 때에는, 신청인이 신청서의 신청인란에 기재된 사람과 일치하는지를 신분증명서에 의하여 확인하여야 한다.

나. 대리인이 청구하는 경우에는, 위임인 및 신청서의 신청인란에 기재된 신청인(대리인)의 신분을 확인하여야 한다.

다. 위 ①의 제 마.항에 따라 제출된 신분증명서 및 제가.항의 확인을 위하여 제출된 신분증명서는 신분을 확인한 후 신청인에게 반환하여야 한다.

라. 신청서는 위임장, 위임인의 신분증명서 사본, 청구사유를 소명하는 자료 등과 함께 가족관계등록민원청구서편철장에 보존한다.

마. 국가, 지방자치단체, 공공기관이 전자정부법에 따라 전자문서를 이용하여 근거법령과 사유를 기재한 공문을 송부한 경우에는 신청서 작성과 신분증 제출을 생략할 수 있다.

⑦ 우편에 의한 청구 등

가. 우편으로 등록사항별 증명서의 송부를 청구하는 경우에는, 신청서에 정해진 사항을 기재하고 법률상 정당한 청구권자의 신분증명서 사본을 첨부하여야 하며, 위 ①의 제 라.항 단서에도 불구하고 대상자의 등록기준지를 기재하여야 한다.

나. 신청인이 신분증명서 사본을 첨부하지 아니하거나, 등록기준지를 기재하지 않거나, 청구사유를 기재하여야 할 사람이 기재하지 아니한 경우 또는 청구사유가 부당한 목적임이 분명한 경우에, 시(구)·읍·면의 장은 신청서에 그 거부사유를 기재하여 반송하여야 한다.

⑧ 인터넷 신청에 의한 등록사항별 증명서 청구

신청인이 대한민국 전자정부 홈페이지(www.egov.go.kr)의 민원서비스시스템에서 요구하는 양식에 따라 각 정보를 입력하고 공인인증서에 의하여 본인확인 절차를 거쳐, 신청인 본인의 등록부의 등록사항별 증명서(친양자입양관계증명서를 제외한다)의 교부를 청구한 경우에는 신청한 등록사항별 증명서를 우편에 의하여 송부할 수 있다.

⑨ 주민등록번호의 공시제한

등록사항별 증명서는 본인 또는 부모, 양부모, 배우자 및 자녀의 주민등록번호란 및 일반등록사항란에 기록된 주민등록번호의 뒷부분 6자리 숫자를 가리고(예: 080101-3******) 작성하여 교부한다.

⑩ 공시제한의 예외 등

가. 위 ⑨에도 불구하고, 다음 각 호의 어느 하나에 해당하는 경우에 신청인이 주민등록번호의 공시를 선택한 때에는, 신청대상자 본인의 주민등록번호를 공시한다.

(ㄱ) 시(구)·읍·면·동의 사무소에 출석한 신청인이 신청대상지의 주민등록번호를 정확하게 기재하여 해당 등록사항별 증명서의 교부를 청구하는 경우

(ㄴ) 신청서의 신청인란에 기재된 신청인이 본인 또는 그 부모, 양부모, 배우자, 자녀인 경우

(ㄷ) 시(구)·읍·면 및 동의 사무소에 출석한 신청인이 재판상의 필요를 소명하는 자료(예: 법원의 재판서, 보정명령서 등)를 첨부하여 등록사항별 증명서의 교부를 청구하는 경우

(ㄹ) 국가·지방자치단체의 공무원(「공익사업을 위한 토지 등의 취득 및 보상에 관한 법률」 제8조에 따른 사업시행자의 직원을 포함한다)이, 공용 목적임을 소명하는 자료(예: 공문서, 재결서 등)를 첨부하여 등록사항별 증명서의 교부를 청구하는 경우

나. 위 ⑨에도 불구하고 다음 각 호의 어느 하나에 해당하는 경우에는, 주민등록번호의 공시를 제한하지 아니한다.

(ㄱ) 종전 「호적법 시행규칙」 부칙(2004.10.18.) 제3조에 규정된 이미지 전산제적부 등

(ㄴ) 종전 「호적법」 (2007.5.17.법률제8435로 폐지)에 의한 호적용지로 작성된 제적부

⑪ 등록사항별 증명서의 재발급

가. 전산정보처리조직의 장애, 파손출력 등 신청인의 책임 없는 사유로 등록사항별 증명서의 발급이 정상적으로 완료되지 아니한 경우에는 신청인은 그 사유를 소명하여 재발급을 요청할 수 있다.

나. 등록사항별 증명서의 발급이 완료된 후 시(구)·읍·면의 장의 잘못으로 인한 가족관계등록부 기록의 착오 또는 누락이 발견되어 정정된 경우에는 신청인은 정정된 등록사항별 증명서의 재발급을 요청할 수 있다.

다. 제 가.항 및 제 나.항의 경우 등록사항별 증명서 발급담당자는 신청인으로부터 이미 교부된 등록사항별 증명서를 회수한 후에 등록사항별 증명서를 재발급하여 이를 교부하여야 한다.

　2) 재외국민 및 외국 관공서에 대한 등록사항별 증명서 송부방법

① 등록사항별 증명서의 우편 교부청구와 그 교부방법

가. 해외에 거주하는 재외국민이 시(구)·읍·면의 장에게 우편으로 등록사항별 증명서의 교부청구를 한 때에는, 위 제1)의 규정을 준용한다.

나. 제 가.항의 경우에는 그 등록사항별 증명서를 신청인에게 직접 송부한다.

② 외국 관공서의 등록사항별 증명서의 교부청구 등

가. 외국 관공서는 사용용도를 명시한 문서에 의하여 외교통상부 또는 재외공관을 통해서 시(구)·읍·면의 장에게 등록사항별 증명서의 교부를 청구할 수 있고, 이 경우 시(구)·읍·면의 장은 사용용도를 심사한 후 외교통상부를 거쳐 등록사항별 증명서를 외국 관공서로 송부할 수 있다.

나. 제 가.항에도 불구하고, 일본국 주재 한국영사기관(주일본대한민국대사관영사부, 주오오사카총영사관, 주후쿠오카총영사관 등)이 일본국 관공서로부터 등록사항별 증명서의 교부를 청구 받은 경우에는, 일본국 외무성을 거친 것에 한하여 사용용도를 심사한 후 외교통상부를 거치지 않고 직접 일본국 외무성으로 등록사항별 증명서를 송부할 수 있다.

3) 제적부의 열람 및 등·초본, 등록사항별 증명서 발급 사무의 특례

① 제적 등·초본의 교부청구

제적부(2008. 1. 1. 전에 제적된 전산호적 및 호적용지로 작성된 제적을 말한다. 다음부터 같다)및 부책 등의 열람 및 등·초본의 교부청구는, 위 제1) 및 제2)의 규정을 준용한다.

② 신청의 특례

가. 위 제1)의 ① 제 마.항 제(ㄱ)호, 제(ㄴ)호, 제(ㄷ)호, 제(ㄹ)호, 제(ㅂ)호, 제(ㅅ)호, 제1)의 ② 제 가.항 제(ㅅ)호에 따라 교부를 청구하는 경우 신청인이 직접 시(구)·읍·면·동사무소에 출석하여 신청대상자의 성명과 주민등록번호를 기재하여 신청서를 작성·제출하고 청구사유를 소명하는 자료 및 신청인의 신분증명서 사본을 첨부하면, 제적부의 열람 및 등·초본, 등록사항별 증명서의 교부를 청구할 수 있다. 상속인이 상속관계의 확인을 위하여 교부를 청구하는 경우에도 같다.

나. 국가, 지방자치단체, 공공기관이 「전자정부법」에 따라 전자문서를 이용하여 공문을 송부한 때에는 시(구)·읍·면·동사무소에 출석하지 아니하고 제적부의 열람 및 등·초본, 등록사항별 증명서의 교부를 청구할 수 있다.

다. 신청인이 제적부의 열람 및 등·초본, 등록사항별 증명서의 교부청구요건을 갖추지 못한 경우에는 그 제적부의 열람 및 등·초본, 등록사항별 증명서의 발급을 거부하여야 한다.

　　4) 법원행정처 전산정보중앙관리소 소속 공무원에 의한 증명서의 발급

① 법 제12조제2항에 따라 법원행정처 전산정보중앙관리소 소속 공무원으로 하여금 등록사항별 증명서(제적을 포함한다)의 발급사무를 하게 하는 경우 전산운영책임관이 그 사무를 처리하며 증명서의 발급자가 된다.

② 재외공관에서 전산정보처리조직에 의하여 제적 등·초본 및 등록사항별 증명서의 교부를 하는 경우에는 전산운영책임관이 그 발급자가 된다.

♣ 【별지제1호】

1)의 제① 제 마.항 관련 소명자료의 예시

Ⅰ. 신청대상자의 성명과 등록기준지를 기재해서 신청하여야 하는
경우

1. 신청대상자가 사망하여 신청대상자의 상속인을 파악하기 위한
경우

① 신청대상자에 대한 채권을 소명하는 자료

② 신청대상자의 사망사실을 소명하는 자료 또는 실종선고·부
재선고 심판서 및 그 확정증명서(신청대상자의 사망사실
등을 발급관서에서 전산으로 확인할 수 있는 경우에 제출
을 면제할 수 있다. 다음부터 이 별지에서 같다)

2. 상속대위등기를 위하여 채무자의 피상속인인 신청대상자 명의
의 등록사항별 증명서를 신청하기 위한 경우

① 채무자에 대한 채권을 소명하는 자료

② 신청대상자의 사망사실을 소명하는 자료, 또는 실종선고·
부재선고 심판서 및 그 확정증명서

③ 신청대상자 명의의 부동산등기부등본

Ⅱ. 신청대상자의 성명과 등록기준지를 기재하여 신청하거나 또는
발급관서(동사무소 포함)에 출석하여 등록기준지 대신에 주민
등록번호를 기재하여 신청할 수 있는 경우

1. 소송, 비송, 민사집행·보전의 각 절차에서 신청대상자의 등록

사항별 증명서를 제출할 것을 요구하는 법원(등기관 등 포함)의 보정명령서, 사실조회서, 촉탁서 등.

2. 채무이행을 명하는 재판서를 받았으나, 채무자가 사망하여 승계집행을 위하여 채무자의 등록사항별 증명서를 신청하는 경우,

　① 채무이행에 관한 확정판결문 또는 민사집행법 제56조의 집행권원

　② 신청대상자의 사망사실을 소명하는 자료, 또는 실종선고·부재선고 심판서 및 그 확정증명서

3. 상속대위등기를 위하여 채무자의 피상속인 명의의 등록사항별 증명서를 발급받는데 있어서 채무이행을 명하는 재판서를 제출하는 경우

　① 채무이행에 관한 확정판결문 또는 민사집행법 제56조의 집행권원

　② 신청대상자의 사망사실을 소명하는 자료, 또는 실종선고·부재선고 심판서 및 그 확정증명서

　③ 신청대상자 명의의 부동산등기부등본

4. 가) 등기의무자를 피고로 하여 부동산등기에 관한 재판(이전등기, 공유물분할등기 등)을 받은 후 등기의무자(피상속인)가 사망한 때 부동산등기를 하기 위하여 피상속인의 등록사항별 증명서가 필요한 경우

　나) 등기의무자가 사망한 후 그 상속인을 피고로 하여 부동산등기에 관한 재판을 받았으나, 부동산이 아직 사망한 등기의무자(피상속인) 명의로 등기되어 있어 부동산등기를 위하여 피상속인의 등록사항별 증명서 제출이 필요한 경우

① 부동산등기에 관한 확정판결문 또는 민사집행법 제56조의
   집행권원

② 신청대상자의 사망사실을 소명하는 자료, 또는 실종선고·
   부재선고 심판서 및 그 확정증명서

③ 신청대상자 명의의 부동산등기부등본

5. 상속순위가 「민법」 제1000조제1항제3호와 제4호의 3순위 또는
   4순위인 상속인들이나 대습상속관계에 있는 상속인들이 등록
   사항별 증명서를 교부청구할 때 피상속인의 사망과 선순위 상
   속인들의 부존재를 가족관계등록정보시스템에 의하여 확인한
   경우

6. 보험금·연금의 수급권자를 결정하기 위한 경우
   보험금·연금의 수급권자를 결정하기 위하여 신청대상자의 등
   록사항별 증명서가 필요함을 소명하는 보험·연금증서나 계약
   서 등의 자료와 신청대상자의 사망사실을 소명하는 자료, 또는
   실종선고·부재선고 심판서 및 그 확정증명서

7. 「공익사업을 위한 토지 등의 취득 및 보상에 관한 법률」에
   따라 공익사업의 수행에 필요한 경우
   ① 관보에 게시한 사업인정고시 사본 및 신청대상자 명의의 부
   동산등기부등본 또는 재결서 등본
   ② 신청대상자의 사망사실을 소명하는 자료, 또는 실종선고·
   부재선고 심판서 및 그 확정증명서

♣【별지 제2호】

채권·채무 등 정당한 이해관계가 있는 금융기관의 범위

1. 「금융회사부실자산 등의 효율적 처리 및 한국자산관리공사의 설립에 관한 법률」에 따른 한국자산관리공사 및 같은 법 제2조제1호에 따른 금융회사등
2. 「농림수산업자 신용보증법」에 따른 농림수산업자신용보증기금
3. 「지역신용보증재단법」에 따른 신용보증재단 및 신용보증재단중앙회
4. 「한국주택금융공사법」에 따른 한국주택금융공사
5. 「자본시장과 금융투자업에 관한 법률」에 따른 신탁업자 및 증권금융회사
6. 「휴면예금관리재단의 설립 등에 관한 법률」에 따른 휴면예금관리재단 및 복지사업자
7. 「예금자보호법」에 따른 예금보험공사
8. 「중소기업진흥에 관한 법률」에 따른 중소기업진흥공단
9. 「중소기업협동조합법」에 따른 중소기업중앙회
10. 「자산유동화에 관한 법률」에 따른 유동화전문회사
11. 「주택저당채권유동화회사법」에 따른 주택저당채권유동화회사
12. 「무역보험법」에 따른 한국무역보험공사

2. 동사무소에서의 등록사항별 증명서 등 발급

시장 또는 구청장은 감독법원의 승인을 받아 그 소속의 동사무소에서 가족관계등록 전산정보처리조직에 의하여 등록사항별 증명서 발급사무를 처리하게 할 수 있다(예규제289호제2조제1항). 시장 또는 구청장은 감독법원의 승인을 신청할 때에는 동시에 그 사무담당자에 대한 식별부호 사용신청을 하여야 하며(동예규제2조제2항), 시장 또는 구청장이 제2조제1항에 따라 감독법원의 승인을 받은 때에는 동사무소에서 사용할 시장 또는 구청장의 직인을 아래 예시와 같이 새겨 「가족관계의 등록 등에 관한 규칙」 제9조에 따라 감독법원에 보고하여야 한다(동예규 제3조).

이와 같이 동사무소에서 등록사항별 증명서를 발급할 때에는 출력된 등록사항별 증명서의 끝장 여백의 시장 또는 구청장의 직명과 성명 옆에 감독법원에 보고된 아래 예시와 같은 직인을 찍어야 한다(동예규제4조제3항). 등록사항별 증명서가 여러 장인 때에는 각 장에 걸쳐 위 직인으로 간인을 하여야 하나, 간인은 천공방식으로도 할 수 있다. 동사무소에서 등록사항별 증명서의 교부청구를 받은 때에는 전산정보처리조직에 '가족관계등록사무의 문서 양식에 관한 예규' 별지 제40호 서식(열람 및 증명청구접수부)의 기재사항을 입력하여야 한다.

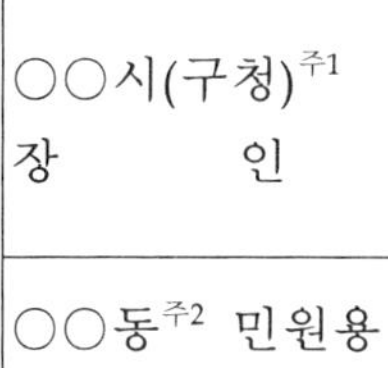

(주) 1. 동이 소속된 시 또는 구를 의미한다.

　　2. 전산정보처리조직에 의하여 등록사항별증명서를 발급하는 동사무소를 의미한다.

3. 재외공관의 등록사항별 증명서 발급

(1) 법원행정처장이 정하는 재외공관은 증명서 교부신청의 접수의 교부사무를 처리할 수 있다(규칙 제24조제1항).

재외공관을 정하는 기준 및 절차, 증명서 발급사무에 관한 업무처리절차 등 그 밖의 필요한 사항은 대법원예규로 정한다(규칙제24조제2항).

(2) 전산정보처리조직에 의한 재외공관의 등록사항별 증명서 발급에 관한 사무처리지침(예규 제344호)

1) 교부 재외공관의 지정

① 법원행정처장은 다음 각 호의 사항을 고려하여 등록사항별 증명서 교부사무를 처리할 재외공관(이하 "교부 재외공관"이라 한다)을 지정할 수 있다.

가. 재외공관 관할구역 내에 거주하는 재외동포의 인구수, 재외공관에서 접수한 등록신고사건 건수 및 재외공관에서 등록

사항별 증명서 발급신청을 대행한 건수 등에 비추어, 재외공관에서 등록사항별 증명서 교부사무를 처리하여야 할 상당한 필요성

나. 재외공관이 등록전산정보처리조직에 의하여 등록사항별 증명서 교부사무를 원활하게 처리할 수 있는 전산정보처리조직 및 통신망 등의 시설을 갖추었는지 여부

다. 재외공관의 가족관계등록정보의 보안에 관한 충실한 관리능력 및 등록사무처리에 관한 전문인력 확보여부

② 재외공관의 장은, 법원행정처장이 교부 재외공관의 지정을 위하여 제①항 각 호의 어느 하나 또는 그 밖에 필요한 사항의 소명을 요구한 경우, 그 소명자료를 제출하여야 한다.

  2) 교부사무의 처리 등

① 교부 재외공관은 등록전산정보처리조직에 의하여 등록사항별 증명서 교부사무를 처리한다.

② 재외공관의 장은 등록사항별 증명서 교부사무를 담당하는 공무원(이하 "재외공관 가족관계등록담당자"라 한다)이 지정 또는 변경된 경우 규칙 제10조 및 예규 제260호의 제2조제2항을 준용하여 법원행정처장에게 등록전산정보처리조직의 사용 또는 사용해지를 위한 식별부호 사용 승인신청 또는 해지신청을 하여야 한다.

  3) 발급기관

이 예규에 따른 등록사항별 증명서의 발급은 전산정보중앙관리소의 전산운영책임관 명의로 한다.

4) 발급절차 등

① 이 예규에 따른 등록사항별 증명서의 교부를 신청하고자 하는 사람은 '가족관계등록사무의 문서 양식에 관한 예규' 별지 제11호서식의 신청서를 작성하여야 한다.

② 등록사항별 증명서 발급신청을 받은 재외공관 가족관계등록담당자는 신청사유가 부당한 목적을 위한 것인지, 신청인의 자격 등을 면밀히 검토하여 접수할 것인지를 판단하여야 한다.

③ 신청서를 접수한 재외공관 가족관계등록담당자는 등록전산정보처리조직에 신청인, 청구사유 등을 입력하고, 전산정보중앙관리소의 전산운영책임관 명의로 발급된 등록사항별 증명서에 제④항의 고무인 인증문을 찍되, 그 위치는 등록사항별 증명서의 끝장에 기록된 전산운영책임관 명의 아래 중앙 여백에 찍어야 한다. 단, 등록사항별 증명서 끝장 아래에 여백이 없는 경우에는 끝장 뒷면 아래 중앙 여백에 찍도록 한다. 신청서는 재외공관에서 보관한다.

④ 인증문은 '이 증명서(제적 등·초본 포함)는 가족관계등록등 전산정보처리조직에 의하여 작성되었습니다'라는 문구의 고무인을 새겨서 사용한다.

⑤ 인증문 말미에 찍는 민원발급용 재외공관장 직인은 재외공관을 대표하는 대사 또는 영사가 대내외에 시행하는 각종 문서에 찍는 직인과 동일하여야 한다.

⑥ 중앙관리소의 전산운영책임관은 재외공관을 통한 등록사

항별 증명서 발급내역을 등록전산정보처리조직에 의하여 매일 점검하여야 한다.

5) 수수료의 징수 및 정산

① 재외공관의 장은 이 예규에 따라 등록사항별 증명서를 교부한 경우 규칙 제28조제2항의 수수료를 징수하여야 한다. 다만, 재외공관의 장이 위 수수료를 외국통화로 징수하는 경우 외교통상부장관은 현지 환율시세 등을 감안하여 수수료 외에 환전수수료 등의 비용을 징수할 수 있다.

② 재외공관의 장은 수수료를 법원행정처에 분기별로 납부하여야 한다.

③ 법원행정처는 발급통계표를 작성하되 재외공관의 등록사항별 증명서 발급사항을 합산하여 기록하고, 비고란에 각 재외공관별 등록사항별 증명서 발급 건수 및 수수료를 기록한다.

6) 수수료의 국고 귀속

① 재외공관의 장은 이 예규에 따라 징수한 수수료를 분기후 10일 이내에 법원행정처 명의의 지정금융기관 계좌에 이체하여야 한다.

② 재외공관의 장은 징수한 수수료 내역을 분기별로 보고하되, 분기후 10일 이내에 팩시밀리 등을 통하여 법원행정처장에게 문서로 보고하여야 한다. 계좌이체시 발생하는 환전수수료 등의 비용은 재외공관이 부담한다.

③ 법원행정처는 위 계좌로 입금된 수수료 및 그 수수료로

인하여 발생한 이자를 분기후 15일 이내에 국고에 귀속시켜야 한다.

④ 법원행정처는 위 계좌로 입금된 수수료가 환율의 변동 등으로 차액(부족분 또는 초과분)이 발생한 경우에는 그 발생원인(환전수수료 등)을 소명할 수 있는 자료를 첨부하여 입금된 수수료를 국고에 귀속시켜야 한다.

7) 재외공관 가족관계등록담당자의 준수사항 등

① 재외공관 가족관계등록담당자는 법, 규칙 및 등록사항별 증명서의 발급 등에 관한 사무처리지침에 따라 등록사항별 증명서 발급사무를 처리하여야 한다.

② 재외공관 가족관계등록담당자는 가족관계등록관계법규 등에서 정한 목적 이외의 사유로 등록사항별 증명서를 발급하거나 열람하여서는 아니 되며, 특히 가족관계등록정보의 보안 및 개인 신분정보 보호에 충실하여야 한다.

③ 법원행정처장은 위 5)의 ②항 및 6)의 ①항, 7)의 ②항을 위반하여 사무를 처리한 재외공관에 대하여 교부 재외공관 지정을 취소할 수 있다.

8) 업무지도를 위한 방문

법원행정처장은 소속 직원으로 하여금 재외공관을 방문하도록 하여 위 1)의 각 호의 사항을 점검하고 등록사항별증명서 교부사무에 관한 업무지도를 하게 할 수 있다.

4. 무인증명서발급기에 의한 등록사항별 증명서 발급

(1) 시(구)·읍·면의 장은 신청인 스스로 입력하여 등록사항별 증명서를 발급받을 수 있는 장치(이하 "무인증명서발급기"라 한다)를 이용하여 증명서의 교부업무를 처리할 수 있다(규칙 제25조제1항).

이러한 증명서 발급은 본인에게만 할 수 있으며, 이 경우 그 본인을 확인하는 절차를 거쳐야 하며(규칙제25조제2항), 그 발급기관, 발급절차, 그 밖의 필요한 사항은 대법원예규로 정한다(규칙제25조제3항).

무인발급기에 의한 호적등(초)본 발급의 경우에는 성질상 그 청구사유를 기재한 신청서에 의한 청구의 당·부당을 심사할 수 없어서 호주와 가족에게만 발급을 허용하였는데, 새로운 제도의 등록사항별 증명서의 발급에 있어서는 본인에 한하여 증명서 발급이 이루어지도록 규정하였다(규칙제25조제2항).

(2) 무인증명서발급기에 의한 등록사항별 증명서 발급에 관한 사무처리지침(예규 제14호)

1) 발급업무의 관할

무인증명서발급기에 의한 등록사항별 증명서 발급사무는 그 무인증명서발급기가 설치된 청사가 소재한 곳의 등록사무를 처리하는 시(구)·읍·면의 장이 관할한다.

2) 운영

① 무인증명서발급기는 시(구)·읍·면 및 그 관할구역 내의 관공서(등록사무를 처리하지 않는 도청, 시청, 군청, 동사무소 등을 말한다) 청사 내부로서, 관리자가 용이하게 관리할 수 있는 곳에 설치하여야 한다.

② 규칙 제25조제2항에 따른 본인 확인 절차는 무인증명서발급기의 신분증투입구에 주민등록증을 투입하고 지문인식기에 손가락을 대어, 지문을 전자적으로 대조하는 방법에 의한다.

③ 무인증명서발급기에서 등록사항별 증명서 인증용으로 사용될 전자이미지 직인은 등록사무에서 사용하는 직인과 동일한 것이어야 한다.

④ 무인증명서발급기를 이용하여 등록사항별 증명서를 발급하고자 하는 시(구)·읍·면의 장은, 미리 무인증명서발급기 고유번호, 설치장소, 발급업무 개시일, 관리자 등에 관한 사항을 감독법원에 보고하여야 한다. 이미 보고한 내용에 변경이 있는 경우에도 이와 같다. 감독법원의 장이 시(구)·읍·면의 장으로부터 이러한 보고를 받은 때에는, 이를 지체 없이 법원행정처장에게 보고하여야 한다. 다만, 감독법원이 지원인 경우에는 소속 지방법원장을 거쳐야 한다.

⑤ 시(구)·읍·면의 장은 무인증명서발급기의 안전 이상 또는 자료유출의 가능성이 있다고 판단될 경우에는, 즉시 등록사항별 증명서 발급을 중단하고 그 사유를 감독법원에 보고하여야 한다. 시(구)·읍·면의 개별적 사정에 의하여 특정한 곳에서 등록사항별 증명서 발급을 중단한 경우에도 이와

같다. 감독법원의 장이 시(구)·읍·면의 장으로부터 이러한 보고를 받은 때에는, 지체 없이 법원행정처장에게 보고하여야 한다. 다만, 감독법원이 지원인 경우에는 소속 지방법원장을 거쳐야 한다.

⑥ 무인증명서발급기의 운영시간은 관할 등록관서의 업무시간으로 함을 원칙으로 한다. 관할 등록관서의 업무시간을 넘겨 무인증명서발급기를 운영하고자 할 경우에는, 관리자는 전산정보중앙관리소 전산운영책임관에게 운영시간의 연장이 가능한지를 미리 확인하여야 한다.

3) 보안관리

① 시(구)·읍·면의 장은 무인증명서발급기를 관리할 담당자(이하 "관리자"라 한다)를 지정하여야 하며, 관리자 지정 또는 지정 해제에 관한 사항을 감독법원에 보고하여야 한다.

② 제1항의 관리자는 다음 각 호의 업무를 성실히 수행하여야 한다.

가. 무인증명서발급기에 대한 통상의 관리(무인증명서발급기의 가동 및 종료, 등록사항별 증명서 발급용지의 보급 등의 통상적 관리업무)

나. 무인증명서발급 관련 민원의 접수와 처리(민원인의 등록사항별 증명서 발급 영수증 요청에 대한 영수증 발급업무 등)

다. 변경된 프로그램의 설치 등

라. 무인증명서발급기에 대한 일일점검. 다만, 다른 규정에

따라 일일점검을 실시하고 있는 경우에는 이를 생략할 수 있다.

마. 그 밖의 보안관리

③ 관리자는 무인증명서발급기의 도난, 훼손, 파괴와 같은 물리적인 손실이 발생하지 않도록 선량한 관리자의 주의의무를 다하여야 하며, 물리적 손실이 발생하였을 경우에는 그 내용을 지체 없이 감독법원에 보고하여야 한다. 컴퓨터바이러스의 감염 등으로 인하여 무인증명서발급기가 비정상적으로 작동하는 경우에도 같다.

④ 무인증명서발급기의 장애해결 및 유지보수 등을 위하여 외부 수리업체 직원이 무인증명서발급기를 수리할 경우에, 관리자는 반드시 그 수리장소에 참석하여 작업을 완료할 때까지 이를 감독하여야 한다.

⑤ 관리자는 무인증명서발급기를 업무 이외의 목적으로 사용하거나, 무인증명서발급기 내부에 임의로 불법적인 장비를 설치하여서는 안 된다. 관리자는 무인증명서발급기 내에 제3자에 의한 불법적인 장비 설치여부를 수시로 확인하여야 한다.

5. 신고서류의 열람 및 기재사항 증명

이해관계인은 시(구)·읍·면의 장에게 신고서나 그 밖에 수리한 서류의 열람 또는 그 서류에 기재한 사항에 관하여 증명서를 청구할 수 있다(법제42조제2항). 이 경우 이해관계인은 신고서류를 등록사무담임자가 보는 앞에서 열람하여야 한다(규칙제27조제1항). 이해관계인은 법원에 보관되어 있는 신고서류에 대한 열람을 청구할 수 있다(법제42조제4항). 이해관계인의 자격과 범위 등에 관하여는 법 제14조제1항부터 제4항까지의 규정을 준용한다(법제42조제5항).

이는 신고인이 신고한 신고서류에 대하여 법원소송 등의 필요를 위해 그 열람 및 증명서를 청구할 수 있도록 한 규정들이다.

♣【별지 제6호서식】

증 명 원

1. 증명을 구하는 신고서류 :
2. 증명을 구하는 사항 :

　위 사항이 위 신고서류에 기재되어 있음을 증명하여 주시기 바
랍니다.

20　　．　　．　　．

신청인　　　○　　　○　　　○　　(인)

○○시(읍·면)장　귀하

위 증명합니다.

20　　．　　．　　．

○○시(읍·면)장　○ ○ ○　　[직인]

6. 법원의 가족관계등록부기록사항확인서

　해외에 거주하는 우리나라 국민이 거주지법에 따라 신분관계의 정리신청을 하는데 있어서 관계 국가에서 등록사항별 증명서의 기록사항이 가족관계등록부 기록사항과 틀림이 없다는 상부 관청의 확인서를 첨부하도록 요청하는 경우가 있다. 이는 각 나라마다 신분관계를 관장하는 관서가 달라 우리나라의 등록관서에서 발행하는 등록사항별 증명서의 진정성립에 대한 확인이 어렵기 때문인 것으로 보인다. 이러한 요청이 있는 경우 증명서를 교부한 시(구)·읍·면의 관할 가정법원장(지원장)은 별지 가족관계등록부기록사항확인서를 교부하도록 한다(예규제329호).

♣【별지】

가족관계등록부기록사항확인서

등록기준지:

　　　　　　　본 인: 성 명　○　　○　　○
　　　　　　　　　　　생년월일　　　　.　　　.　　　.

　　　덧붙임　년　월　일　　시(구)·읍·면의 장이 교부한 ○○
○증명서 기록사항은 가족관계등록부 기록사항과 동일함을 확인합
니다.

　　　　　　　　　　년　　　　월　　　　일

　　　　대한민국 ○○ 법원장(지원장)

　　　　　　　○　　○　　○　　　　직인

※ 주의: 본 확인서와 등록사항별증명서 사이에는 간인이 필요합
니다.

7. 증명서등의 수수료

　등록사항별 증명서의 교부를 청구하는 사람은 수수료를 납부하여야 하며, 증명서의 송부를 신청하는 경우에는 우송료를 따로 납부하여야 한다(법제14조제3항). 신고의 수리 또는 불수리의 증명서를 청구하는 경우에도 수수료를 납부하여야 한다(법제42조제3항). 납부하여야 할 수수료의 액에 관하여는 규칙 제28조에서 규정하고 있다.

　(1) 호적용지로 작성된 제적부와 시(구) · 읍 · 면에 있는 신고서류의 열람 수수료는 건당 200원으로 한다.

　(2) 등록사항별 증명서(일부사항증명서를 포함한다) 및 제적등본의 수수료는 통당 1,000원으로 하고, 제적초본의 수수료는 통당 500원으로 한다. 다만, 무인증명서 발급기를 이용하여 발급되는 등록사항별 증명서 및 제적등본의 수수료는 통당 500원, 제적초본의 수수료는 통당 300원으로 한다.

　(3) 신고서류 등의 기재사항 증명, 또는 신고서류의 수리 또는 불수리의 증명 수수료는 건당 200원으로 한다.

　(4) 청구인이 다음 각 호의 어느 하나에 해당하는 경우에는 제(1)항부터 제(3)항까지의 수수료를 면제한다.

　1) 국가나 지방자치단체의 공무원으로 직무상 필요에 의하여 청구하는 경우

　2) 「국민기초생활보장법」 제2조제2호의 수급자가 청구하는 경우

3) 「독립유공자예우에 관한 법률」 제6조에 따라 등록된 독립유공자와 그 유족(선순위자만 해당된다)이 청구하는 경우

4) 「국가유공자 등 예우 및 지원에 관한 법률」 제6조에 따라 등록된 국가유공자 등과 그 유족(선순위자만 해당된다)이 청구하는 경우

5) 「고엽제후유의증 환자지원 등에 관한 법률」 제4조에 따라 등록된 고엽제후유의증환자 등이 청구하는 경우

6) 「참전유공자예우 및 단체설립에 관한 법률」 제5조에 따라 등록된 참전군인 등이 청구하는 경우

7) 「5·18민주유공자 예우에 관한 법률」 제7조에 따라 등록 결정된 5·18민주유공자와 그 유족(선순위자만 해당된다)이 청구하는 경우

8) 「특수임무수행자 지원 및 단체설립에 관한 법률」 제3조 제3호에 따라 등록된 특수임무공로자와 그 유족(선순위자만 해당된다)이 청구하는 경우

9) 출생신고인에게 기록일부터 2주일 이내에 출생사건 본인의 기본증명서를 최초 1회 발급하는 경우

10) 다른 법률에 수수료를 면제하는 규정이 있는 경우

◼ **관련선례** ◼ 채권자가 사망한 채무자의 상속인의 범위를 확인하기 위하여 그 채무자의 제적등본 등을 발급받기 위해서는 "등록부 등의 기록사항 등에 관한 증명신청서"에 채무자의 성명과 등록기준지를 기재한 다음 채무자가 사망하였음을 소명하는 서면(예 : 채무자의 사망사실이 기재된 주민등록등 · 초본 또는 채무자에 대한 사망증명서)과 채권원인증서(확정된 이행판결문 등을 포함)를 첨부하여 이를 가족관계등록관서에 제출하여야 한다. 또한 채권자가 사망한 채무자의 배우자를 피고로 '사해행위취소의소'를 제기하면서 그 소장에 피고의 성명을 "사망한 채무자의 배우자"로 기재하여 법원에 제출하고 법원으로부터 "피고의 성명 등 인적사항을 특정하라"는 취지의 보정명령을 받은 다음 이를 첨부한 발급신청서를 가족관계등록관서에 제출하여야 하며, 이 경우에 동사무소를 포함한 발급관서에 출석한 채권자는 그 신청서에 신청대상자인 채무자의 등록기준지 대신 주민등록번호를 기재하여도 무방하다(200804-3호).

기술보증기금은 '기술신용보증법'에 따라 설립되고 신용보증, 신용조사 및 신용정보의 종합관리와 구상권행사 등을 그 업무로 하는 특수공법인으로서, 국가 또는 지방자치단체에 위의 목적수행에 필요한 자료의 제공을 요청할 수 있다. 따라서 기술보증기금이 신용조사 및 신용정보의 종합관리나 구상권행사를 위하여 보증채무자나 제3자의 제적등본 등의 교부를 청구하는 것은 '가족관계의 등록 등에 관한 법률' 제14조제1항 제3호의 "다른 법령에서 본인 등에 관한 증명서를 제출하도록 요구하는 경우"에 해당하므로 기술보증기금이 관계직원의 신분증을 제시하고 청구사유를 소명하는 서면을 첨부하여 신청대상자의 성명과 등록기준지를 기재한 '등록부 등의 기록사항 등에 관한 증명신청서'를 제출하면 신청대상자의 위임 없이도 그 제적등본을 발급받을 수 있다. 한편, 단순한 채권회수 업무는 기술신용보증법 제50조제1항이 정한 업무에 해당하지 아니하므로 보증채무자나 수익자의 위임이 없는 한 그 제적등본 등을 발급받을 수 없으나, 채권회수업무의 일환으로 법원에 사해행위취소의소를 제기한 경우에는 법원의 보정명령서(보증채무자와 수익자 사이의 관계를 소명하거나 피고를 특정하라는 취지가 기재되어 있어야 함)나 제적등본 등에 관한 문서제출명령 또는 사실조회촉탁서를 신청서에 첨부하여 제출하여야 신청대상자의 제적등본 등을 발급받을 수 있다(200805-1호).

공익목적상 합리적인 이유가 있는 경우라 함은 국가안전보장이나 질서유지 또는 공공복리의 필요상 신청대상자의 등록사항별 증명서가 필요할 뿐만 아니라 신청대상자의 위임을 받을 수 없거나 그 위임을 받아 신청하는 것이 적당하지 아니한 경우를 의미하는바, 행정사가 수임한 업무의 필요상 위임인이 아닌 제3자의 목적사항별 증명서나 제적등본의 교부를 청구하는 것은 이에 해당하지 아니한다. 또한, 행정사가 외국에 거주하다가 사망한 사람의 가족관계등록부를 정리하기 위하여 그 등록사항별 증명서나 제적등본이 필요한 경우에도 본인의 배우자나 직계혈족 또는 형제자매의 위임을 받아야 한다(200805-4호).

「별정우체국법」 제19조제3항은 가족관계등록예규 제278호 제2조제5항제3호의 본인 등에 관한 증명서를 제출하도록 요구하는 다른 법령규정에 해당하므로 별정우체국 직원은 자신의 직원신분증과 신청대상자나 그 유족이 수급권자임을 소명하는 연금증서 등을 증명서 발급신청서에 첨부하여야 신청대상자의 위임 없이 등록사항별 증명서를 발급받을 수 있다. 이 경우, 신청인은 신청대상자의 성명과 등록기준지(신청대상자의 등록기준지를 알 수 없는 경우에는 신청대상자의 성명과 주민등록번호) 및 연금업무와 관련하여 신청대상자의 목적별 증명서가 필요하다는 취지의 청구사유를 기재한 증명서 발급신청서를 작성·제출하여야 하며, 「별정우체국법」에 증명서 발급에 따른 수수료 면제에 관한 규정이 없으므로 통당 1,000원의 발급 수수료도 납부하여야 한다(200808-3호).

「가족관계의 등록 등에 관한 규칙」 제28조제4항에 의하면 대한민국이나 지방자치단체의 공무원이 직무상 필요에 의하여 청구하거나 「국민기초생활보장법」에 의한 수급자가 청구하는 경우 또는 청구의 근거가 되는 다른 법률에 수수료를 면제하는 규정이 있는 경우가 아닌 한 등록사항별 증명서의 교부를 청구하는 사람은 발급수수료를 납부하여야 하는바, 일본국외무성이 일본국 주재 한국영사기관에 한국인의 등록사항별 증명서의 교부를 청구하는 경우는 위 규칙의 수수료 면제사유에 해당하지 아니하므로 등록사항별 증명서 발급수수료를 납부하여야 한다. 또한 일본국외무성이 일본국 주재 한국영사기관에 등록사항별 증명서의 발급을 청구할 경우에는 공무상 필요에 의한 사용용도를 명시한 문서로써 하여야 하며, 일본국 주재 한국영사기관은 그 사용용도를 심사하여 발급여부를 결정할 수 있다. 한편 일본의 각 변호사회나 그 소속 변호사는 등록사항별 증명서의 교부를 청구할 정당한 사유가 있는 외국인이나 한국인과의 신분행위로 한국인의 가족관계등록부에 기록된 외국인 또는 국적상실자로서 과거에 출생 등을 원인으로 가족관계등록부에 기록된 외국인이 아니므로 본인의 자격으로 직접 일본국 주재 한국영사기관에 등록사항별 증명서의 교부를 청구할 수는 없다. 그러나 일본의 각 변호사회나 그 소속 변호사는 현재 한국에 거주하지는 않지만 등록사항별 증명서의 교부를 청구할 정당한 사유가 있는 외국인이나 한국인과의 신분행위로 한국인의 가족관계등록부에 기록된 외국인 또는 국적상실자로서 과거에 출생 등을 원인으로 가족관계등록부에 기록된 외국인의 위임을 받아 일본국 주재 한국영사기관에 등록사항별 증명서의 교부를 청구할 수는 있다(200808-5호).

확정판결문이나 지급명령서는 소송이나 독촉절차의 종결에 따라 발행된 재판서로서 소송·비송·민사집행의 각 절차에서 필요한 경우에 법원(등기관 포함)이 발행하는 보정명령서, 사실조회서, 촉탁서 등에 포함되지 않는다. 한편, 신청대상자의 등록사항별 증명서를 제출할 것을 요구하는 보정명령서(인터넷등기소에서 출력한 보정서 포함), 사실조회서, 촉탁서 등에는 명시적으로 신청대상자의 등록사항별 증명서를 제출하도록 요구하는 내용이 기재되어야 하나 특히, 상속인을 특정해야 할 경우 전체적인 취지로 볼 때 신청대상자의 등록사항별 증명서를 열람하거나 발급받아야만 알 수 있는 정보의 제공을 요구하는 내용을 포함하고 있어도 무방하다(200811-1호).

상속등기(상속대위등기 포함)를 위하여 필요한 등록사항별 증명서 등의 발급범위는 상속인(대습상속인 포함)을 파악하기 위한 경우에 한정되므로 피상속인(피대습자 포함)의 제적등본(폐쇄등록부의 기본증명서, 가족관계증명서 및 친양자입양관계증명서) 및 상속인의 기본증명서만이 그 발급대상이 되며, 상속인의 기본증명서 이외의 등록사항별 증명서는 법원 및 등기관의 보정명령에 의하여 발급 받을 수 있다(200811-4호).

제적등본에는 사람의 성명, 생년월일 또는 가족관계에 관한 사항 등이 기록되어 있는바, 타인의 제적등본을 공개할 경우에는 그 타인 및 가족의 사생활의 비밀 또는 자유를 침해할 우려가 있으므로 이는 일반적인 정보공개청구의 대상이 아니고, 「가족관계의 등록 등에 관한 법률」과 「가족관계의 등록 등에 관한 규칙」이 정하는 바에 따른 정당한 발급청구권자의 청구에 의해서만 발급될 수 있는바, 소유권이전등기청구소송의 절차에서 사망자(2008. 1. 1. 이전 사망자)인 신청대상자의 제적등본의 제출을 요구하는 법원의 보정명령서, 사실조회서 또는 문서송부촉탁서 등이 있는 경우(상속인 특정)에는 이를 첨부한 발급신청서를 제출함으로써 신청대상자인 망자의 제적등본과 망자의 제적등본에 기재된 1순위(없으면 2.3.4순위) 상속인들의 기본증명서(가족관계증명서나 혼인관계증명서, 입양관계증명서, 친양자입양관계증명서는 제외)를 발급받을 수 있다(200811-2호).

상속인 중의 1인(병)은 피상속인(갑) 및 공동상속인 관계에 있는 형제자매들에 대하여는 본인등에 해당하므로 신청서에 대상자의 성명과 본적지(또는 등록기준지)를 기재하여(갑에 대하여는 본적지나 등록기준지를 주민등록번호로 갈음할 수 있음) 교부청구할 수 있고, 사망한 형제자매(을)의 배우자 및 직계비속에 대하여도 신청서에 대상자의 성명과 본적지(또는 등록기준지)를 기재하고 상속관계 확인 및 상속등기를 위하여 등록사항별 증명서가 필요하다는 취지의 청구사유를 기재하여 교부청구할 수 있다. 다만, 대상자의 본적지(또는 등록기준지)를 모르는 경우에는 동사무소를 포함한 발급관서에 직접 출석하여 대상자의 주민등록번호를 기재하고 신청인의 신분증명서사본을 추가 제출함으로써 교부청구할 수 있다. 한편, 등기원인이 상속인 경우에 등기신청서에 첨부하여야 상속을 증명하는 서면(「부동산등기법」 제46조 참조)은, 피상속인이 2008. 1. 1. 이전에 사망한 경우에는 피상속인의 제적등본 및 상속인의 기본증명서가 해당하고, 피상속인이 2008. 1. 1. 이후에 사망한 경우에는 피상속인의 제적등본(폐쇄등록부의 기본증명서, 가족관계증명서, 친양자입양관계증명서 포함) 및 상속인의 기본증명서가 해당한다(200904-2호).

공익목적상 합리적인 이유가 있는 경우라 함은 특정 개인이나 단체의 수준을 넘어 사회구성원 전체 즉 국민 전체의 수준에서 이익이 되는 가치가 인정되는 경우로서 대상자의 등록사항별 증명서가 필요할 뿐만 아니라 대상자의 위임을 받을 수 없거나 그 위임을 받아 신청하는 것이 적당하지 아니한 경우를 의미하는바, 종중의 족보수보업무를 수행하기 위하여 친·인척들의 등록사항별 증명서의 교부청구를 하는 것은 이에 해당하지 않는다. 한편, 등록사항별 증명서의 교부청구를 함에 있어 "부당한 목적이 없을 것"이라는 요건은 부당한 목적이 없으면 그것으로 곧 교부청구를 할 수 있다는 의미가 아니라, 교부를 위한 다른 요건을 모두 갖춘 경우라 하더라도 교부청구의 목적이 부당할 경우에는 그 교부를 거부할 수 있는 소극적 요건이다(200904-3호).

증명서 발급의 정당한 청구사유로서 "소송절차에서 필요한 경우"라 함은 대한민국의 영토고권에 따라 국가의 배타적 지배력이 미치는 대한민국의 영토 내에서 진행되는 소송절차에서 필요한 경우만을 의미한다고 할 것이다. 따라서 일본국에 있는 일본인이 재일교포에 대한 채권회수를 위하여 일본국 재판소에 사해행위취소의 소를 제기하고 채무자와 수익자 사이의 관계를 입증하기 위한 소송상의 필요에 의하여 일본국 재판소의 명령 등(보정명령, 사실조회서, 문서송부촉탁서 등)을 소명자료로 하

여 등록사항별 증명서(제적등본 포함) 발급을 신청한 경우에는
증명서 발급의 정당한 청구사유에 해당한다고 볼 수 없다
(200907-8호).

제2장 각종 부책과 서류

제1절 중앙관리소의 가족관계등록전산정보

중앙관리소에서 보관 또는 관리하는 가족관계등록전산정보의 보존기간은 다음과 같다(규칙제81조).

1. 영구

(1) 가족관계등록부

(2) 폐쇄등록부

2. 80년

(1) 가족관계등록공무원명부

3. 27년

(1) 가족관계등록사건접수장

(2) 특종신고서류 등 접수장

4. 2년

(1) 열람 및 증명청구접수부

제2절 시(구) · 읍 · 면의 사무소에 비치할 부책과 서류

시(구) · 읍 · 면에 비치할 부책 · 서류 및 그 보존 기간은 다음과 같으며, 장부에는 표지를 붙여 매년 별책으로 하고 진행번호는 매년 이를 갱신한다. 그러나 필요에 따라 계속 사용하거나 분책 또는 합책할 수 있으며, 편철장에는 목록을 붙여야 한다(규칙제82조). 법 부칙 제4조에 따라 호적용지로 작성된 제적부, 호적용지로 작성된 제적색출장 등을 계속 유지하여야 한다. 또한 규칙 부칙 제3조(경과조치)제2항은 구 규칙에 따라 종전에 시(구) · 읍 · 면에 비치, 보관하던 부책과 서류 등은 구 규칙에 따른 보존기간이 경과한 때에 폐기에 관한 규정에 따라 폐기하기 전까지는 계속 보존하여야 한다.

1. 영구

(1) 호적용지로 작성된 제적부

(2) 호적용지로 작성된 제적 색출장

(3) 특종신고서류편철장

가족관계등록신고서류가 접수 · 수리되었으나 등록기준지 불명 등으로 인하여 아직 등록부의 기록을 할 수 없는 신고서류나 등록부 기록을 요하지 않는 신고서류 등을 편철하여 보존하는 장부를 말한다.

(4) 가족관계등록부책보존부

시(구) · 읍 · 면에서 등록사건에 관한 각종 장부 및 서류편철장의 관리와 보존을 위하여 현재 보존하고 있는 각종 장부 및 서류편철장의 구체적인 내용을 등록하는 장부를 말한다.

(5) 예규문서편철장

감독법원으로부터 시(구) · 읍 · 면에 시달된 문서중 등록사무에 관한 중요한 예규 및 선례 등을 앞으로의 등록사무에 참고하도록 하기 위하여 편철하여 보존하는 장부를 말한다.

2. 27년

(1) 가족관계등록사건접수장

등록관서인 시(구) · 읍 · 면에서 가족관계등록에 관한 각종 신고서 또는 신청서 등을 접수 또는 송부받은 순서대로 기재하는 장부를 말한다(규칙제41조).

(2) 신고서류송부목록편철장

(3) 특종신고서류 등 접수장

태아인지신고, 이혼의사 철회신고, 혼인신고수리불가신고 및 혼인신고를 하는 때에 자의 성과 본을 모의 성과 본으로 따르기로 한 협의서를 제출하는 경우에는 특종신고서류 등 접수장에도 접수에 관한 기록을 하여야 한다(규칙제69조제3항). 이는 전산상의 개념인데, 위와 같은 신고가 있을 때에는 이 접수장에도 접수에 관한 기록을 하게 하여 전국 어느 등록관서에서든지 이와 같은 신고가 있었음을 전산적으로 확인이 가능하게 함으로써 업무처리에 착오를 방지하도록 하였다. 즉 태아인지신고 후 나중에 출생신고를 할 때 바로 특정등록사항란에 부 또는 모의 성명을 기록할 수 있도록 하고, 이혼의사철회신고가 접수되었음에도 이혼신고가 접수되는 것을 방지하도록 하였다. 또한, 혼인신고수리불가신고가 수리되었음에도 다른 일방의 혼인신고가 수리되는 경우를 방지하고, 혼인신고 시 자가 모의 성과 본을 따르기로 한 경우 나중에 자에 대한 출생신고 시 모의 성과 본을 따르도록 하였음을 전산적으로 검색할 수 있도록 하여 업무처리의 착오방지 및 효율성 제고를 기하고자 별도로 전산접수장을 만들어 전산기록을 하도록 한 것이다.

3. 10년

불수리신고서류편철장이란 접수된 가족관계등록에 관한 각종 신고, 신청 또는 기타 송부서류중 민법의 친족편 및 등록법규의 규정에 맞지 않아 수리할 수 없는 신고서류를 편철하여 두는 장부를 말한다.

4. 5년

(1) 고지부

등록부의 기록이 착오 또는 무효이거나 그 기록에 누락이 있는 사실을 신고인 또는 신고사건본인에게 통지하거나 신고를 게을리한 경우에 신고의무자에게 하는 최고 및 불수리의 통지 등을 하게 되는데, 이러한 사실을 등록하는 장부를 말한다. 법 제18조제1항, 제43조, 제110조제1항의 통지, 제38조, 제39조, 제108조의 최고, 그 외 등록사건에 관하여 신고인 그 밖의 사람에 대하여 고지를 할 때 이를 고지부에 등록하며, 고지사항 요지란에는 다음 예에 의하여 기록한다.

○○○ 출생신고 최고,

혼인신고 중 처○○○의 생년월일 추후보완신고,

○○○ 출생신고 불수리의 불복신청에 대한 처분변경통지.

통지·최고의 결과로 신고 또는 신청이 있거나, 다시 최고의 절차를 밟은 것에는 비고란에 그 연월일과 결과를 기록한다(예규제19호).

(2) 과태료징수부

시(구)·읍·면에서 가족관계등록에 관한 신고, 신청 또는 추완을 게을리한 자에 대해 법 위반자로서 과태료를 부과한 사건을 등록한 장부를 말한다.

(3) 가족관계등록사건표편철장

시(구)·읍·면의 장은 매달 접수한 등록사건의 건수표를 작성하여 다음달 10일까지 법원에 보고하게 되어 있는데(규칙제49조), 그 등록사건 건수표의 원본을 편철하여 보존하는 장부를 말한다.

(4) 왕복문서편철장

등록사무에 관한 왕복문서중 예규로서 보존하여야 할 문서 이외의 비교적 중요한 문서를 편철하는 장부를 말한다.

(5) 가정법원으로부터의 통지서편철장

가정법원으로부터 판결 또는 심판이 효력을 발생하게 되어 가족관계등록신고 또는 정정신청이 필요한 사항을 통지해 준 서면을 편철하는 장부를 말한다.

(6) 식별부호사용(해지)신청에 관한 기록

5. 2년

(1) 가족관계등록문서건명부

가족관계등록사건접수장, 열람증명청구접수부 및 고지부에 등록되지 아니하는 가족관계등록에 관한 문서를 발송 또는 접수할 때 그 문서의 요지, 그 발·수연월일 등을 기재하는 장부이다. 문서건명부는 발송 또는 접수의 순서에 따라 발송과 수신에 관한 문서를 등록하여야 한다. 그러나 가족관계등록사건접수장, 열람 및 증명청구접수부 및 고지부에 등록하는 것은 제외한다. 그리고 주무자인란에는 접수 또는 발송이 끝난 문서의 원안을 그 주무자에게 교부하는 때에 그 확인인을 받는다(예규제18호).

(2) 가족관계등록민원청구서편철장

가족관계등록에 관한 각종 민원청구서류를 편철하여 보존하는 장부이다.

(3) 열람 및 증명청구접수부

시(구)·읍·면에서 제적 또는 신고서류에 대하여 열람, 증명 그리고 제증명 및 수리 또는 불수리증명의 청구나 그에 따른 교부가 있을 때에 그 사항을 등록하는 장부를 말한다. 청구의 요지란은 다음 예에 의하여 기록한다.

예) ○○○의 등록사항별 증명서, ○○○의 가족관계등록신고서류열람, ○○○의 혼인신고 불수리의 증명서, ○○○의 제적 등·초본

말로 청구를 받을 때에는 청구자 성명란 성명의 기록 옆에 말로 청구하였다는 취지를 기록하고 그 주소를 비고란에 기록한다. 이 경우에는 청구요지를 다음 예에 의하여 기록한다(예규제336호).

예) ○○로 ○○{또는 ○○동(리)○○번지} ○○○의 등록사항별 증명서

(4) 직권정정에 관한 서류편철장

등록부에 대한 직권정정 또는 기록사유가 발생한 경우에는 시(구)·읍·면의 장은 직권정정·기록절차를 밟아 등록부의 기록을 정정 또는 기록하게 되는데, 이러한 직권정정 또는 기록절차와 관련된 서류를 편철하여 보존하는 장부를 말한다.

(5) 가족관계등록예규집관리대장

대법원 가족관계등록예규집의 보관·관리상태를 점검하기 위하여 각 예규집의 관리관계를 기재하는 장부이다.

(6) 협의이혼의사철회서편철장

이혼의사의 확인을 받은 당사자는 이혼신고가 접수되기 전
에는 이혼의사를 철회할 수 있는데, 시(구) · 읍 · 면의 장에
게 제출된 이혼의사철회서를 편철하는 장부를 말한다.

(7) 혼인신고수리불가신고서편철장

제3절 감독법원에 비치할 부책과 서류

법원에 비치할 부책, 서류 및 그 보존기간은 다음과 같다
(규칙제83조). 종전에 법원에서 비치, 보관하던 부책과 서류
등은 구 규칙에 따른 보존기관이 경과한 때에 폐기에 관한
규정에 따라 폐기하기 전까지는 계속 보존하여야 한다.

1. 80년

등록사무처리자인 시(구) · 읍 · 면의 장이 취임한 경우나
그 직무대리자가 직무를 대리한 경우 또는 등록사무담임자가
임면된 경우에는 감독법원에 보고하도록 되어 있는데 그 보
고내용을 기재하는 장부가 가족관계등록공무원명부이다. 관내
의 등록공무원 현황을 파악하고, 등록공무원의 전 · 후임자간
의 책임소재를 밝히는 자료가 되기 때문에 감독법원에 비치
하도록 하였다. 감독법원에 비치할 다른 부책 및 서류와 마찬
가지로 별도 규정이 없으면 매년 별책으로 하고 진행번호는

매년 갱신한다. 그러나 필요에 따라 계속 사용하거나 분책 또는 합책할 수 있다(규칙제83조제2항).

2. 27년

시(구)·읍·면의 장이 등록부 기록을 마친 신고서류는 1개월마다 다음달 10일까지 접수의 순서에 따라 편철한 후 그 목록과 함께 감독법원에 송부하도록 되어 있는바, 그 송부 받은 신고서류를 편철하여 보존하는 장부가 가족관계등록신고서류편철부이다. 이 편철부에 편철된 신고서류는 등록부 기록의 진부를 확인하는 자료로 활용되는데, 신고서류는 시(구)·읍·면별 및 연도별로 접수의 순서에 따라 편철하여 보존한다. 신고서류의 분량에 따라 1개월분을 수 권으로 분책하거나 수개월 분을 1권으로 합철하여 보존할 수 있다. 신고서류의 목록도 신고서류와 함께 1개월마다 가족관계등록신고서류편철부에 편철하여 보존하고, 출장소의 가족관계등록신고서류는 시(구)·읍·면별로 본 사무소의 신고서류 다음에 목록과 함께 편철한다. 법원의 시정지시에 의하여 송부받은 서류나 송부 시 누락되어 추가로 송부 받은 서류 등을 해당 신고서류의 목록에 표시한 후 그 서류철의 맨 끝부분(서류의 양이 많을 때에는 별책으로 조제할 수 있음)에 편철하여 보존하여야 한다.

3. 10년

이혼의사확인 사건부

4. 5년

(1) 가족관계등록보고서편철장

(2) 가족관계등록사무감독서류편철장

(3) 직권정정, 기록허가에 관한 서류편철장

(4) 등록부 재작성에 관한 기록

(5) 통계에 관한 기록

(6) 문서건명부

(7) 식별부호사용승인(해지)에 관한 기록

시·읍·면의 장으로부터 식별부호 사용 승인 또는 해지신청이 있는 경우, 그 신청 공문과 감독법원에서 정보처리시스템을 사용할 자에 대한 사용신청 또는 해지신청에 관하여 자체 내에서 결재 받은 문서를 철한다. 이 장부의 보존기간은 최후에 편철한 문서를 기준으로 5년이다.

5. 2년

(1) 가족관계등록민원청구서편철장

(2) 잡사에 관한 기록

제4절 재외공관 및 동(洞)사무소에 비치할 장부

재외공관 및 동사무소에는 다음과 같은 장부를 비치하여야
하고, 그 보존기간에 관하여는 시(구) · 읍 · 면에 비치할 장
부의 보존기간 준용한다. 다만, 제10호 장부의 보존기간은 2
년으로 하고, 제8호의 장부는 동사무소에 비치하지 아니한다
(규칙제82조제4항).

1. 가족관계등록사건접수장

2. 고지부

3. 가족관계등록문서건명부

4. 왕복문서편철장

5. 불수리신고서류편철장

6. 가족관계등록민원청구서편철장

7. 가족관계등록부책보존부

8. 가족관계등록예규집관리대장

9. 열람 및 증명청구접수부

10. 가족관계등록신고서류편철장

제5절 부책 등의 보존

1. 가족관계등록에 관한 부책 등의 보존

가족관계등록에 관한 부책과 서류는 잠금장치가 있는 견고한 서고 또는 창고에 비치하고 철저하게 보존하여야 한다(규칙제18조). 등록사무를 등록정보시스템에 의하여 전산적으로 처리한다고 하더라도 종이로 작성된 부책과 서류는 계속 존재하므로 이에 대한 보존규정을 둔 것이다.

2. 보존기간의 기산점

시(구)·읍·면(재외공관이나 동사무소 포함) 및 법원에 비치할 부책과 서류의 보존기간은 그 연도의 다음해로부터 기산한다(규칙제84조).

3. 보존기간 경과 후의 조치

시(구)·읍·면의 장은 부책 또는 서류의 보존기간이 경과한 때에는 폐기서류 목록을 작성하고, 폐기인가신청을 제출하여 매년 4월까지 법원의 인가를 받아 폐기하여야 한다(규칙제85조).

4. 전산정보처리조직으로 작성한 부책 등의 보존

이 장의 부책과 서류를 전산정보처리조직에 의하여 작성한 경우에는 그 전산기록을 보존하는 것으로 부책과 서류의 보존을 갈음할 수 있다(규칙제86조).

5. 가족관계등록신고서류 등 송부에 관한 사무처리지침(예

규 제60호)

(1) 대상신고서류 등

　법원의 문서제출명령 또는 문서송부촉탁에 의하여 시(구)·읍·면의 장 또는 감독법원의 보관책임자(이하 "시(구)·읍·면의 장 등"이라 한다)가 법원에 송부하거나 압수·수색영장에 의하여 검사 또는 사법경찰관리(이하"수사기관"이라 한다)가 압수할 수 있는 가족관계등록신고서류와 그 첨부서면(호적신고서류와 그 첨부서면을 포함한다. 이하 "신고서류"라고 한다)은 다음과 같다.

　1) 시(구)·읍·면에 비치된 특종신고서류편철장, 불수리신고서류편철장에 편철되어 있는 가족관계등록신고서류와 그에 첨부된 공·사문서 또는 협의이혼의사철회서편철장에 편철되어 있는 이혼의사철회서와 그에 첨부된 이혼의사확인서등본

　2) 감독법원에 비치된 가족관계등록신고서류편철부에 편철되어 있는 가족관계등록신고서류와 그에 첨부된 공·사문서

　(2) 법원의 문서제출명령 등

　1) 시(구)·읍·면의 장 등이 법원에 위 (1)에서 규정한 신고서류를 송부한 때에는 해당 서류의 사본을 작성하여 이를 보관한다.

　2) 시(구)·읍·면의 장 등이 법원에 신고서류를 송부한 때에는 해당 신고서류편철장등의 송부한 신고서류가 편철되어 있던 면에 송부의 근거가 된 법원의 명령서나 촉탁서(명령서나 촉탁서와 일체를 이룬 "부속서면"을 포함한다. 이하 같다)

를 제(1)항에 따라 작성한 사본과 함께 편철한다.

3) 시(구)·읍·면의 장 등이 제(1)항의 신고서류를 반환받은 때에는 이를 제(2)항의 명령서나 촉탁서의 다음에 편철하고 제(1)항에 따라 작성한 사본을 폐기한다.

4) 신고서류 등을 반환받은 시(구)·읍·면의 장 등은 제(2)항의 명령서나 촉탁서 여백에 그 반환의 취지와 날짜를 기재한 후 끝에 기명날인 또는 서명한다.

(3) 영장에 의한 압수

1) 시(구)·읍·면의 장 등은 압수 · 수색영장에 의하여 신고서류가 압수된 때에는 해당 서류의 사본을 작성한다.

2) 시(구)·읍·면의 장 등은 제(1)항의 신고서류가 압수된 때에는 해당 신고서류편철장등의 압수된 신고서류가 편철되어 있던 면에 수사기관으로부터 교부받은 압수목록을 제(1)항에 따라 작성한 사본과 함께 편철한다.

3) 시(구)·읍·면의 장 등이 제(1)항의 신고서류를 되돌려받은 때에는 이를 제(2)항의 압수목록의 다음에 편철하고 제(1)항에 따라 작성한 사본을 폐기한다.

4) 신고서류 등을 반환받은 시(구)·읍·면의 장 등은 제(2)항의 압수목록 여백에 그 반환의 취지와 날짜를 기재한 후 끝에 기명날인 또는 서명한다.

(4) 수사관계사항 조회

수사기관이 압수·수색영장의 집행에 의하지 아니하고 「형사소송법」 제199조제2항에 따른 수사관계사항조회서로 신고서류의 송부를 요구하는 경우에는 그 사본을 송부한다.

(5) 주의사항

시(구)·읍·면의 장 등은 신고서류 등이 반출된 경우, 이를 송부 받은 판사 또는 압수한 검사에게 해당 신고서류가 수사기록이나 재판기록의 일부로 편철되어서는 안 되고 반드시 관련업무의 종료 즉시 반환되어야 한다는 취지의 안내문을 발송하여야 한다.

제2편

가족관계등록신고

제1장 총 론

제1절 가족관계등록신고의 의의

가족관계등록신고란 사람의 신분에 관한 사항을 내용으로 하여 등록사무처리자인 시(구)·읍·면의 장에 대하여 등록부에 일정한 신분사항을 기록하는 것을 요구하는 공법행위이다. 신고가 있으면 시(구)·읍·면의 장은 그 신고에 대하여 수리 또는 불수리의 처분을 하여야 한다. 등록부 기록사유 중에서 가장 기본적이고 원칙적인 기록사유가 바로 신고이며, 대부분의 등록부 기록은 신고에 의하여 이루어지고 있다.

제2절 가족관계등록신고의 종류

1. 보고적 신고와 창설적 신고

(1) 보고적 신고

이미 발생한 일정한 사실, 이미 성립된 법률관계에 관한 신고를 말한다. 출생이나 사망에 있어서 법적 효과는 그 사실이 발생하였을 때에 생기고, 신고는 그러한 사실의 보고에 불과하다. 보고적 신고라 하더라도 등록부상에 신분관계의 변동사항이 신속히 기재되어야 할 것이므로, 신고의무자 및 신고기간을 정하고 있고 법정신고기간 내에 신고를 게을리한 자에 대하여는 과태료를 부과하여 신고를 강제하고 있다.

1) 고유적 의미의 보고적 신고

성질상 본연의 보고적 신고에 해당하는 신고이다. 등록신고의 내용사실의 발생에 의하여 신분변동효력이 발생하기 때문에 등록신고서의 수리 및 기록 자체에는 창설적 효력이 없다. 출생신고, 사망신고, 후견개시신고, 후견종료신고, 국적상실신고, 귀화신고 등이 이에 해당한다.

2) 전래적 의미의 보고적 신고

본래 창설적 신고에 의하여 효력이 발생하는 신분변동사유가 재판 등 특별한 사정에 의하여 이미 효력이 발생한 경우에는 어쩔 수 없이 보고적 신고에 의하여 등록부를 정리할 수밖에 없는데, 이때의 신고를 말한다. 이와 같은 전래의 보고적 신고는 신고자체의 하자가 아닌 다른 사정(재판 등)의 하자에 의하여서도 신분변동의 효력이 변경될 수 있다는 점에 그 특성이 있다. 재판상 이혼신고, 재판상 인지신고, 유언에 의한 인지신고, 재판상 파양신고 등이 이에 해당한다.

3) 기타의 보고적 신고

실종선고신고, 개명신고, 가족관계등록창설신고도 보고적신고이다.

(2) 창설적 신고

신분관계가 발생, 변경, 소멸하는 효력을 가지는 등록신고이다. 예를 들어, 남녀가 사실상의 부부생활을 아무리 오래 계속하였더라도 법률상 부부관계는 성립하지 않으며 혼인신고가 있어야만 비로소 법률상 부부라는 신분관계가 성립하게 된다. 이와 같은 창설적 신고는 신고 여부를 신고인의 자유의사에 맡기며 신고를 강제하지는 않지만, 신고하지 아니하면 신분관계변동의 효력을 인정하지 않는다.

1) 실체적인 창설적 신고

등록신고를 함으로써 실체법상 신분변동의 효력이 발생하는 등록신고이다. 신고가 유효하기 위하여 절차법상 유효요건 외에 실체법상 유효요건(혼인의사, 이혼의사 등)도 필요로 한다. 혼인신고, 협의이혼신고, 입양신고, 임의인지신고, 협의파양신고 같이 중요한 신분행위를 신고를 하여야 효력을 인정해주는 이유 즉 신분행위의 요식성이 필요한 이유는 ① 신분행위의사의 명확성 확보 ② 국가가 이상으로 하는 신분질서에 반하는 신분관계의 발생 사전 예방 ③ 신분행위 효력 발생시기의 명확성과 공시성에 있다.

2) 절차적인 창설적 신고

가족관계의 등록 등에 관한 법률 등과 같은 절차법상의 신분변동 효과를 발생하는 창설적 신고이다. 즉 등록신고를 함으로써 등록부의 변동을 초래하는 신고를 말하는데, 등록기준지 변경신고 등이 이에 속한다. 이 신고는 절차법상의 유효요건만 필요로 할 뿐 주관적 의사를 별도의 유효요건으로 요구하지 않는다.

2. 재판을 요하는 신고와 재판을 요하지 않는 신고

등록신고는 출생신고, 사망신고처럼 재판을 요하지 않음이 원칙이다. 그러나 가족관계등록창설신고, 실종선고신고 및 개명신고와 같이 가정법원의 판결 또는 허가를 받아서 하여야 하는 신고도 있는데, 이 경우에는 등록신고서에 재판서의 등본을 첨부하여야 한다. 가족관계등록부 정정의 재판에 의하여 등록부 기록을 정정하기 위해서는 등록신고가 아니라 등록부 정정신청을 하도록 규정하고 있다.

3. 독립적 신고와 부가적 신고

복수의 등록신고를 전제로 이들 등록신고가 서로 독립적 관계에 있는가 종속적 관계에 있는가에 따라 독립적 신고와 부가적 신고로 나눌 수 있다. 등록신고가 독립적으로 이루어지는 경우를 독립적 신고라 하고, 독립적 신고에 부가하여 이루어지는 경우를 부가적 신고라 한다. 하나의 등록신고서에 복수의 등록신고를 병합신고 하는 경우에도 등록신고가 상호 독립적이면 독립적 신고로 본다. 등록신고는 원칙적으로 독립적 신고이지만, 독립적 신고에 병기하는 방식으로 이루어지는 부가적 신고도 있다. 인지신고와 이혼신고에 부가적 신고로 하는 친권행사자의 지정신고 등이 부가적 신고이다. 부가적 신고의 경우에는 아래에서 설명하는 복합신고와는 달리 별도의 접수번호를 부여하여야 하는 경우도 있음에 유의하여야 한다.

4. 단순신고와 복합신고

단일의 신고에 의하여 한 개의 단일한 신분변동의 효과가 발생하는 등록신고를 단순신고, 수 개의 복합적인 효과가 발생하는 등록신고를 복합신고라 한다. 이러한 분류는 복합적 등록신고에 하자가 발생한 경우 그 하자가 신고의 효력에 미치는 영향의 범위를 판정하는 데에 그 의미가 있다. 등록신고의 대부분은 단순신고에 해당하지만, 한 개의 신고로서 2개 이상의 복합적 효력이 발생하는 복합신고도 있다. 복합신고의 예로는 혼인 외의 자에 대한 부의 출생신고 등이 있다. 이는 출생신고라는 절차법상의 효과 외에 인지 및 가족관계등록창설의 효과까지도 발생하기 때문이다. 복합신고는 접수장에 접수번호를 하나만 부여하여야 한다.

5. 특종신고

특종신고란 사건본인의 가족관계등록이 되어 있지 않거나 또는 가족관계등록의 여부가 분명하지 않다는 등의 이유로 등록부의 기록을 할 수 없거나 등록부의 기록을 요하지 않아 특종신고서류편철장에 편철하여 보존하는 등록신고이다. 따라서 특종신고의 경우에는 등록부의 기록이 이루어지지 않으므로 특종신고서류 그 자체가 등록부의 역할을 하게 되고, 해당 신분사항을 공시·공증한다. 특종신고서류편철장에 편철하여 보존할 등록신고는 다음과 같다.

(1) 가족관계등록이 되어 있지 않거나 또는 분명하지 아니한 자에 대한 등록신고

가족관계등록이 되어 있지 않거나 등록할 수 없는 사람 또

는 등록부에 등록 되어 있는지가 분명하지 아니한 사람이 등록신고를 하는 때에도 그 신고는 접수장에 기록하고, '가족관계등록부 존재신고'가 있을 때까지 특종신고서류편철장에 편철하여 둔다(예규제22호).

(2) 외국인에 대한 등록신고

국내에 있는 외국인은 속지주의에 따라 출생, 사망신고 등의 의무가 있고, 국제사법상 준거법이 한국인 경우에는 등록신고를 할 수 있다. 이러한 외국인에 대한 등록신고는 등록부에 기록할 수 없으므로 특종신고서류편철장에 편철 보존한다. 한국인과 외국인 사이의 등록신고에 대해서는 예규 제303호에서 그 처리절차를 규정하고 있다.

(3) 태아인지신고

(4) 인지된 태아의 사산신고

(5) 부 미정의 출생신고

부(父) 미정의 출생신고란, 부(父)를 알 수 없는 경우가 아니라 부(父)의 추정이 경합된 경우이다. 따라서, 여자가 혼인관계종료의 날로부터 100일 내에 재혼하였고, 재혼 성립의 날로부터 200일 후, 전혼관계종료의 날로부터 300일 내에 자(子)가 출생하여, 부(父) 미정의 출생신고가 접수된 때에는, 부(父)가 확정될 때까지 등록부의 기록을 할 수 없는 신고로 보아서 이를 특종신고서류편철장에 편철하여 두었다가, 부(父)를 정하는 판결의 확정 후, 추후보완신고에 의하여 원칙적으로 부(父)의 성과 본을 따라 기록하여야 한다.

제3절 가족관계등록신고인

1. 신고인

신고인이란, 특정한 등록신고를 한 자를 말한다. 신고의무자는 등록신고를 하여야 할 법률상의 의무가 있으며, 신고를 게을리하면 과태료의 제재를 받는 자로, 보고적 신고에서 인정되는 개념이다. 신고적격자란 신고의무는 없으나 유효한 등록신고를 할 수 있는 자로서, 과태료의 제재문제는 발생하지 않으며, 창설적 신고는 물론 보고적 신고에도 해당되는 개념이다.

(1) 보고적 신고의 신고인

1) 신고의무자나 신고적격자의 신고

① 보고적 신고에서 신고하여야 할 자는 법에 의하여 정하여지며, 이를 신고의무자라고 한다. 하나의 신고에 수인의 신고의무자가 있는 경우에는 그 순위가 가족관계의 등록 등에 관한 법률 제46조 등에 규정되어 있다. 신고를 하여야 할 사람이 미성년자 또는 금치산자인 때에는 친권자 또는 후견인이 신고의무자가 된다(법제26조제1항본문). 그러나 의사능력 있는 미성년자 또는 금치산자가 신고를 하여도 된다(법제26조제1항단서). 즉 이들은 신고의무는 없으나 유효한 등록신고를 할 수 있는 신고적격자이다. 다만 금치산자인 경우에는 신고서에 신고사건의 성질 및 효과를 이해할 능력이 있음을 증명

할 수 있는 진단서를 첨부하여야 한다(예규제67호). 신고인이 무능력자인 경우를 규정한 법 제26조는 보고적 신고에 관한 규정이다.

② 법 제58조의 재판에는 가사소송법에 따른 조정의 성립(조정조서 작성의 경우)도 포함되며 조정성립일부터 1개월 경과 시 조정조서 송달증명을 첨부하여야 하는데, 소 제기자가 법정기간을 도과 후 상대방이 신고한 경우에도 신고를 게을리 한 사람은 어디까지나 소 제기자이다(예규제309호).

③ 사망신고는 동거친족이 하여야 한다. 그러나 친족, 동거자, 사망장소를 관리하는 사람, 사망장소의 동장 또는 통·이장도 신고할 수 있다(법제85조제2항).

④ 법 제58조 또는 같은 조 규정이 준용되는 경우(법 제65조, 제66조, 제73조, 제78조와 제92조제3항 등) 및 제107조의 경우에 소 제기자가 사망한 때에 그 사람의 배우자 또는 4촌 이내의 친족이 신고를 할 수 있다(예규제85호).

  2) 신고의무자 또는 신고적격자가 아닌 자가 신고한 경우

신고의무자 또는 신고적격자가 아닌 자가 신고를 한 경우 이를 수리해서는 안 된다. 그러나 보고적 신고는 실체적 신분사실을 등록부에 정확하게 반영하는 것이 가장 큰 목표이므로, 그 신고서류를 참고자료로 하여 감독법원의 허가를 얻어 직권으로 정리하여야 한다.

예컨대 법 제85조의 신고의무자나 신고적격자도 없는 경우에 인우인이 제출한 사망신고는 수리할 수 없으나(예규제188호),

사망신고서에 사망진단서 그 밖의 사망의 사실을 증명하는 서면이 첨부되어 있는 때에는 문서건명부에 접수하고 그 첨부서면을 자료로 하여 시(구)·읍·면의 장이 법제38조와 제18조제2항에 따라 감독법원의 기록허가를 얻어 직권으로 기록한다(예규제52호).

또한 보고적 신고사항을 등록부에 기록한 후 실제로 신고한 자가 신고인으로 기록된 자가 아닌 것으로 판명된 경우 그 효력이 어떻게 되는지 문제가 된다. 창설적 신고와 달리 보고적 신고사항은 실체적 신분관계를 등록부에 정확하게 기록하는 것을 목표로 삼기 때문에 실제로 신고한 자가 신고의무자 또는 신고적격자라면 실체관계에 착오가 없는한 그 효력에 영향이 없다할 것이다. 다만 신고인을 실제로 신고한 자로 정정하여야 한다.

◼ (구)호적선례 ◼ 1929. 4. 29. 출생한 자의 출생신고를 1951. 8. 25. 사망한 부(부)가 1954. 12. 4. 신고한 것으로 되어 있는 경우, 사망한 자의 명의로 된 출생신고라 하더라도 그 호적기재가 실체관계에 착오가 없는 경우에는 그 호적기재는 유효하다 할 것이므로 호적법 제51조에 규정한 자 중 사실상 신고한 자로 관할 가정법원의 호적정정허가결정을 얻어 정정할 수 있을 것이나 호적상 부모가 친생부모가 아니라면 사망한 자 명의로 기재된 출생신고는 그 호적기재가 법률상 허용될 수 없는 것에 해당하므로 본적지 관할 가정법원의 호적정정허가결정을 얻어 그 호적기재 전부를 말소하는 정정신청을 할 수 있을 것이다. 그러나 호적기재가 법률상 허용될 수 없는 것이라도 그 사안이 친족법상 또는 상속법상 중대한 영향을 미치

(2) 창설적 신고의 신고인

창설적 신고에서 신고하여야 할 자는 민법 또는 등록법규
에 의하여 정하여지는데, 대체적으로 신분행위를 할 수 있는
자가 신고적격자가 된다. 창설적 신고에 있어서 신고의무자는
따로 없고 일정한 신분행위를 하려는 자가 신고하여야 한다.
법정대리인의 동의 없이 할 수 있는 행위에 대하여는 무능력
자(의사능력이 있는 사람)가 신고하여야 한다(법제27조제1항,
예규제67호). 다만 금치산자인 경우에는 신고서에 신고사건
의 성질 및 효과를 이해할 능력이 있음을 증명할 수 있는 진
단서를 첨부하여야 한다(법제27조제2항, 예규제67호). 법 제
27조는 창설적 신고에 관한 규정이다.

신고적격자가 아닌 자가 신고를 하면 불수리를 하여야 하
며 등록부에 기록해서는 안 된다. 절차적 창설적 신고에 해당
하는 등록기준지 변경신고의 경우에, 사건본인이 의사능력이
없는 사람인 때에는 법정대리인이 이를 신고한다(예규 제69
호).

2. 신고능력

등록신고에서 신고능력이란 단독으로 유효한 등록신고를 할 수 있는 능력을 말한다. 의사능력이 있는 자는 원칙적으로 신고능력이 인정된다. 보고적 신고이든 창설적 신고이든 의사능력이 없는 자는 신고능력이 없다.

(1) 보고적 신고

보고적 신고는 이미 성립된 법률관계에 영향을 주지 않으며 등록부 기록 등의 행정목적 때문에 하는 신고이다.

(2) 창설적 신고

창설적 신고는 민법상의 신분적 법률효과를 가져오는 신분행위이므로 그 행위능력은 민법에 의하여 결정되어야 한다. 신분행위는 본인 독자의사를 존중하기 때문에 민법총칙의 무능력자제도의 적용을 부정하고 의사능력이 있는 이상 본인이 단독으로 할 수 있다는 것이 통설이다.

3. 가족관계등록신고의 대리

(1) 위임대리에 의한 등록신고

1) 보고적 신고의 경우

법 제31조제3항은 말로 신고하려 할 때에 신고인이 질병 기타 사고로 출석할 수 없는 때에는 신고의무자의 편의를 위하여 대리인으로 하여금 신고할 수 있다.

2) 창설적 신고의 경우

창설적 신고 중에서 본인의사를 절대로 존중하여야 할 인지신고(태아인지신고 포함), 입양신고, 파양신고, 혼인신고, 이혼신고 등은 대리가 허용되지 않는다(법제31조제3항단서).

3) 위임대리에 의한 등록신고절차

시(구), 읍, 면의 장이 신고대리인의 진술내용 및 신고연월일을 신고서에 기재하여 읽어 주고 신고인의 대리인으로 하여금 신고서면에 서명하거나 기명날인하게 하고(법제31조제2항), 대리권한을 증명하는 서면(위임장 등)을 제출받아 신고서에 첨부하면 된다(규칙제36조).

법 제31조에 따라 신고인의 대리인이 말로 출생신고를 할 경우에는 등록부에 신고인에 대한 기재례를 「【신고인】 부 대리인○○○」로 한다(예규제34호).

(2) 법정대리에 의한 등록신고

1) 보고적 신고의 경우

신고를 하여야 할 자가 미성년자이거나 금치산자인 경우에 법정대리인이 신고를 하도록 하고 있다(법제26조제1항).

2) 창설적 신고의 경우

창설적 신고는 본인의 진의가 존중되어야 할 신고이기 때문에 미성년자나 금치산자라도 의사능력이 있는 한 직접 신고함을 요하며 법정대리인에 의한 대리신고는 원칙적으로 허용되지 않는다.

그러나 15세미만자의 입양승낙(민법 제869조), 15세미만자의 협의파양(민법 제899조)시에는 법정대리인이 사건본인에 갈음하여 신고하여야 한다.

3) 법정대리에 의한 등록신고절차

법정대리인이 신고하는 경우에는 신고서에 신고인의 기재를 "친권자 부 ○○○" 또는 "후견인 ○○○"로 기재하고, 당해 등록신고서에는 법정대리인의 자격을 증명하는 서면으로서 등록사항별 증명서 등을 첨부한다.

제4절 가족관계등록신고기간

1. 의 의

신고기간이란 기성의 사실 또는 법률관계에 관하여 그 사실 또는 법률관계가 있는 때로부터 신고를 하여야 할 일정한 기간을 말한다. 보고적 신고에 있어서 신고기간은 원칙적으로 1월이지만, 등록불명자 또는 인식불능자에 대한 국가경찰공무원의 사망통보 후 사망신고의무자가 사망자의 신원을 안 때에는 그 날부터 10일 이내에 사망의 신고를 하도록 하고 있다(법제90조제3항).

그러나 창설적 신고는 신고하여야 효력이 발생하는 것이므로 신고기간이 있을 수 없고, 신고기간이 경과한 후의 신고라도 이를 수리하여야 한다(법제40조).

2. 신고기간의 기산일 등

신고기간은 신고의무자가 신고사건의 발생사실을 알았는지

여부를 불문하고 신고사건 발생일부터 기산한다(법제37조). 예컨대 출생신고에 있어서 사건본인이 1991. 4. 19.에 출생하였다면 그 출생신고기간의 만료일은 1991. 5. 18.이 된다(구 호적선례3권143항 참조). 다만 사망신고, 국적상실신고 등과 같이 신고의무자가 신고사건 발생의 사실을 안 날부터 기산하는 예외의 경우도 있다(법제84조, 제97조). 신고기간의 계산에 관하여는 1개월의 신고기간은 역에 따라서 계산하고(예규제79호), 기간의 말일이 토요일 또는 공휴일에 해당하는 때에는 기간은 그 다음 날에 끝난다(예규제281호).

신고서 불비로 반려한 것을 정정하여 제출한 때에는 재 제출일자로 수리하는 것이므로, 이 때 신고기간이 지난 경우라면 그 책임을 면하지 못한다(예규제266호). 재판의 확정일부터 기간을 기산하여야 할 경우에 재판이 재판서의 송달 또는 교부 전에 확정된 때에는 그 송달 또는 교부된 날부터 기산하고(법제37조제2항), 가족관계등록부 정정허가결정에 의한 등록부 정정신청은 그 재판서의 등본을 받은 날부터 기산한다(법제106조). 다만 갑이 을의 자로 출생신고 되었다가 갑, 을 간의 친생자관계부존재확인판결이 확정되어 갑의 등록부가 폐쇄됨으로 인하여 갑에 대한 출생신고의무자가 다시 출생신고를 하는 경우에는 출생신고기간은 위 판결이 확정된 때로부터 기산할 것이 아니고 출생시부터 기산하여야 한다(구호적선례2-470호 참조).

외국에 있는 대한민국 국민이 그 나라의 방식에 따라 신고사건에 관한 증서를 작성한 경우에는 3개월 이내에 그 지역을 관할하는 재외공관의 장에게 그 증서의 등본을 제출하여야 한다(법35조제1항). 대한민국의 국민이 있는 지역이 재외공관의 관할에 속하지 아니하는 경우에는 3개월 이내에 등록기준지의 시(구)·읍·면의 장에게 증서의 등본을 발송하여야 한다(법제35조제2항).

신고서를 법정기일 전에 우송하였으나 법정신고기간이 지난 후 시(구)·읍·면에 접수되었을 때에는 우편제출의 고무인을 찍고 기간 경과로 취급을 하지 않는다. 단, 처리는 접수일자로 하여야 하며 우편제출임을 명확히 하기 위하여 봉투를 첨부하여야 한다(예규제268호).

3. 신고기간을 지키지 않은 경우

시(구)·읍·면의 장이 신고를 게을리한 자를 안 때에는 상당한 기간을 정하여 그 기간 내에 신고할 것을 최고하여야 하고, 만일 위 기간 내에 신고를 하지 아니한 때에는 다시 상당한 기간을 정하여 최고를 할 수 있다(법제38조제1항,제2항). 국가 또는 지방자치단체의 공무원이 신고를 게을리한 자가 있음을 안 때에는 사건본인의 등록기준지의 시(구)·읍·면의 장에게 통지하여야 한다(법제18조제3항).

4. 과태료처분

(1) 과태료 부과

신고의무자가 정당한 사유 없이 기간 내에 하여야 할 신고 또는 신청을 하지 아니한 때에는 5만원 이하의 과태료를 부과하고(법제122조), 시(구) · 읍 · 면의 장이 신고의무자에게 법 제38조 또는 제108조에 의하여 최고를 한 경우에 정당한 사유 없이 그 기간 내에 신고 또는 신청을 하지 아니한 때에는 10만원 이하의 과태료를 부과한다(법제121조).

과태료의 부과 및 징수는 신고 또는 신청을 수리하거나 이를 최고한 시(구) · 읍 · 면의 장이 하고, 동(洞)의 장이 출생신고 또는 사망신고를 수리한 경우에는 그 동의 장은 관할 시장 또는 구청장을 대행하여 과태료를 부과 · 징수한다(법제124조제1항, 규칙제50조제4항).

시(구) · 읍 · 면의 장이 과태료를 부과하고자 할 때에는 위반행위를 조사 · 확인하여야 하고, 과태료처분대상자에게 말 또는 서면에 의한 의견진술의 기회를 주어야 한다(규칙제50조제2항). 과태료를 부과할 때에는 위반사실과 과태료금액을 명시한 과태료납부통지서를 과태료처분대상자에게 송부하여야 한다. 그러나 신고서 제출과 동시에 자진하여 과태료를 납부하는 경우에는 그러하지 아니하다(규칙제50조제3항).

시(구) · 읍 · 면의 장은 규칙 제50조제5항이 정한 별표 3의 과태료 부과기준에 의하여 과태료의 금액을 정하여야 한다(규칙제50조제5항).

[별표3]

게을리한 기간	과 태 료	
	제122조 위반	제121조 위반

7일 미만	10,000원	20,000원
7일 이상 1월 미만	20,000원	40,000원
1월 이상 3월 미만	30,000원	60,000원
3월 이상 6월 미만	40,000원	80,000원
6월 이상	50,000원	100,000원

<과태료 부과기준>

한편, 시(구)·읍·면의 장은 과태료처분대상자의 위반행위의 동기와 결과를 참작하여 별표 3에 따른 과태료의 2분의 1에 해당하는 금액을 경감할 수 있다. 다만, 이 경우에는 과태료처분대상자가 작성한 위반행위에 대한 사유서를 첨부하여야 한다(규칙제50조제6항).

(2) 과태료처분에 대한 불복

과태료처분에 불복이 있는 자는 30일 이내에 당해 시(구)·읍·면의 장에게 과태료처분이의서(규칙제50조제7항)를 제출할 수 있다(법제124조제2항). 위 기간 내에 이의를 제기하기 아니하고 과태료를 납부하지도 아니한 때에는 지방세 체납처분의 예에 따라 징수한다(법제124조제4항).

시(구)·읍·면의 장은 이의신청이 이유가 있다고 인정한 때에는 행정처분인 과태료의 성질상 당해 과태료처분을 취소하거나 변경할 수 있고, 이유가 없다고 인정할 때에는 과태료처분 이의사건 통보서를 지체 없이 과태료처분을 받은 자의 주소 또는 거소를 관할하는 가정법원에 송부하여야 한다(법제124조제3항, 규칙제50조제7항).

과태료처분에 대한 이의통보서를 받은 가정법원은 비송사
건으로 접수하여 비송사건절차법에 의한 과태료의 재판을 한
다(법제124조제3항). 이 결정으로 인하여 권리를 침해당한
자는 그 재판에 대하여 항고할 수 있고(비송사건절차법제20
조), 재판을 한 가정법원도 그 재판이 위법 또는 부당하다고
인정한 때에는 스스로 취소 또는 변경할 수 있다(비송사건절
차법제19조).

제5절 가족관계등록신고장소

등록신고는 신고사건의 본인의 등록기준지 또는 신고인의
주소지나 현재지의 시(구)·읍·면의 사무소에 이를 하여야
한다(법제20조제1항).

출생신고는 출생지에서 신고할 수 있다(법제45조제1항). 기
차나 그 밖의 교통기관 안에서 출생한 때에는 모가 교통기관
에서 내린 곳에서, 항해일지의 비치가 없는 선박 안에서 출생
한 때에는 그 선박이 최초로 입항한 곳에서 신고할 수 있다
(법제45조제2항).

사망신고는 사망지·매장지 또는 화장지에서도 신고할 수
있다. 다만, 사망지가 분명하지 아니한 때에는 사체가 처음
발견된 곳에서, 기차나 그 밖의 교통기관 안에서 사망하였을
때에는 그 사체를 교통기관에서 내린 곳에서, 항해일지를 비
치하지 아니한 선박 안에서 사망이 있었을 때에는 그 선박이

최초로 입항한 곳에서 각 신고할 수 있다(법제86조).

한편, 외국에 있는 대한민국 국민이 그 나라의 방식에 따라 신고사건에 관한 증서를 작성한 경우에는 3개월 이내에 그 지역을 관할하는 재외공관의 장에게 그 증서의 등본을 제출하여야 한다(법제35조제1항).

시(구)에 있어서 출생 또는 사망의 신고는 그 신고의 장소가 신고사건 본인의 주민등록지 또는 주민등록을 할 지역과 같은 경우에는 신고사건 본인의 주민등록지 또는 주민등록을 할 지역을 관할하는 동을 거쳐 신고할 수 있다(법제21조제1항). 이 경우 동장은 소속 시장 또는 구청장을 대행하여 신고서를 수리하고, 동이 속하는 시 또는 구의 장에게 신고서를 송부하며, 그 밖에 대법원규칙이 정하는 등록사무를 처리한다(법제21조제2항).

■ **(구)호적선례** ■ 주민등록법에 의한 신고사항과 호적법에 의한 신고사항이 동일한 경우에는 호적법에 의한 신고로써 주민등록법에 의한 신고를 한 것에 갈음되는 것이나, 주민등록법에 의하면 30일 이상 거주할 목적으로 그 관할구역 안에 주소 또는 거소를 가진 자는 모두 등록하여야 하는 것이므로 주민등록표에 등재되어 있다는 사실만으로 그 등록된 자에 대한 출생신고가 되었다고 볼 수는 없는 것이나, 출생당시에 거주지 동사무소나 본적지 관할법원에 위 출생신고서가 보존되어 있는지 여부를 확인하여 ① 그 신고서가 보존되어 있거나 전에 출생신고를 한 사실을 소명할 수 있는 근거자료가 남아 있는 경우에는 호적부에 출생신고에 따른 기재가 누락되어 있

다면, 이는 호적공무원의 과오에 기인한 것이므로 직권기재절차에 따라 부의 호적에 출생자를 입적기재할 수 있는 것이지만 (이 경우에는 신고기간 해태에 따른 과태료의 처분대상에 해당하지 않을 것임), ② 그 출생신고서 등 출생신고 사실을 소명할 수 있는 근거자료가 어디에도 남아 있지 않는 경우에는 출생신고의무자가 신고하지 아니한 것으로 보아 출생신고를 하여야 할 것이고, 이 경우에는 신고기간 해태에 따른 과태료도 부과되나, 그 과태료 처분에 대한 불복이 있는 자는 30일 이내에 당해 호적관장자에게 이의를 제기할 수 있다.

단, 여기서 직권기재절차라 함은 "출생신고서가 본적지 관할법원에 보존되어 있는 경우에는 호적법시행규칙 제67조 제8호에 준하여 간이직권정정에 의한 기재를, 전에 출생신고를 한 사실을 소명할 수 있는 근거자료가 동사무소에 남아있는 경우에는 호적예규 제246호에 의해 송부되어 온 새로운 신고서에 따라 전의 출생신고서의 송부가 있는 경우와 동일하게 호적기재를 하여야 한다"는 의미다.

위에서 언급한 '전에 출생신고를 한 사실을 소명할 수 있는 근거자료' 로는 그 출생신고서류가 접수된 호적사건접수장을 들 수 있을 것이나, 그 접수장이 폐기된 때에는 거주지의 동사무소에서 호적법에 의한 출생신고서류를 접수·수리하여, 그에 따라 동장 등이 적법하게 작성한 개인별·세대별주민등록표의 주민등록번호란에 주민등록번호 및 변동사유란에 그 출생신고서류의 접수일자가 기재된 개인별·세대별주민등록표, 주민등록번호부여대장의 부여사유란에 그 출생신고서류의 접수일자가 기재된 주민등록번호부여대장 등도 그러한 자료의 하나로 볼 수 있을 것이다(구호적선례4-39호).

동사무소에 사망신고를 하였으나 본적지 호적부상 사망사유의 기재가 유루되어 있고 그 신고서류도 보존되어 있지 않은 경우에는, 주민등록표나 호적신고사항접수처리부에 사망신고된 사실이 기재되어 있어도 그 동사무소에 다시 사망신고를 하여야 한다. 이때의 사망신고는 실질적으로는 전의 사망신고에 따라 호적을 기재하여달라는 것으로서 완전히 독립된 신고로 볼 수는 없으나, 위 주민등록표 등은 신고사실의 근거자료에 불과하고 사망사실을 직접 증명하는 자료는 아니라고 할 것이므로 이에 기하여 호적기재를 할 수는 없다. 따라서 신고서에는 호적법 제87조의 규정에 의하여 진단서 또는 검안서를 첨부하여야 하며, 부득이한 사정으로 이를 얻을 수 없는 경우에는 사망의 사실을 증명할만한 서면을 첨부하여야 할 것이다. 신고인이 다시 사망신고서를 제출하는 경우, 동사무소에서 이를 접수하여 그 신고서류와 전에 사망신고된 사실을 소명할 수 있는 근거자료(위 주민등록표등본이나 호적신고사항접수처리부사본 등)를 본적지 호적관서로 송부하면, 본적지 호적관서에서는 사망신고일은 전에 신고한 날짜로, 송부일은 당해 호적관서에서 새로 제출된 신고서를 실제 접수한 날짜로 하여 일반적인 사망기재례에 따라 호적기재를 하게 될 것이다(구호적선례5-135호).

등록되어 있는지가 분명하지 아니한 사람 또는 등록되어 있지 아니하거나 등록할 수 없는 사람에 관한 신고가 수리된 후 그 사람에 관하여 등록되어 있음이 판명된 때 또는 등록할 수 있게 된 때에는 신고인 또는 신고사건의 본인은 그 사실을 안 날부터 1개월 이내에 수리된 신고사건을 표시하여 처음 그 신고를 수리한 시(구)·읍·면의 장에게 그 사실을 신고('가족관계등록부 존재신고')하여야 한다(법제22조).

제6절 가족관계등록신고방법

1. 서면에 의한 가족관계등록신고

(1) 신고서의 제출

1) 신고인 등의 확인

시(구)·읍·면·동의 장 또는 재외공관의 장은 신고서류를 접수하는 경우에 신고인 또는 제출인의 신분증명서에 의하여 반드시 그 신분을 확인하여야 하고, 신고인 또는 제출인이 법 제23조제2항에 따라 불출석 신고사건 본인의 신분증명서를 제시한 때에는 그 신분을 확인한 후 신고서류의 뒤에 그 사본을 첨부하여야 한다(규칙제32조제1항).

2) 신고사건 본인이 출석하지 아니한 창설적 신고

신고로 인하여 효력이 발생하는 등록사건에 관하여 신고사건 본인이 시(구)·읍·면에 출석하지 아니하는 경우에는 신고사건 본인의 주민등록증·운전면허증·여권, 그 밖에 대법원규칙으로 정하는 신분증명서(이하 "신분증명서"라 한다)를 제시하거나 신고서에 신고사건 본인의 인감증명서를 첨부하여야 하며, 이 경우 본인의 신분증명서를 제시하지 아니하거나 본인의 인감증명서를 첨부하지 아니한 때에는 신고서를 수리하여서는 아니 된다(법제23조제2항).

법 제23조제2항의 "그 밖에 대법원규칙이 정하는 신분증명서

"로는 국제운전면허증, 전자카드식공무원증, 외국이 그 국가 기관 명의로 발행하는 신분증 및 대법원예규가 정하는 신분증을 말한다(규칙제32조제2항).

법 제23조제2항에도 불구하고, 양자가 15세 미만인 때의 입양에 있어서는 법 제62조제1항의 법정대리인, 파양에 있어서는 법 제64조제1항의 협의를 한 사람의 출석 또는 신분증명서의 제시가 있거나 인감증명서의 첨부가 있으면 신고사건 본인의 신분증명서의 제시 또는 인감증명서의 첨부가 있는 것으로 본다(규칙제32조제3항).

　　3) 우편에 의한 신고의 경우

우편접수의 경우 신고인의 신분증명서 사본이 첨부된 때에는 이에 의하여 신분확인을 할 수 있다. 다만, 신고로 인하여 효력이 발생하는 등록사건에 있어서는 신고사건 본인의 인감증명서 또는 신고서의 서명에 대한 공증서가 첨부되거나 규칙 제32조제3항(양자가 15세미만인 경우의 협의입양, 협의파양)에 따른 법정대리인등의 인감증명서가 첨부된 때에 이에 의하여 신분확인을 할 수 있다(규칙제40조제4항). 위 경우 신분증명서 사본이나 인감증명서가 첨부되지 않은 경우에는 신고를 수리하여서는 아니 된다(규칙제40조제5항).

　　4) 등록신고 접수 시 신고인 등 확인방법(예규 351호)

① 보고적 신고의 경우

가. 신고인 또는 제출인이 출석하는 경우

시(구)·읍·면·동 및 재외공관의 장은 신고서(신청서를 포함한다)를 접수하는 신고인 또는 제출인(신고인의 사자(使者)로서 신고서를 제출하는 사람을 말한다)의 주민등록증·운전면허증·여권·국제운전면허증·전자카드식공무원증·외국국가기관 명의의 신분증(이하 "신분증명서"라 한다)으로 그 신분을 확인한다. 다만, 출생·사망신고서를 제출인이 접수하는 경우에는 신고인의 신분증명서 사본을 첨부하게 하여 신고인의 신분도 확인하여야 한다.

나. 신고인이 우편으로 신고서를 제출한 경우

시(구)·읍·면·동 및 재외공관의 장은 신고서에 첨부된 신고인의 신분증명서 사본으로 그 신분을 확인한다.

② 창설적 신고의 경우

가. 출석하여 신고하는 경우

(ㄱ) 사건본인들 양쪽이 출석하는 경우

시(구)·읍·면 및 재외공관의 장은 출석한 사건본인들의 신분증명서를 제시받아 신분을 확인하여야 한다.

(ㄴ) 사건본인들 중 한쪽이 출석하는 경우

시(구)·읍·면 및 재외공관의 장은 출석한 사건본인의 신분증명서를 제시받아 신분을 확인하여야 하며, 불출석한 본인에 대하여는 다음과 같이 불출석 본인의 신분증명서를 제시받거나 신고서에 첨부된 인감증명서 또는 신고서의 서명에 대한 공증서{외국인의 경우 신고서의 서명에 대하여 본국 관공서(주한 본국 대사관이나 영사관을 포함한다)나 거주국 공증인(대한민국 공증인도 포함한다)의 공증을 받으면 되고, 공증서가 외국어로 되어 있는 경우에는 "번역문"을 첨부하여야 한다. 이하 "서명공증서"라 한다}에 의하여 그 신분을 확인하여야 한다. 다만, 사실혼관계존재확인의 확정판결에 의한 혼인신고와 협의이혼의 신고에 대하여는 본인들 중 한쪽이 불출석하였더라도 신분확인을 위하여 신분증명서의 제시 등을 요구해서는 안 된다.

ㄱ) 불출석 본인의 신분증명서가 제시된 경우

시(구) · 읍 · 면 및 재외공관의 장은 불출석한 사건본인의 신분증명서를 제시받아 신분을 확인하여야 한다. 이때 신분을 확인한 후 신고서류의 뒤에 불출석한 본인의 신분증명서를 사본하여 첨부하도록 한다.

ㄴ) 불출석 본인의 인감증명서가 첨부된 경우

시(구) · 읍 · 면 및 재외공관의 장은 신고서에 불출석한 본인의 인감도장이 날인되어 있고, 인감증명서가 첨부되어 있는 때에는 이에 의하여 불출석한 사건본인의 신분을 확인한다. 이때 신고서에 날인된 인영이 인감증명서의 인영과 동일한지도 확인하여야 한다.

ㄷ) 불출석 본인의 서명에 대한 공증서가 첨부된 경우

시(구) · 읍 · 면 및 재외공관의 장은 신고서에 불출석한 사건본인이 서명을 하였고, 서명공증서가 첨부되어 있는 때에는 이에 의하여 불출석한 사건본인의 신분을 확인한다.

(ㄷ) 사건본인들은 불출석하고, 제출인이 출석한 경우

시(구) · 읍 · 면 및 재외공관의 장은 출석한 제출인의 신분증명서를 제시받아 신분을 확인하여야 하며, 불출석한 본인들에 대하여는 다음과 같이 불출석 본인들의 신분증명서를 제시받 거나 신고서에 첨부된 인감증명서에 의하여 그 신분을 확인 하여야 한다.

ㄱ) 불출석 본인의 신분증명서가 제시된 경우

시(구) · 읍 · 면 및 재외공관의 장은 불출석한 사건본인의 신 분증명서를 제시받아 신분을 확인하여야 한다. 이때 신분을 확인한 후 신고서류의 뒤에 불출석한 본인의 신분증명서를 사본하여 첨부하도록 한다.

ㄴ) 불출석 본인의 인감증명서가 첨부된 경우

시(구) · 읍 · 면 및 재외공관의 장은 신고서에 불출석한 본인 의 인감도장이 날인되어 있고, 인감증명서가 첨부되어 있는 때에는 이에 의하여 불출석한 사건본인의 신분을 확인한다. 이때 신고서에 날인된 인영이 인감증명서의 인영과 동일한지 도 확인하여야 한다.

ㄷ) 불출석 본인의 서명에 대한 공증서가 첨부된 경우

시(구) · 읍 · 면 및 재외공관의 장은 신고서에 불출석한 사건 본인이 서명을 하였고, 서명공증서가 첨부되어 있는 때에는 이에 의하여 불출석한 사건본인의 신분을 확인한다.

나. 우편으로 신고서를 제출한 경우

(ㄱ) 신고서에 날인한 경우

시(구) · 읍 · 면 및 재외공관의 장은 신고서에 사건본인의 인감도장이 날인되어 있고, 인감증명서가 첨부되어 있는 때에는 이에 의하여 날인한 사건본인의 신분을 확인한다. 이때 신고서에 날인된 인영이 인감증명서의 인영과 동일한지도 확인하여야 한다.

(ㄴ) 신고서에 서명한 경우

시(구)·읍·면 및 재외공관의 장은 신고서에 사건본인이 서명을 하였고 서명공증서가 첨부되어 있는 때에는 이에 의하여 서명한 사건본인의 신분을 확인한다.

다. 양자가 15세 미만인 입양의 경우

양자가 15세 미만인 입양에 있어서는 법 제62조 제1항의 법정대리인, 파양에 있어서는 법 제64조 제1항의 협의를 한 사람의 출석 또는 신분증명서의 제시가 있거나 인감증명서의 첨부가 있으면 신고사건본인의 신분증명서의 제시 또는 인감증명서의 첨부가 있는 것으로 보아 위 "가", "나"에 의하여 처리한다.

③ 신고인 등의 신분확인이 안된 경우

시(구)·읍·면·동 및 재외공관의 장은 위 "①", "②"에 의하여 가족관계등록신고서를 접수하는 사건본인, 신고인, 제출인 등의 신분확인이 안되거나 동일성이 확인되지 않은 경우에는 등록신고사건을 불수리하여야 한다. 필요한 신분증명서가 제시되지 않거나 신분증명서 사본 또는 인감증명서, 서명공증서가 첨부되지 않은 경우에도 불수리하여야 한다.

④ 신고사건별 신고인 등 확인방법 대비표

시(구) · 읍 · 면 · 동 및 재외공관의 장이 가족관계등록신고
서를 접수할 때의 신고사건별 신고인 등 신분확인방법에 관
한 대비표는 별지와 같다.

♣ 【별지】

신고사건별 신고인 등 확인방법에 관한 대비표

구 분	신고서 제출 방법	본인 출석 여부	서명 또는 날인 방법	신분증명서 제시 및 첨부서면	비고
보고적 신고	출석		서명, 날인	출석자 신분증명서(출생·사망신고서를 제출인이 접수하는 경우 신고인의 신분증명서 사본 첨부)	
	우편		서명, 날인	신분증명서 사본	
창설적 신고	출석	양쪽 출석	서명	출석자 신분증명서	
			날인	출석자 신분증명서	
		한쪽 출석	서명	불출석자 신분증명서 또는 서명공증서 출석자 신분증명서 (단, 사실혼관계존재확인의 판결에 의한 혼인신고와 협의이혼 신고시 불출석자 신분증명서 또는 서명공증서 불요)	
			날인	불출석자 신분증명서 또는 인감증명서, 출석자 신분증명서 (단, 사실혼관계존재확인의 판결에 의한 혼인신고와 협의이혼 신고시 불출석자 신분증명서 또는 인감증명서 불요)	
		양쪽 불출석, 제출인 출석	서명	불출석자 신분증명서 또는 서명공증서 제출자 신분증명서	
			날인	불출석자 신분증명서 또는 인감증명서, 제출자 신분증명서	
	우편		서명	서명공증서	
			날인	인감증명서	

(2) 신고서의 기재사항

신고서에는 다음 사항을 기재하고 신고인이 서명하거나 기명날인하여야 한다(법제25조제1항). 법에 따라 신고서류를 작성한 경우 그 신고서류에 주민등록번호를 기재한 때에는 출생연월일의 기재를 생략할 수 있다(법제25조제2항).

1) 신고사건

2) 신고연월일

3) 신고인의 출생연월일 · 주민등록번호 · 등록기준지 및 주소

4) 신고인과 신고사건의 본인이 다른 때에는 신고사건의 본인의 등록기준지 · 주소 · 성명 · 출생연월일 및 주민등록번호와 신고인의 자격

♣ 친권자 또는 후견인이 신고하는 경우에는 신고서에 다음 사항을 기재하여야 한다 (법제26조제2항).

1) 신고하여야 할 사람의 성명 · 출생연월일 · 주민등록번호 및 등록기준지

2) 무능력자가 된 원인

3) 신고인이 친권자 또는 후견인이라는 사실

(3) 신고서의 기재방법

1) 신고서 기재의 원칙

신고서 양식은 대법원예규로 정한다(법제24조본문). 신고서는

한글과 아라비아숫자로 기재하여야 한다. 다만, 사건본인의 성명은 한자로 표기할 수 없는 경우를 제외하고는 한자를 병기하여야 하고, 사건본인의 본은 한자로 표기할 수 없는 경우를 제외하고는 한자로 기재하여야 한다(규칙제30조제1항). 신고서의 글자는 명확하게 기재하여야 한다. 신고서의 기재를 정정한 경우에는 여백에 정정한 글자의 수를 기재하고 신고인이 날인하여야 한다(규칙제31조). 각종 가족관계등록신고서를 작성함에 있어 기재착오로 정정해야 할 경우에는, 신고인 본인의 정정날인만으로 족하며, 그 이외의 증인과 동의권자 등의 정정날인은 불필요하다(예규제74호).

2) 외국의 국호, 지명 및 인명의 표기에 관한 사무처리지침(예규 제38호, 제292호)

① 통칙

가. 외국의 국호, 지명 및 인명의 표기방법

가족관계등록부 및 가족관계 등록신고서에 기록 또는 기재하는 외국의 국호, 지명 및 인명은 해당 외국의 원지음을 한글로 표기하되, 문화관광부가 고시하는 외래어 표기법에 의하는 것을 원칙으로 한다.

나. 시(구)·읍·면에서의 사무처리 등

(ㄱ) 가족관계등록신고서에 국호, 지명 및 인명의 외국어(한자를 포함한다)표기만 있고 해당 외국의 원지음 한글표기가 없는 경우에, 시(구)·읍·면의 장은 이를 보정시킨 뒤 수리하여야 하고, 가족관계등록부에도 해당 외국의 원지음을 한글

로 기록하여야 한다.

(ㄴ) 가족관계등록신고서에 기재된 국호와 지명에 대한 해당 외국 원지음의 한글표기가 외래어 표기법에 맞지 아니하는 경우, 시(구)·읍·면의 장은 외래어 표기법에 맞는 표기를 부전지에 적어 그 가족관계등록신고서에 붙이고, 가족관계등록부에는 외래어 표기법에 맞추어 기록하여야 한다.

(ㄷ) 외국인의 인명은 신고인(통보자를 포함한다. 다음부터 같다)이 가족관계등록신고서에 한글로 표기한 해당 외국의 원지음대로 가족관계등록부에 기록하여야 하며, 이 경우 한자는 함께 기록할 수 없다.

(ㄹ) 제(ㄷ)항에도 불구하고, 중화인민공화국(이하 "중국"이라 한다)에서 발행한 공문서(예: 거민신분증, 호구부 등. 이하 같다)에 의하여 조선족임을 소명한 중국 국적자에 대하여 가족관계등록신고(법무부장관의 국적관련통보를 포함한다. 다음부터 같다.)를 하는 경우에, 신고인이 해당 중국국적자의 인명에 대하여 그에 대응하는 한국통용의 한자를 소명한 때에는, 그 한국통용의 한자에 대한 한국식 발음의 한글(한자는 함께 기록할 수 없다)을 그 원지음을 갈음하여 가족관계등록신고서에 표기할 수 있으며, 시(구)·읍·면의 장은 가족관계등록신고서에 표기된 한국식 발음의 한글을 그 원지음을 갈음하여 가족관계등록부에 기록하여야 하고, 한자는 함께 기록할 수 없다.

(ㅁ) 제(ㄹ)항의 경우, 시(구)·읍·면의 장은 중국에서 발행한 공문서에 기재된 인명의 한자와 가족관계등록신고서에 기

재된 한국식 발음의 한글표기가 서로 일치하는지를 조사하여야 한다. 만약 그 인명이 중국에서 통용되는 간체자로 표기되어 있고, 그 간체자가 한국에서 통용되는 한자에 대한 간체자인지에 관하여 의심이 있을 때에는, 신고인에게 그 간체자에 대응하는 한국통용의 한자를 소명하도록 요구할 수 있다.

(ㅂ) 제(ㄹ)항과 제(ㅁ)항의 경우에, 신고인이 해당 중국국적자의 인명에 대하여 그에 대응하는 한국통용 한자를 소명하지 못한 때에는, 시(구)·읍·면의 장은 신고인에게 가족관계등록신고서의 인명표기를 중국의 원지음에 따라 한글로 표기하도록 보정시킨 뒤, 그 보정된 원지음 표기에 따라 가족관계등록부에 기록하여야 한다.

② 귀화통보, 국적회복통보 및 국적취득통보에 따른 성명표기 및 기록방법

가. 귀화통보의 경우

(ㄱ) 귀화에 의하여 대한민국 국적을 취득한 사람(이하 "귀화자"라 한다)에 대하여 귀화통보를 하는 경우, 그 인명은 해당 외국의 원지음(한자는 함께 기록할 수 없다)을 귀화통보서에 한글로 표기하여야 하고, 가족관계등록부에는 귀화통보서에 한글로 표기한 원지음대로 기록하여야 한다.

(ㄴ) 제(ㄱ)항에도 불구하고, 귀화자가 중국에서 발행한 공문서에 의하여 조선족임을 소명한 중국국적자인 경우에, 그 귀화자의 인명에 대하여는 위 ① 나.의 (ㄹ)항부터 (ㅂ)항까지를 준용한다.

나. 부모의 성과 본에 따른 가족관계등록부의 기록

(ㄱ) 위 가.의 규정에도 불구하고, 귀화자는 처음부터 우리나라의 가족관계등록부가 없으나 그 부모에게는 우리나라가족관계등록부(「가족관계의 등록 등에 관한 법률」 부칙 제4조에 따른 제적을 포함한다)가 있는 경우, 귀화자의 성·본(한자를 포함한다)은 부 또는 모(부를 알 수 없는 경우)의 성·본(한자를 포함한다)을 따를 수 있다. 다만, 이름(성을 제외)은 해당 외국의 원지음을 한글로 기록하여야 한다.

(ㄴ) 제(ㄱ)항에도 불구하고, 귀화자가 중국에서 발행한 공문서에 의하여 조선족임을 소명한 중국국적자인 경우에, 그 귀화자의 명(성을 제외)에 대하여는 위 ① 나.의 (ㄹ)항부터 (ㅂ)항까지를 준용한다.

(ㄷ) 제(ㄱ)항과 제(ㄴ)항의 경우, 귀화자는 귀화통보서에 기재된 부모가 자신의 부모임을 증명하는 소명자료(예: 중국국적자의 경우에는 출생증명서, 호구부, 친족관계공증서 등. 이하 같다)를 제출하여야 하고, 시(구)·읍·면의 장은 귀화통보서에 기재된 부모의 인명과 그 소명자료에 기재된 부모의 인명이 일치하는지를 확인하여야 한다.

다. 귀화자의 부와 모의 가족관계등록부 기록

(ㄱ) 귀화통보를 하는 경우 에, 귀화자의 부모의 성명은 우리나라 등록사항별 증명서에 의하여 소명된 그 부모의 성명을 기록하여야 한다.

(ㄴ) 귀화자의 부모에게 처음부터 우리나라 가족관계등록(폐

쇄)부가 없었거나, 등록사항별 증명서(제적을 포함한다. 이하 같다)에 의하여 그 성명을 소명할 수 없는 경우, 그 부모의 인명에 대하여는 해당 외국의 원지음(한자는 함께 기록할 수 없다)을 귀화통보서에 한글로 표기하여야 하고, 귀화자 가족관계등록부의 부모란에는 부와 모를 귀화통보서에 한글로 표기한 원지음대로 기록하여야 한다.

(ㄷ) 제(ㄴ)항에도 불구하고, 귀화자 및 그 부모가 중국에서 발행한 공문서에 의하여 조선족임을 소명한 중국국적자인 경우에, 그 귀화자의 부모의 인명에 대하여는 위 ① 나.의 (ㄹ)항부터 (ㅂ)항까지를 준용한다.

(ㄹ) 제(ㄱ)항, 제(ㄴ)항 및 제(ㄷ)항의 경우, 귀화자는 귀화통보서에 기재된 부모가 자신의 부모임을 증명하는 소명자료를 제출하여야 하고, 시(구)·읍·면의 장은 귀화통보서에 기재된 부모의 인명과 그 소명자료에 기재된 부모의 인명이 일치하는지를 확인하여야 한다. 다만, 서로 일치하지 아니하는 경우에는 부모의 인명을 가족관계등록부에 기록할 수 없다.

라. 귀화로 인한 수반취득자의 인명표기

귀화로 인한 수반취득자의 인명 은 해당 외국의 원지음을 귀화통보서에 한글로 기재하여야 한다. 다만, 수반취득자가 중국에서 발행한 공문서에 의하여 조선족임을 소명한 중국국적자인 경우에, 그 수반취득자의 인명에 대하여는 위 ① 나.의 (ㄹ)항부터 (ㅂ)항까지를 준용한다.

마. 국적회복통보의 경우

(ㄱ) 대한민국 국적을 회복한 사람(이하 "국적회복자"라 한다)
에 대하여 국적회복통보를 하는 경우에, 국적회복자가 종전에
우리나라에서 사용하던 성명(한자를 포함한다)을 국적회복통
보서에 기재한 때에는 이를 수리하여야 한다. 이 경우 국적회
복자가 종전에 우리나라에서 사용하던 성명(한자를 포함한다)
을 등록사항별 증명서에 의하여 소명하여야 하며, 이때에는
인명용 한자의 제한을 받지 아니한다.

(ㄴ) 제(ㄱ)항의 국적회복자가 처음부터 우리나라 가족관계등
록부가 없었거나, 등록사항별 증명서에 의하여 그 성명을 소
명할 수 없는 때, 또는 당해 외국의 원지음 기록을 원하는 경
우, 그 인명에 대하여는 해당 외국의 원지음(한자는 함께 기
록할 수 없다)을 국적회복통보서에 한글로 표기하여야 하고,
가족관계등록부에는 국적회복통보서에 한글로 표기한 원지음
대로 기록하여야 한다.

(ㄷ) 제(나)항에도 불구하고, 국적회복자가 중국에서 발행한
공문서에 의하여 조선족임을 소명한 중국국적자인 경우에, 그
국적회복자의 인명에 대하여는 위 ① 나.의 (ㄹ)항부터 (ㅂ)항
까지를 준용한다.

바. 국적회복으로 인한 수반취득자의 경우

(ㄱ) 국적회복으로 인한 수반 취득자의 인명은 위 라. 의 규
정을 준용한다. 다만, 위 마.의 (ㄱ)항에 따라 국적회복자가
종전에 우리나라에서 사용하던 성명(한자를 포함한다)을 등록
사항별 증명서에 의하여 소명하였으나, 그 수반취득자에게는

우리나라의 가족관계등록부가 없는 경우, 그 수반취득자의 성·본(한자를 포함한다)은 부 또는 모(부를 알 수 없는 경우 및 모의 성·본을 따르기로 한 경우)의 성·본(한자를 포함한다)을 따를 수 있으나, 그 이름(성을 제외)은 해당 외국의 원지음으로 기록하여야 한다.

(ㄴ) 제(ㄱ)항 단서에도 불구하고, 수반취득자가 중국에서 발행한 공문서에 의하여 조선족임을 소명한 중국국적자인 경우, 그 수반취득자의 이름(성을 제외)은 위 ① 나.의 (ㄹ)항부터 (ㅂ)항까지를 준용한다.

사. 준용규정

(ㄱ) 위 나. 와 다. 의 규정은 국적회복의 경우에 각각 준용한다.

(ㄴ) 귀화에 관한 규정은 인지에 의한 국적취득(「국적법」 제3조)과 모계출생자에 대한 국적취득특례(「국적법」 부칙 제7조)의 경우에 각각 이를 준용한다.

(ㄷ) 국적회복에 관한 규정은 국적의 재취득(「국적법」 제11조)의 경우에 이를 준용한다.

③ 간이직권정정 절차에 의한 정정

가. 외국의 국호와 지명의 정정

외국의 국호와 지명에 관한 가족관계등록부의 기록이 외래어 표기법에 맞지 아니하는 경우에, 이해관계인은 외래어 표기법에 맞는 한글표기를 기재하여 시(구)·읍·면의 장에게 직권정정을 신청할 수 있고, 시(구)·읍·면의 장은 「가족관계의 등록 등에 관한 규칙」 제60조를 준용하여 간이직권정정절차에 의하여 이를 정정하여야 한다.

나. 성명 배열의 정정

귀화 또는 국적회복한 외국인의 인명이 해당 외국 방식에 의하여 가족관계등록부에 기록된 경우(우리나라 방식의 성명 배열이 아닌 경우)에, 이해관계인은 우리나라 방식의 성명 배열에 맞는 한글표기를 기재하여 시(구)·읍·면의 장에게 직권정정을 신청할 수 있고, 시(구)·읍·면의 장은 「가족관계의 등록 등에 관한 규칙」 제60조제2항제5호를 준용하여 간이직권정정절차에 의하여 정정하여야 한다.

다. 원지음에 의한 한글 인명표기의 정정

종전 「대법원 호적예규」 제635호(2003. 11. 15) 및 「대법원 호적예규」 제662호에 따라 기록된 국호, 지명 및 인명과 이 예규가 정하는 방식에 따른 국호, 지명 및 인명이 서로 다른 경우에, 이해관계인은 이 예규가 정하는 방식에 따른 국호, 지명 및 인명을 기재하여 시(구)·읍·면의 장에게 직권정정을 신청할 수 있고, 시(구)·읍·면의 장은 간이직권정정절차에 의하여 이를 정정하여야 한다.

(4) 신고의 증인

1) 의의

혼인신고, 입양신고, 파양신고는 민법의 규정에 따라 성년증인 2인을 필요로 하는데, 증인은 신고서에 주민등록번호 및 주소를 기재하고 서명하거나 기명날인하여야 한다(법제28조).

2) 증인이 될 수 있는 자

당사자 이외의 자로서 성년이면 누구든지 가능하다. 당사자의 친족, 가족 등의 여부에 관계없으며(구호적선례2권255항 참조), 혼인, 이혼, 입양 및 파양에 대하여 동의를 한 자도 그 사건의 증인이 될 수 있다(예규제72호).

■ **관련선례** ■ 「민법」상 증인을 필요로 하는 가족관계등록신고사건에 있어서 외국인도 증인이 될 수 있는지 여부 : 증인적격 내지 증인능력이라 함은 증인이 될 수 있는 법률상 자격 내지 능력을 말하는바, 증인을 필요로 하는 가족관계등록신고사건에 관하여 「민법」은 혼인신고, 협의이혼신고, 입양신고, 협의파양신고의 각 신고서에 연서할 증인 2인이 필요한 것으로 규정하면서 증인적격과 관련하여 단지 성년자일 것만 요구할 뿐이므로 「민법」상으로는 미성년자만 증인결격자이나, 증인의 개념상 신분행위의 당사자가 아닌 제3자이어야 하므로 신분행위의 당사자 역시 증인결격자이다. 또한, 법령의 장소적 적용범위에 관하여 국제법 질서상 일반적으로 승인된 속지주의의 법리에 따라 「민법」은 대한민국의 영토고권이 미치는 전 지역에 그 효력이 미치므로 대한민국에 있는 자는 대한민국의 국민이거나 외국인이거나를 불문하고 모두 「민법」이 적용되는바, 대한민국에 있는 자로서 성년자이고 신분행위의 당사자가 아닌 제3자이기만 하면 대한민국 국민이나 외국인 모두 증인적격 내지 증인능력이 있다고 할 것이다. 이때 외국인인 증인이 성년자인지의 여부는 「국제사법」 제13조의 규정에 의하여 그의 본국법에 의하는바, 여기서의 본국법은 증인 2인이 연서한 신고서로 혼인 등 가족관계등록신고를 할 당시의 본국법

을 의미한다. 한편, 「가족관계의 등록 등에 관한 법률」 제28조는 증인이 신고서에 주민등록번호 및 주소를 기재하고 서명 또는 기명날인하여야 한다고 규정하고 있으나, 가족관계등록신고에 있어 증인을 필요로 하는 경우는 「가족관계의 등록 등에 관한 법률」이 아니라 「민법」에서 직접 규정하고 있다는 점, 「가족관계의 등록 등에 관한 법률」은 신분관계의 실체법인 「민법」의 부속법으로서 절차신분법이라는 점에 비추어 볼 때, 동 규정은 증인을 필요로 하는 가족관계등록사건의 신고에 관한 절차규정을 두면서 단지 증인이 외국인인 경우에 규정을 흠결한 것일 뿐이지 직접적으로 주민등록번호가 없는 외국인의 증인적격을 제한한 것으로 볼 수는 없다고 할 것이므로 대한민국에 있고 신분행위의 당사자가 아닌 제3자로서 그의 본국법에 의하여 성년자인 외국인은 혼인신고, 협의이혼신고, 입양신고, 협의파양신고에 있어 각 증인이 될 수 있다고 할 것인바, 신고서의 기재는 「가족관계의 등록 등에 관한 법률」 제61조 제1호, 제71조 제1호 등을 유추하여 성명, 출생연월일, 국적을 기재함이 적절할 것이다. 아울러 시(구)·읍·면의 장의 가족관계등록신고에 대한 심사는 신고인이 제출하는 법정의 첨부서류만에 의하여 법정의 요건을 구비하고 있는지, 절차에 부합하는지의 여부를 형식적으로만 심사하는 것이고 그 신고사항의 실체적 진실과의 부합 여부를 탐지하여 심사하여야 하는 것은 아니므로 외국인이 증인인 경우에는 신고서에 그 외국인의 성명, 출생연월일, 국적이 기재되어 있고 서명이 되어 있는지, 그의 본국법상 성년자인지 여부를 확인하면 족하다고 할 것이고, 이때 증인이 신고서에 기재한 사항의 진실성은 처벌규정에 의하여 담보된다고 할 것이다(200907-6호).

3) 증인 기재가 유루된 경우 신고의 효력

가족관계등록사건의 신고에 부모 그 밖의 사람의 동의를 필요로 하는 경우, 신고서에 그 동의가 흠결이 있음에도 불구하고 이를 수리한 것을 발견하였을 때에도 그 신고사건에 사실상 동의하였으나 이를 증명하는 서면의 첨부 또는 신고서의 기재만을 빠뜨린데 지나지 아니하는 경우에는 「가족관계의 등록 등에 관한 법률」 제39조에 따라 이를 추후 보완하게 할 수 있다(예규제75호).

(5) 서명 또는 기명날인을 갈음하는 방법

신고인, 증인, 동의자 등은 신고서에 서명하거나 기명날인할 수 있고, 서명 또는 기명날인을 할 수 없을 때에는 무인할 수 있다. 이 경우 담당공무원은 본인의 무인임을 증명한다는 문구를 기재하고 기명날인하여야 한다(규칙제33조). 혼인, 이혼, 입양, 파양 등의 창설적 신고도 도장이 없을 때에는 「가족관계의 등록 등에 관한 규칙」 제33조에 따라 서명으로 이를 갈음할 수 있고, 날인 또는 서명을 할 수 없을 때에는 무인하게 하고, 담당공무원은 본인의 무인임을 증명한다는 문구를 기재하고 기명날인하여야 한다(예규제70호).

(6) 신고서 기재사항 중 빠져있거나 알지 못하는 사항 기재 여부

신고서의 기재사항 중 존재하지 아니하거나 알지 못하는 것이 있을 때에는 그 취지를 기재하여야 하고(법제29조본문), 나중에 그 사항이 판명되거나 알게 된 때에는 추후보완 신고를 하면 된다(법제39조). 가족관계등록부를 작성할 경우에 가족관계등록부 기록사항으로서 불명확한 것에 대하여 알 수 있는 사항은 「가족관계의 등록 등에 관한 법률」 제30조 또는 제108조에 따라 신고서 또는 신청서에 이를 기재하게 하여 가족관계등록부를 작성하여야 할 것이고, 알 수 없는 사항은 같은 법 제29조 또는 제108조에 따라 신고서 또는 신청서에 그 뜻을 기재하게 하여야 한다(예규제46호). 그러나 법률상 기재하여야 할 사항으로서 특히 중요하다고 인정되는 사항을 기재하지 아니한 신고서는 수리하여서는 아니 된다(법제29조단서).

■ **관련선례** ■ 가족관계의 등록 등에 관한 법률」 제46조는 '혼인 외 출생자의 신고는 모가 하여야 한다'고 규정하고 있는바, 혼인 외의 자에 대한 출생신고는 모가 하고 부는 인지신고를 하는 것이 원칙이다. 「가족관계의 등록 등에 관한 법률」 제44조가 출생신고서의 기재사항으로 '부모의 성명·본·등록기준지 및 주민등록번호'를, 「가족관계의 등록 등에 관한 규칙」 제38조가 출생증명서의 기재사항으로 '모의 성명 및 출생연월일'을, 「가족관계의 등록 등에 관한 법률」 제55조가 인지신고서의 기재사항으로 '부가 인지할 때에는 모의 성명·등록기준지 및 주민등록번호'를 각각 기재하도록 규정하고 있으므로, '모'는 출생사실의 유무 뿐 아니라 부자관계를 형성하는 인지라는 신분행위의 적부 판단에서도 필요불가결한 사항이라 할 것이어서, 부가 혼인 외의 자에 대하여 모를 불상으로 출생신고하는 것은 「가족관계의 등록 등에 관한 법률」 제29조 단서의 '법률상 기재하여야 할 사항으로서 특히

중요하다고 인정되는 사항을 기재하지 아니한 경우'에 해당하므로 수리하여서는 아니된다(201106-2호).

(7) 우편에 의한 신고의 경우 발송 후 신고인이 사망한 때

신고인의 생존 중에 우송한 신고서는 그 사망 후라도 시·읍·면의 장은 수리하여야 한다(법제41조제1항). 이 규정에 의하여 신고서가 수리된 때에는 신고인의 사망시에 신고한 것으로 본다(법제41조제2항).

■ **(구)호적선례** ■ 호적법 제46조의 규정은 명문의 규정상 우송에 의한 호적신고만을 뜻한다고 할 것이므로 사자(사자)에 의한 신고의 경우에는 유추적용되지 않는다(200407-7호).

2. 말로 하는 가족관계등록신고

말로 신고하려 할 때에는 신고인은 시·읍·면의 사무소에 출석하여 신고서에 기재하여야 할 사항을 진술하여야 하며, 시·읍·면의 장은 신고인의 진술 및 신고연월일을 기록하여 신고인에게 읽어 들려주고 신고인으로 하여금 그 서면에 서명하거나 기명날인하게 하여야 한다(법제31조제1항, 제2항).

3. 신고시에 첨부할 서류

(1) 민법의 규정에 의하여 첨부하여야 할 서류

1) 미성년자와 금치산자의 혼인신고시 부모 또는 후견인,

친족회의 동의서(민법 제808조)

  2) 금치산자의 협의이혼시 부모 또는 후견인, 친족회의 동의서(민법 제835조)

  3) 금치산자인 부(父)가 인지할 경우 후견인의 동의서(민법 제856조)

  4) 양자가 될 자가 15세 미만인 경우의 법정대리인의 대락서(민법 제869조)

  5) 입양의 경우 부모 또는 직계존속의 동의서(민법 제870조)

  6) 미성년자 입양의 경우 부모 또는 직계존속, 후견인의 동의서(민법 제871조)

  7) 금치산자 입양의 경우 후견인의 동의서(민법 제873조)

  8) 후견인이 피후견인을 입양하는 경우 가정법원의 허가서(민법 872조)

  9) 부부공동입양의 경우 다른 일방의 동의서(민법 제874조)

  (2) 가족관계등록법규의 규정에 의하여 첨부하여야 할 서류

  1) 출생신고시 분만에 관여한 자가 작성한 출생증명서(법 제44조제4항)

  2) 혼인외 자의 출생신고시 모가 유부녀가 아니라는 사실을 증명하는 서면(예규제98호)

  3) 사망신고시 진단서, 검안서 또는 사망사실증명서(법제

84조)

4) 유언에 의한 인지신고시 유언서 등본 또는 유언녹음을 기재한 서면(법제59조)

5) 유언에 의한 후견인 지정신고시 유언서 그 등본 또는 유언녹음을 기재한 서면(법제82조)

6) 가족관계등록창설신고시 가정법원의 허가서 등본(법제101조)

7) 금치산자가 신고할 경우 신고사건의 성질 및 효과를 이해할 능력이 있음을 증명하는 의사의 진단서(법제27조제2항)

(3) 확정판결(조정)에 의한 신고의 경우

인지, 파양, 친양자 입양, 혼인취소, 이혼 등의 재판이 확정된 경우에 소를 제기한 사람은 재판의 확정일부터 1개월 이내에 재판서의 등본 및 확정증명서를 첨부하여 그 취지를 신고하여야 한다(법제58조, 제66조, 제68조, 제73조, 제78조 등). 이때의 재판에는 「가사소송법」에 따른 조정의 성립(조정조서 작성의 경우)도 포함되며 조정성립일부터 1개월 경과시 조정조서 송달증명을 첨부하게 한다(예규제309호).

(4) 등록사항별 증명서가 첨부된 경우

「가족관계의 등록 등에 관한 규칙」 제44조에 따라 제출하는 등록사항별 증명서는 신고서와 같이 같은 규칙 제68조에 따라 감독법원으로 송부한다(예규제63호). 재외공관에 가족관계등록신고 또는 신청이 접수된 경우, 그 신고서류에 첨부한 등록사항별 증명서(제적 등·초본을 포함한다)가 발급된 날부터 6개월 이내의 것인 때에는 이를 수리하여야 한다(예규제63호, 제282호).

4. 외국에 거주하고 있는 한국인의 가족관계등록신고절차 등에 관한 사무처리지침(예규 제30호)

(1) 가족관계등록신고의 의무 및 신고 가부

1) 외국에 거주하고 있는 한국인은 한국에 거주하고 있는 사람과 동일하게 보고적 신고사항에 대하여「가족관계의 등록 등에 관한 법률」에 따른 가족관계등록신고의 의무를 진다.

2) 보고적 신고대상인 신분변동사실에 대하여 거주지 나라의 법에 따라 그 나라 관공서 등에 가족관계등록신고를 한 경우에도 동일한 신고사항에 대한「가족관계의 등록 등에 관한 법률」상의 신고의무가 면제되는 것은 아니다.

3) 신고의무가 있는 보고적 신고사항에는 출생, 사망과 같은 고유의 보고적 신고와 재판상 인지신고, 재판상 이혼신고, 외국의 방식에 의한 신고사건에 대한 증서를 작성한 경우 등과 같은 전래의 보고적 신고가 모두 포함된다.

4) 등록기준지변경과 같은 절차적 창설적 신고사항과 혼인, 입양과 인지 등과 같은 실체적 창설적 신고사항 중 국제사법상 그 방식의 준거법이 한국법인 경우에는「가족관계의 등록 등에 관한 법률」이 정한 절차에 따라 그 신고를 할 수

있다.

(2) 외국에 있는 한국인의 가족관계등록신고절차

1) 신고장소

① 외국에 거주하고 있는 한국인은 거주하고 있는 지역에 재외공관이 설치되어 있는 경우에도 신고사건의 본인 등록기준지 시(구)·읍·면의 장에게 직접 우편의 방법으로 제출하거나, 귀국하여 등록기준지 또는 현재지 시(구)·읍·면에 제출하는 방법으로 가족관계등록신고(보고적, 창설적 신고를 포함한다)를 할 수 있다.

② 외국에 거주하고 있는 한국인은 그 지역을 관할하는 재외공관의 장에게 가족관계등록신고를 할 수 있으나, 다른 지역을 관할하는 재외공관의 장에게 가족관계등록신고를 할 수는 없다.

2) 증서의 등본 제출방식에 의한 가족관계등록부의 기록절차

① 증서의 등본 제출방식에 의하여 가족관계등록부에 기록을 할 수 있는 경우는 외국에 거주하고 있는 한국인이 그 거주지 나라 방식에 의하여 실체적인 창설적 신분행위(혼인, 입양, 인지, 이혼과 파양 등)를 하여 신분행위가 성립된 경우에만 가능하다.

② 외국에 거주하고 있는 한국인 사이 또는 한국인과 외국인 사이에 그 거주지 나라의 방식에 의하여 신분행위를 할 수 있는 것은 국제사법상 그 신분행위 방식의 준거법으로 행위

지법을 적용할 수 있는 경우를 말한다.

③ 증서의 방식은 나라에 따라 상이하고 다양하나 관공서 등 일정한 권한을 가진 사람이 그 신분행위가 성립된 사실을 증명한 서면이면 그 명칭에도 불구하고 인정된다.

④ 증서의 등본은 신분행위 당사자 1명이 그 지역을 관할하는 재외공관의 장이나 사건본인인 한국인의 등록기준지 시(구)·읍·면의 장에게 우편의 방법을 이용하거나 직접 제출할 수 있다.

　3) 외국에 거주하는 한국인이 거주지 방식으로 그 관공서 등에 신분변동사항에 관한 보고적 신고를 한 경우의 가족관계등록신고절차

① 거주지 나라의 법이 정한 방식에 따라 그 나라 관공서 등에 한 신분변동사항에대한보고적신고는「가족관계의 등록 등에 관한 법률」에 따른 유효한 가족관계등록신고로 볼 수 없으므로, 따로 가족관계등록신고를 하여야 한다.

② 외국에 거주하고 있는 한국인이 신분변동사항에 대하여 거주지 나라 방식에 따라 보고적 신고를 한 후 그 "수리증명서" 등을 교부 받은 경우에도, 위 "나"항의 증서의 등본 제출 방식에 의한 가족관계등록부의 기록은 할 수 없다.

③ 외국에 거주하고 있는 한국인이 출생, 사망 등과 같은 보고적 신고(고유의 의미)를 하는 경우에는, 가족관계등록신고서에 첨부하여야 할 출생증명서나 사망증명서 등을 갈음하여 그 거주지 나라의 방식에 의해 신고한 사실을 증명하는 서면

(예: 수리증명서 등)을 첨부할 수 있다.

④ 외국에 거주하고 있는 한국인이 외국 법원의 확정판결을 받아 재판상 이혼신고, 재판상 인지신고와 같은 보고적 신고(전래적 의미)를 하는 경우, 거주지 나라 방식에 의해 신고한 사실을 증명하는 서면으로는 가족관계등록신고서에 첨부하여야 할 확정판결과 집행판결을 갈음할 수 없다.

☞ 감독법원에 보관되어 있는 신고서류 등의 열람

▶ 신청인

법 제42조제4항의 이해관계인은 법원에 보관되어 있는 신고서류와 종전의 호적·제적부본의 열람을 신청할 수 있고, 이 경우 신청서를 작성하여 제출하여야 한다(예규제66호). 친양지의 입양관계에 관한 신고서류는 규칙 제23조제3항을 준용한다(규칙제72조제1항,제2항).

▶ 신청방법 및 열람

열람은 법원주사 등이 보는 앞에서 하여야 하며, 열람은 무료이다. 열람신청서는 가족관계등록민원청구서편철장에 편철하여 보존한다(예규제66호).

▶ 신고서류 등에 대한 사본교부 여부

법원에 보관되어 있는 종전 호적(제적)부본 및 신고서류에 대하여는 인증 있는 사본을 교부할 수는 없으나, 이해관계인 또는 등록관서의 담당공무원의 청구가 있으면 열람의 연장으로서 인증 없는 단순한 사본은 교부할 수 있다(예규제66호). 그러나 우편의 방법에 의한 신고서류 등의 사본의 교부신청은 허용되지 않는다(구호적선례 3-7호 참조).

♣【별지 제4호 양식】

신고서류열람신청서

등록기준지		
당사자 성명	( )	
신고(신청)연월일	년 월 일	사 건 명
신 청 인		자 격

년   월   일

○ ○ 지 방 법 원 장 (○ ○ 지 원 장) 귀 하

〈기 재 요 령〉

1. 신고(신청)연월일은 열람하고자 하는 신고서류의 시(구)·읍·면의 신고(신청)연월일을 기재합니다.
2. 신청인란에는 신청인의 성명을 기재하고 날인하거나 서명을 합니다.
3. 신청인의 자격란에는 신청인의 이해관계가 있음을 구체적으로 기재하여야 합니다. 이해관계가 소명되지 않을 경우 열람이 거부될 수 있습니다.
4. 여러 개의 신고서류를 열람하고자 하는 경우에는 1개의 사항만을 기재하고 나머지는 별지에 기재하여 첨부하시기 바랍니다.
5. 법 제42조제5항, 규칙 제23조제3항에 따라 친양자입양신고서는 법 제14조제2항 및 규칙 제23조제2항 각 호의 어느 하나에 해당하는 이해관계인만이 열람을 청구할 수 있습니다.

▶사례◀

가족관계등록창설신고

☞ 질문

부모도 모른 채 가족관계등록도 없이 20년을 살아온 경우, 지금이라도 가족관계등록창설신고를 할 수 있는지?

☞ 답변

가족관계등록창설이라 함은 대한민국 국민으로서 등록이 되어 있지 아니한 사람에 대하여 처음으로 등록이 되도록 하는 제도를 말합니다. 가족관계등록창설은 다른 제도를 이용할 수 없는 경우에 인정되는 예외적이고 보완적인 제도이므로, 출생신고의 해태 중에 있는 자 또는 착오에 의하여 사망의 기재를 한 자 등은 가족관계등록창설을 할 수 없습니다.

또한, 등록이 되어 있지 아니한 사람은 등록부를 확정적으로 갖지 않은 자를 말하므로 등록불분명자는 등록의 유무가 판명될 때까지 가족관계등록창설을 할 수 없습니다. 등록절차는 부모를 알 수 없어서 출생신고의무자가 불분명한 유아인 기아(棄兒)의 경우에는 기아발견사실의 통보를 받은 시(구)·읍·면의 장은 기아발견조서를 작성한 다음 그 조서를 신고서로 하여 그 기아에 대한 등록을 하게 됩니다(가족관계의 등록 등에 관한 법률 제52조).

그때에 기아의 성과 본은 시(구)·읍·면의 장이 가정법원에 '성 및 본의 창설허가심판청구'를 하고, 그에 따른 '성 및 본의 창설허가재판서등본'의 송부를 받아서 등록부에 기재하게 됩니다. [법률구조공단자료. 참고만 하세요]

귀하와 같이 기아가 아닌 경우로서 부모를 알 수 없는 경우에는 가정법원의 성 및 본의 창설허가와 가족관계등록창설허가를 얻은 다음 그 등본을 첨부하여 1월 이내에 가족관계등록창설신고를 할 수 있습니다(민법 제781조 제4항, 가족관계의 등록 등에 관한 법률 제101조, 제103조).

그러나 부모를 알 수 있는 경우에는 출생신고에 의하여 부 또는 모의 성과 본을 따라 등록부를 작성함이 원칙이나 부모의 출생신고를 기대할 수 없는 경우에는 본인이 가족관계등록창설허가를 얻어 가족관계등록창설신고를 함으로써 등록부를 작성할 수 있습니다.

가족관계등록창설신고인은 등록창설허가결정을 받은 본인이며, 신고지는 신고 사건 본인의 등록기준지 또는 신고인의 주소지나 현재지 등록관서에 신고하여야 합니다(같은 법 제20조). 등록창설신고서에는 가족관계의 등록 등에 관한 법률 제9조 제2항에 규정된 사항 외에 등록창설허가의 연월일을 기재하여야 하며, 신고서에는 법원의 등록창설허가의 등본을 첨부하여야 합니다(같은 법 제101조).

제2장 출생신고

1. 출생신고의 성질

출생신고는 출생하였다는 이미 발생한 사실을 신고하여 공시·공증하기 위한 보고적 신고이다. 혼인 외의 출생자에 대한 부(父)의 출생신고는 인지의 효력이 있으므로 이 경우의 출생신고는 창설적 신고의 성질을 병유한다고 할 수 있다.

2. 출생신고의무자

(1) 혼인 중의 출생자의 출생신고의무자

혼인 중 출생자의 출생의 신고는 부 또는 모가 하여야 하고, 부 또는 모가 출생신고를 할 수 없는 경우에는 동거하는 친족, 분만에 관여한 의사·조산사 또는 그 밖의 사람이 순위에 따라 신고를 하여야 한다(법제46조제1항,제3항). 여기에서 "동거" 란 일상생활관계에 있어서 가족적인 상태에 이르렀음을 말하며, 단순히 일시적으로 동일 가옥 내에서 거주하는 것에 불과한 사람은 동거자라 할 수 없다(예규제96호). 신고의무자 중 후순위자가 신고를 하는 경우에는 선순위자가 신고를 할 수 없는 사유를 신고서에 기재하여야 한다(예규제95호).

◼ 관련예규 ◼ 신고 착오로 인하여 생존자를 사망자로 가족관계등록부를 폐쇄하였다 할지라도 그 사람이 신고의무자로서 출생신고를 하는 경우에는 수리하여야 한다. 그러나 생존자를 사망자로 기록 처리한 시(구)·읍·면에서 본인에 대하여 등록부정정의 최고를 하여야 한다(예규제99호).

자녀의 출생 당시에 대한민국 국민인 부(父) 또는 모(母)가 가족관계등록부에 등록이 되어 있지 않거나 등록이 되어 있는지가 분명하지 아니한 사람인 경우 우리나라의 관공서가 발행한 공문서(예: 여권, 주민등록등본, 그 밖의 증명서 등)에의하여 부(父) 또는 모(母)에 대한 성명, 출생연월일 등 인적사항을 소명하고 부모가 혼인관계에 있다면 그 사실을 증명하는 서류(혼인증시)를 첨부하여 출생자에 대한 출생신고를 하며 그 자녀에 대한 가족관계등록부를 작성하여야 한다. 다만, 한국인 부와 외국인 모 사이의 혼인외 자인 경우에는 부가 태아인지신고를 한 경우에만 그 자녀에 대한 가족관계등록부를 작성한다. 부모를 알 수 없는 때에만 법원의 허가를 받아 성과 본을 창설하되(「민법」제781조 참조), 부모를 알 수 없어 성과 본을 창설하는 허가심판청구사건을 처리함에 있어서도 청구인(본인)의 나이가 만15세 이상인경우는 가급적 가족관계등록창설의 경우에 준하여 신원조사를 하도록 한다(예규제94호).

◼ (구)호적선례 ◼ 현행 호적법상 호적신고에 대한 호적공무원의 심사권은 신고인이 제출한 자료 등에 의하여 그 신고서가 민법 및 호적법 등이 규정한 요건을 구비하고 있는가를 심사하여 신고서의 적법·유효여부를 판단한 후 수리 또는 불

수리 처분을 하는 형식적심사권만 주어져 있는바, 출생신고서의 신고인은 사건본인의 외삼촌으로 친족동거자의 자격으로 신고서에 기재된 경우 호적공무원이 그 동거여부를 알 수 없어 신고인의 자격여부를 판단할 수 없는 때에는 호적법시행규칙 제46조에 의하여 그에 대한 심사자료로서 필요한 서류의 제출을 요구할 수 있다. 이때 '동거' 사실에 대한 소명은 제한이 없으므로 이에 관한 소명은 공적자료 또는 사건본인의 출생시 신고인이 동거한 사실이 있었음을 잘 알고 있는 사람이 그러한 취지의 사실를 기재하여 작성한 보증서 등으로 할 수 있을 것이나, 그 서류가 동거 사실을 소명하는데 충분한지 여부는 구체적인 신고서를 심사한 호적공무원이 판단할 사항이다(200412-2호).

(2) 혼인 외의 출생자의 출생신고의무자

혼인 외 출생자의 신고는 모가 하여야 하고, 모가 출생신고를 할 수 없는 경우에는 동거하는 친족, 분만에 관여한 의사·조산사 또는 그 밖의 사람이 순위에 따라 신고를 하여야 한다(법제46조제2항,제3항). 혼인외 출생자에 대한 출생신고가 있는 경우에 그 모가 가족관계등록부에 등록되어 있는지가 분명하지 아니하거나 등록되어 있지 아니한 경우에는 모에게 배우자가 없음을 증명하는 공증서면 또는 2명 이상의 인우인의 보증서를 제출케 하여야 한다(예규제98호).

(3) 부 미정(父 未定)의 자의 출생신고의무자

「민법」 제845조에 따라 법원이 부(父)를 정하여야 할 때에는 출생의 신고는 모가 하여야 한다. 이 경우에는 신고서에 부가 미정이라는 사유를 기록하여야 하며, 모가 출생신고를 할 수 없는 경우에는 동거하는 친족, 분만에 관여한 의사·조산사 또는 그 밖의 사람이 순위에 따라 신고를 하여야 한다(법제48조).

(4) 선장(船長)의 출생신고의무

항해 중에 출생이 있는 때에는 선장은 24시간 이내에 제44조제2항에서 정한 사항을 항해일지에 기재하고 서명 또는 기명날인하여야 한다. 위의 절차를 밟은 후 선박이 대한민국의 항구에 도착하였을 때에는 선장은 지체 없이 출생에 관한 항해일지의 등본을 그 곳의 시·읍·면의 장에게 발송하여야 한다. 선박이 외국의 항구에 도착하였을 때에는 선장은 지체 없이 그 등본을 그 지역을 관할하는 재외공관의 장에게 발송하고 재외공관의 장은 지체 없이 외교통상부장관을 경유하여 등록기준지의 시·읍·면의 장에게 발송하여야 한다(법제49조).

(5) 공공시설의 장등의 출생신고의무

병원, 교도소, 그 밖의 시설에서 출생이 있었을 경우에 부모가 신고할 수 없는 때에는 당해 시설의 장 또는 관리인이 출생신고를 하여야 한다(법제50조).

(6) 법 제38조제3항에 따른 출생의 기록에 대한 사무처리지침

1) 법 제38조제3항에 따른 시(구)·읍·면의 장의 처리

① 시(구)·읍·면의 장이 출생신고를 게을리 한 사람을 안 때에는 신고 의무자(부, 모)에게 법 제38조에 따른 최고를 하여야 한다.

② 신고의무자가 위 "①"의 최고기간 내에 신고를 하지 않거나 최고 할 수 없는 경우에는 시(구)·읍·면의 장은 감독법원의 허가를 받아 직권으로 출생기록을 하여야 한다.

③ 시(구)·읍·면의 장이 감독법원에 직권기록 허가신청을 할 때에는 아래 각 호 사항을 면밀히 확인하여 이를 소명할 수 있는 자료를 첨부하여야 한다.

가. 부, 모 또는 등록기준지

나. 부모의 주민등록번호

다. 혼인중의 자인지 또는 혼인외의 자인지 여부

라. 성, 본, 이름

마. 성별

바. 출생일시(외국에서 출생한 경우에는 예규 제318호에 따름) 및 장소

　2) 감독법원의 조치

① 감독법원은 시(구)·읍·면의 장으로부터 받은 허가서류를 면밀히 확인하여, 위 "③"의 각호 사항이 틀림이 없고 그 내용이 진실이라는 심증이 가는 경우에 기록허가를 하여야 하고, 위 "③"의 각 호 사항이 불분명한 경우에는 기록허가를 할 수 없다.

② 혼인외의 자는 기록허가를 할 수 없다.

③ 감독법원이 서류를 심사함에 필요한 때에는 사실을 조사할 수 있다.

3. 자녀의 성과 본

(1) 혼인 중 출생자

자는 부의 성과 본을 따른다. 다만, 부모가 혼인신고시 모의 성과 본을 따르기로 협의한 경우에는 모의 성과 본을 따른다(민법 제781조제1항). 부가 외국인인 경우에는 자는 모의 성과 본을 따를 수 있다(민법 제781조제2항).

(2) 혼인 외 출생자

혼인 외 출생자는 모의 성과 본을 따른다(민법 제781조제3항). 단, 부의 성과 본을 알 수 있는 경우에는 부의 성과 본을 따라 가족관계등록은 할 수 있다 그러나 그 자녀가 인지되기 전에는 가족관계등록부상부란에 부의 성명을 기록할 수 없다(예규 제102호).

(3) 자녀의 성과 본에 관한 가족관계등록사무 처리지침(예규 제312호)

1) 자녀의 성과 본의 원칙

① 자녀의 성과 본은 부의 성과 본을 따른다.

② 부를 알 수 없는 자녀는 모의 성과 본을 따르며, 부모를 알 수 없는 자녀는 법원의 허가를 받아 성과 본을 창설한다. 다만, 성과 본을 창설한 후 부 또는 모를 알게 된 때에는 부 또는 모의 성과 본을 따를 수 있다.

2) 부모가 혼인신고시 모의 성·본을 따르기로 협의한 경

우

① 부모가 혼인신고시 협의한 경우

가. 부모(부 또는 모가 외국인인 경우를 포함한다)가 혼인신고시 「민법」 제781조제1항단서에 따라 자가 모의 성과 본을 따르기로 협의한 경우에는, 제2조제1항에도 불구하고 자녀는 모의 성과 본을 따른다. 혼인신고시 협의하지 아니하였던 부부가 이혼 후 동일한 당사자끼리 다시 혼인하는 경우에도 「민법」 제781조제1항단서에 따른 협의를 할 수 있다.

나. 제 가.항의 협의는 그 협의 이후 협의당사자 사이에서 태어나는 모든 자녀에 대하여 효력이 있으며, 협의당사자가 이혼 후 동일한 당사자끼리 재혼하여 다시 혼인신고를 하는 경우에도 효력이 있다.

다. 제 나.항의 규정에도 불구하고 출생신고가 제 가.항의 협의 있는 혼인신고와 동시에 접수된 경우에는 그 자녀에 대하여도 협의의 효력이 미친다.

② 협의서의 제출 및 접수 등

가. 부모의 위와 같은 협의가 있었던 경우에는 별지 1 양식에 의한 협의서를 작성하여 시(구)·읍·면의 장에게 제출하여야 한다.

나. 제 가.항에 따른 협의서는 혼인신고시에 제출할 수 있으며, 혼인신고 이후에는 위 협의서를 제출할 수 없다.

다. 혼인신고시에 제 가.항에 따른 협의서를 제출한 경우, 혼인신고의 수리 이후에는 혼인 당사자들의 합의로 그 협의 내용을 철회할 수 없다.

라. 혼인의 당사자가 혼인신고시 그들 사이의 여러 자녀의 성과 본에 대하여 각 자녀마다 따를 성과 본을 달리 협의(예: 첫째 자녀는 모의 성과 본으로, 둘째 자녀는 부의 성과 본으로 협의한 경우 등)하여 협의서를 제출한 경우에는 그 협의서를 반려하여야 하며, 당사자로 하여금 부 또는 모 어느 하나의 성과 본을 따르는 것으로 통일시켜 제출하도록 하여 그 보완된 협의서에 따라 접수·처리를 하여야 한다.

마. 제 가.항의 협의서가 제출된 경우에 그 협의서는 혼인신고서와 별도로 접수하여 가족관계등록문서건명부에 기록하고 동시에 특종신고서류 등 접수장에 기록하되, 혼인신고서에 가철하여 보존한다.

③ 출생신고시의 사무처리 절차

가. 위 협의서를 제출한 경우, 부 또는 모가 그 자녀의 출생신고를 하는 때에는 출생신고서에 「가족관계의 등록 등에 관한 법률」 제44조제2항제5호(「민법」 제781조제1항 단서에 따라 혼인신고시 모의 성·본을 따르기로 협의한 경우 그 취지)의 사항을 기재하여야 하며, 출생신고서를 접수한 가족관계등록공무원은 전산정보처리조직상의 특종신고서류 등 접수장을 검색하여 협의당사자 및 협의내용과 접수한 출생신고서에 기재된 내용을 면밀히 대조·확인하여야 한다.

나. 「민법」 제781조제1항 단서에 따른 협의서를 제출하지 않고 혼인신고를 한 당사자가 출생신고시에 비로소 모의 성

과 본을 따르기로 하는 협의서를 작성하여 제출한 경우, 이는 유효한 협의로 볼 수 없으므로 이러한 협의서 및 협의서의 취지에 따른 출생신고를 수리하여서는 안 된다.

④ 친양자 입양과 자녀의 성과 본

가. 부부가 「민법」 제781조제1항단서에 따라 혼인신고시에 자녀의 성과 본을 모의 성과 본으로 따르기로 협의한 후 친양자 입양을 하는 경우, 그 친양자의 성과 본에 관한 사무처리는 위 2)의 ① 제 가.항 및 ③ 제 가.항을 준용한다.

나. 제 가.항의 경우에 친양자 입양을 신고하는 사람은 양부모의 혼인신고시 그 자녀의 성과 본을 모의 성과 본으로 따르기로 협의하였는지의 여부에 관하여 신고서에 기재하여야 한다.

⑤ 증서등본 제출에 의한 혼인신고

가. 「국제사법」 제36조에 따라 외국의 방식에 의한 혼인이 허용되어 그 외국의 방식에 따라 혼인이 유효하게 성립된 후, 그 외국에서 작성한 혼인증서의 등본을 제출하여 한국에서 혼인신고를 할 경우, 혼인신고시에 자녀가 모의 성과 본을 따르기로 협의한 때에도 그 자녀의 성과 본은 모의 성과 본을 따른다.

나. 제 가.항에 관해서는 위 2)의 ①부터 ④까지를 준용한다.

　3) 혼인외 자가 인지된 경우

① 혼인 외의 자가 인지된 경우

가. 혼인 외의 자가 인지된 경우에는 부의 성과 본을 따른다. 다만, 인지신고시 부모의 협의에 의하여 종전의 성과 본을 계속 사용하기로 하는 별지 2 양식의 협의서를 제출한 경우에는 종전의 성과 본을 그대로 사용할 수 있으며, 이 경우, 자녀의 가족관계등록부에는 종전 성과 본을 유지한다는 취지를 기록하여야 한다.

나. 부모가 협의할 수 없거나 협의가 이루어 지지 아니한 경우에는 자녀는 「가사소송법」 제2조제1항나목(1)제4호의2에 따라 법원의 허가를 받아 종전의 성과 본을 계속 사용할 수 있다.

다. 제 나.항의 경우, 시(구)·읍·면의 장은 자녀의 가족관계등록부의 자녀의 성과 본을 인지신고의 효력에 따라 「민법」 제781조제1항 본문에 따라 일단 부의 성과 본으로 변경·기록하여야 하며, 그 후 종전 성과 본 계속사용허가심판서 등본 및 확정증명서를 첨부하여 성·본 계속사용신고가 있을 경우에, 부의 성과 본으로 기록한 자녀의 성과 본을 다시 종전의 성과 본으로 변경·기록한다.

② 증서등본 제출에 의한 인지신고의 경우

가. 「국제사법」 제41조에 따라 외국의 방식에 의한 인지가 허용되어 그 나라에서 한국인 부가 한국인 혼인 외의 자를 인지하여 외국에서 인지가 성립된 후, 그 외국에서 작성한 인지증서의 등본을 제출하여 한국에서 인지신고를 할 경우에도 종전의 성과 본을 계속사용하기로 하는 내용의 협의서를 한

국에서의 인지 신고시 제출한 때에는 종전의 성과 본을 그대로 사용할 수 있으며, 이 경우 자녀의 등록부에는 종전 성과 본을 유지한다는 취지를 기록하여야 한다.

나. 부모가 협의할 수 없거나 협의가 이루어지지 아니한 경우에는 위 3)의 ① 제 나.항부터 제 다.항까지를 준용한다.

③ 협의서 등의 제출에 따른 사무처리

위 3)의 ① 제 가.항 및 ②의 제 가.항에 따라 협의서가 제출된 경우에 가족관계등록공무원은 위 2)의 ② 제 마.항을 준용하여 사무를 처리하고, 위 3)의 ① 제 다.항 및 ②의 제 나.항에 따른 심판서를 첨부한 성·본 계속사용신고서가 제출된 때에는 가족관계등록사건접수장에 기록하되 동시에 특종신고서류 등 접수장에도 기록하여야 한다.

  4) 부모 중 일방이 외국인인 경우

① 부가 외국인인 경우

가. 혼인외 출생자의 부(父)가 외국인이고 모(母)가 대한민국 국민인 경우, 그 자녀는 모의 성과 본을 따른다.

나. 혼인중 출생자의 부(父)가 외국인이고 모(母)가 대한민국 국민인 경우, 「민법」 제781조제2항에 따라 그 자녀는 모의 성과 본을 따를 수 있다.

다. 제 나.항에 따라 출생신고 당시 신고의무자가 적법한 절차에 따라 출생자의 성과 본을 모의 성과 본으로 결정하여 신고하였다면, 그 이후에는 그 자녀가 친양자 입양되거나 아래 5)의 절차에 의하지 않는 한 이를 변경할 수 없고 외국인

부가 귀화 등을 원인으로 대한민국국적을 취득한 사실 또는 그 후 성·본을 창설한 사실에 영향을 받지 아니한다. 다만, 이 경우에 자녀의 성(姓)을 결정하는 것은 부 또는 모가 친권자의 입장에서 친권을 행사하는 행위이며, 친권은 「민법」에 따라 행사하여야 하는 것이므로, 만일 부모 중 일방이 타방의 의사에 반하여 그 자녀의 성(姓)을 결정하여 출생신고를 하였다면 「가족관계의 등록 등에 관한 법률」 제104조에 따라 관할 가정법원의 허가를 받아 이를 바로잡을 수 있다.

라. 제 나.항에 따른 모의 성·본을 따르는 결정의 효력은 모의 성·본을 따라 출생신고된 해당 자녀에 한정된다.

② 외국인 부가 혼인외 자를 인지한 경우

외국인인 부가 한국인인 혼인 외의 자를 인지한 경우에 그 자녀의 성과 본에 관하여는 위 3)의 규정을 준용한다.

③ 모가 외국인인 경우

한국인인 부와 외국인인 모 사이의 혼인중의 자 및 부로부터 태아인지된 자녀의 성과 본을 정하는 절차에 관하여는 위 1)부터 3)까지의 규정을 준용한다.

5) 자녀의 복리를 위한 자녀의 성과 본의 변경

① 자녀의 복리를 위한 성과 본의 변경

가. 위 일체의 규정에도 불구하고, 자녀의 복리를 위하여 자녀의 성과 본을 변경할 필요가 있을 때에는 「민법」 제781조제6항에 따라 부, 모 또는 자녀의 청구에 의하여 법원의 허가를 받아 이를 변경할 수 있다. 다만, 자녀가 미성년자이

고 법정대리인이 청구할 수 없는 경우에는 「민법」 제777조에 따른 친족 또는 검사가 청구할 수 있다.

나. 혼인신고 전 출생신고되어 인지 등으로 부의 성과 본을 따르고 있는 자녀를 위 2)의 ①의 협의에 의하여 모의 성과 본을 사용하는 자녀와 동일한 성과 본을 따르도록 하기 위해서는 제 가.항의 절차에 의한다.

② 성과 본의 변경절차

가. 위 ①의 규정에 따라 자녀의 성과 본을 변경할 경우에는 「가사소송법」 제2조제1항나목(1)제4호의3에 따라 자녀의 성과 본을 변경하는 내용의 가정법원의 성·본변경허가심판서를 첨부하여 성·본 변경신고를 하여야 한다.

나. 제 가.항의 경우, 재판을 청구한 당사자는 신고서에 변경 전의 성과 본, 변경한 성과 본, 심판일 등을 기재하여 심판고지일부터 1개월 이내에 성·본 변경신고를 하여야 하고, 이를 수리한 가족관계등록공무원은 자녀의 성과 본을 심판서의 취지대로 변경·기록하여야 한다.

♣ 【별지 1】

협 의 서

부의 성명
등록기준지
주   소
주민등록번호

모의 성명
등록기준지
주   소
주민등록번호

위의 부와 모 사이에서 태어날 모든 자녀의 성과 본을 모의 성과
본으로 정하기로 협의합니다.

20 . . .

부   ㉑ (서명)
모   ㉑ (서명)

덧붙임: 1. 제출인의 신분을 확인할 수 있는
　　　　　　　주민등록증(운전면허증, 여권, 공무원증 등) 사본 1부.
　　　　 2. 출석하지 않은 혼인당사자 일방 또는 쌍방의
　　　　　　　인감증명서, 서명에 대한 공증서 1부.   끝.

※ 유의사항
1. 혼인당사자 중 일방 또는 쌍방이 불출석한 경우, 불출석한 당사
　 자의 인감증명서 또는 서명에 대한 공증서를 반드시 첨부하여야
　 합니다.
2. 타인의 서명 또는 인장의 도용 등으로 허위의 협의서를 작성하
　 여 제출하는 경우에는 「형법」 제231조부터 제237조의2까지의 규
　 정에 따라 5년 이하의 징역 또는 1천만원 이하의 벌금형에 처해
　 집니다.

♣【별지 2】

협 의 서

부의 성명
등록기준지
주민등록번호

모의 성명
등록기준지
주민등록번호

피인지자 성명
등록기준지
주민등록번호

위 혼인외 자(피인지자)의 성과 본을 인지 전의 성과 본으로 계속 사용할 것을 협의합니다.

20   .   .   .

부　　　　　㊞ (서명)
모　　　　　㊞ (서명)

덧붙임: 1. 제출인의 신분을 확인할 수 있는 주민등록증(운전면허증,
　　　　　　여권, 공무원증 등) .사본 1부.
　　　　2. 출석하지 않은 부모 일방 또는 쌍방의 인감증명서 또는
　　　　　　서명에 대한 공증서 1부.　　끝.

※ 유의사항

1. 부모 중 일방 또는 쌍방이 불출석한 경우, 불출석한 당사자의 인감증명서 또는 서명에 대한 공증서를 반드시 첨부하여야 합니다.

2. 타인의 서명 또는 인장의 도용 등으로 허위의 협의서를 작성하여 제출하는 경우에는 「형법」 제231조부터 제237조의2까지의 규정에 따라 5년 이하의 징역 또는 1천만원 이하의 벌금형에 처해집니다.

4. 신고기간

자를 출산하거나 기아를 찾은 부 또는 모는 1개월 이내에 출생신고를 하여야 하며(법제44조제1항, 제53조제1항), 신고기간 내에 신고를 하지 아니하면 과태료의 제재를 받는다. 부가 인지의 효력을 발생케 하는 혼인 외의 자에 대한 출생신고를 한 경우에, 신고기간이 경과하였으면 모가 신고의무자로서 해태의 책임을 진다.

5. 신고장소

신고는 신고사건 본인의 등록기준지 또는 신고인의 주소지나 현재지에서 할 수 있다. 외국인에 관한 신고는 그 거주지 또는 신고인의 주소지나 현재지에서 할 수 있다.

6. 출생신고서의 작성방법

(1) 출생신고서의 기재사항

출생신고서에는 다음 사항을 기재하여야 한다.

　1) 자녀의 성명·본·성별 및 등록기준지

　2) 자녀의 혼인 중 또는 혼인 외의 출생자의 구별

　3) 출생의 연월일시 및 장소

　4) 부모의 성명·본·등록기준지 및 주민등록번호(부 또는 모가 외국인인 때에는 그 성명·출생연월일·국적 및 외국인등록번호)

5) 「민법」 제781조제1항 단서에 따른 협의가 있는 경우 그 사실

6) 자녀가 복수국적자(複數國籍者)인 경우 그 사실 및 취득한 외국 국적

(2) 출생신고서의 기재문자

출생신고서에 기재하는 문자는 한글과 아라비아 숫자로 기록한다. 그러나 출생자의 성명란은 한자로 표기할 수 없는 경우를 제외하고는 한글과 한자를 병기하고, 본란은 한자로 표기할 수 없는 경우를 제외하고는 한자로 기록한다(규칙제63조제2항).

(3) 출생신고서의 양식

신고서 양식의 규격은 가로 210밀리미터, 세로 297밀리미터(A4용지규격)로 한다(예규 제360호).

출생신고서 양식은 별지와 같다.

♣ 【양식 제1호】

<table>
<tr><td colspan="3" rowspan="2">출 생 신 고 서
(년   월   일)</td><td colspan="6">※ 뒷면의 작성방법을 읽고 기재하시되, 선택항목은
해당번호에 "○"으로 표시하여 주시기 바랍니다.</td></tr>
<tr></tr>
<tr><td rowspan="8">①
출
생
자</td><td>성명</td><td>한글</td><td></td><td colspan="2">본
(한자)</td><td>성별</td><td colspan="2">①남 ①혼인중의 출생자</td></tr>
<tr><td>한자</td><td></td><td colspan="2"></td><td></td><td colspan="2">②여 ②혼인외의 출생자</td></tr>
<tr><td colspan="2">출생일시</td><td colspan="6">년   월   일   시   분(출생지 시각: 24시각제)</td></tr>
<tr><td colspan="2">출생장소</td><td colspan="6">①자택②병원③기타</td></tr>
<tr><td colspan="2">부모가 정한 등록기준지</td><td colspan="6"></td></tr>
<tr><td colspan="2">주소</td><td colspan="4"></td><td colspan="2">세대주 및 관계   의</td></tr>
<tr><td colspan="8">자녀가 복수국적자인 경우 그 사실 및 취득한 외국 국적</td></tr>
<tr><td colspan="8"></td></tr>
<tr><td rowspan="4">②
부
모</td><td>부</td><td>성명</td><td colspan="2">(한자:)</td><td>본(한자)</td><td colspan="2">주민등록번호   -</td></tr>
<tr><td>모</td><td>성명</td><td colspan="2">(한자:)</td><td>본(한자)</td><td colspan="2">주민등록번호   -</td></tr>
<tr><td colspan="2">부의 등록기준지</td><td colspan="5"></td></tr>
<tr><td colspan="2">모의 등록기준지</td><td colspan="5"></td></tr>
<tr><td colspan="9">혼인신고시 자녀의 성·본을 모의 성·본으로 하는 협의서를 제출하였습니까? 예□ 아니오□</td></tr>
<tr><td colspan="9">③친생자관계 부존재확인판결 등에 따른 가족관계등록부 폐쇄후 다시 출생신고하는 경우</td></tr>
<tr><td colspan="3" rowspan="2">폐쇄등록부상 특정사항</td><td colspan="2">성명</td><td colspan="2">주민등록번호</td><td colspan="2">-</td></tr>
<tr><td colspan="2">등록기준지</td><td colspan="4"></td></tr>
<tr><td colspan="3">④기타사항</td><td colspan="6"></td></tr>
<tr><td rowspan="5">⑤
신
고
인</td><td colspan="2">성명</td><td colspan="2">㊞ 또는 서명</td><td>주민등록번호</td><td colspan="3">-</td></tr>
<tr><td colspan="2">자격</td><td colspan="6">①부 ②모 ③동거친족 ④기타(자격:)</td></tr>
<tr><td colspan="2">주소</td><td colspan="6"></td></tr>
<tr><td colspan="2" rowspan="2">전화</td><td colspan="6" rowspan="2"></td></tr>
<tr></tr>
<tr><td colspan="3">⑥ 제출인</td><td colspan="2">성 명</td><td>주민등록번호</td><td colspan="3">-</td></tr>
</table>

※ 타인의 서명 또는 인장을 도용하여 허위의 신고서를 제출하거나, 허위신고를 하여 가족관계
등록부에 부실의 사실을 기록하게 하는 경우에는 형법에 의하여 5년 이하의 징역 또는 1천
만원 이하의 벌금에 처해집니다.

※ 다음은 국가의 인구정책 수립에 필요한 자료로 통계법」 제32조 및 제33조에 따라 성실응답 의무가 있
으며 개인의 비밀사항이 철저히 보호되므로 사실대로 기입하여 주시기 바랍니다.

<table>
<tr><td colspan="2" rowspan="2"></td><td colspan="3">출생자에 관한 사항</td></tr>
<tr></tr>
<tr><td colspan="2">⑦임신주(週)수</td><td>임신 □□ 주 □ 일</td><td>⑧신생아체중</td><td>□.□□ kg</td></tr>
<tr><td colspan="2">⑨다태아 여부
및 출생순위</td><td>①단태아   ②쌍태아(쌍둥이)
③삼태아(세쌍둥이) 이상</td><td>→   쌍둥이 중 ①첫번째 ②두번째
→   □ 쌍둥이 중 □ 번째</td><td></td></tr>
</table>

	출생자의 부(父)에 관한 사항	출생자의 모(母)에 관한 사항
⑩국적	① 대한민국(출생 시 국적취득) ② 대한민국(귀화(수반포함)인지 국적취득, 이전국적 :] ③ 외국( )	① 대한민국(출생 시 국적취득) ② 대한민국(귀화(수반포함)인지 국적취득, 이전국적 :] ③ 외 국 ( )
⑪실제생년월일	양력 / 음력 년 월 일	양력 / 음력 년 월 일
⑫최종졸업학교	①무학 ②초등학교③중학교 ④고등학교 ⑤대학(교) ⑥대학원 이상	①무학 ②초등학교③중학교 ④고등학교 ⑤대학(교) ⑥대학원 이상
⑬ 직 업	①관리자 ②전문가 및 관련종사자 ③사무종사자④서비스종사자⑤판매종사자 ⑥농림어업 숙련 종사자 ⑦기능원 및 관련 기능 종사자 ⑧장치·기계 조작 및 조립 종사자 ⑨단순노무 종사자 ⑩학생 ⑪가사 ⑫군인 ⑬무직	①관리자 ②전문가 및 관련종사자 ③사무종사자④서비스종사자⑤판매종사자 ⑥농림어업 숙련 종사자 ⑦기능원 및 관련 기능 종사자 ⑧장치·기계 조작 및 조립 종사자 ⑨단순노무 종사자 ⑩학생 ⑪가사 ⑫군인 ⑬무직
⑭실제결혼생활시작일	년 월 일 부터	
⑮모의 총출산아 수	이 아이까지 총 ☐☐ 명 출산 (☐☐ 명 생존. ☐ 명 사망)	

※ 아래 사항은 신고인이 기재하지 않습니다.

읍면동접수	가족관계등록관서 송부	가족관계등록관서 접수 및 처리
	주민등록 번 호 년 월 일(인)	

작 성 방 법

※ 등록기준지 : 각 란의 해당자가 외국인인 경우에는 그 국적을 기재합니다.
※ 주민등록번호 : 각 란의 해당자가 외국인인 경우에는 외국인등록번호(국내거소신고번호 또
　　　　　　　는 출생연월일)를 기재합니다.
①란 : 출생자의 이름에 사용하는 한자는 대법원규칙이 정하는 범위내의 것(인명용 한자)으
　　　　로, 이름자는 5자(성은 포함하지 않는다)를 초과하지 않아야 합니다. 사용가능한 인
　　　　명용한자는 대법원 전자민원센터(www.scourt.go.kr/minwon)에서 확인할 수 있습
　　　　니다.
　　　 : 출생일시는 24시각제로 기재합니다. (예: 오후 2시 30분 → 14시 30분)
　　　 : 우리나라 국민이 외국에서 출생한 경우에는 그 현지 출생시각을 서기 및 태양력으로
　　　　 기재하되, 서머타임 실시기간 중 출생하였다면 그 출생지 시각 옆에 "(서머타임 적
　　　　 용)"이라고 표시합니다.
　　　 : 자녀가 복수국적자인 경우 그 사실 및 취득한 외국 국적을 기재합니다.
　　　 : 출생장소의 기재는 최소 행정구역의 명칭(시·구의 '동', 읍·면의 '리') 또는 도로명주소
의　　 '도로명'까지만 기재하여도 됩니다.
②란 : 부(父)에 관한 사항 - 혼인외 출생자를 모(母)가 신고하는 경우에는 기재하지 않으며,
　　　　전혼 해소 후 100일 이내에 재혼한 여자가 재혼성립 후 200일 이후, 직전 혼인의
　　　　종료 후 300일 이내에 출산하여 모가 출생신고를 하는 경우에는 부의 성명란에 "부
　　　　미정"으로 기재합니다.
③란 : 친생자관계 부존재확인판결, 친생부인판결 등으로 가족관계등록부 폐쇄후 다시 출생신
　　　　고하는 경우에만 기재합니다.
④란 : 아래의 사항 및 가족관계등록부에 기록을 분명하게 하는 데 특히 필요한 사항을 기재합니
　　　　다.
　　　 - 후순위 신고의무자가 출생신고를 하는 경우 : 선순위자(부모)가 신고를 못하는 이유
　　　 - 출생전에 태아인지 한 사실 및 태아인지신고한 관서
　　　 - 외국에서 출생한 경우 : 현지 출생시각을 한국시각으로 환산하여 정하여지는 출생일시
　　　　 를 기재합니다. 그 현지 출생시각이 서머타임이 적용된 시각인 경우에는 그에 관한
　　　　 사실을 기재합니다.
　　　 - 외국인인 부(父)의 성을 따라 외국식 이름으로 외국의 등록관서에 등재되어 있으나 한
　　　　 국식 이름으로 출생신고 하는 경우 : 외국에서 신고된 성명
　　　 - 「민법」 제781조제1항 단서에 따라 혼인신고시 모의 성·본을 따르기로 협의한 경우 그
　　　　 취지
⑥란 : 제출자(신고인 여부 불문)의 성명 및 주민등록번호 기재[접수담당공무원은 신분증과 대
조]
⑦~⑨ 출생자란 : 출생자에 관한 사항입니다.
⑨란 : 다태아(쌍둥이 이상)여부는 실제로 출생한 아이의 수와 관계없이 임신하고 있던 당시
　　　　의 태아수에 "○"표시하며, 다태아 중 출생신고 대상 아이마다 출생순위가 몇 번째
　　　　인지를 표시합니다.
⑩~⑮ 부모란 : 출생당시 출생자 부모에 관한 사항입니다.
⑫란 : 교육과학기술부장관이 인정하는 모든 정규교육기관을 기준으로 기재하되, 각급 학교의
　　　　재학 또는 중퇴자는 최종 졸업한 학교의 해당번호에 "○"으로 표시합니다.
　　　 <예시> 대학교 3학년 재학(중퇴) : 고등학교에 "○"표시
⑬란 : 아이가 출생할 당시의 부모의 주된 직업을 기준으로 기재합니다.

> ① 관리자 : 정부, 기업, 단체 또는 그 내부 부서의 정책과 활동을 기획, 지휘 및 조정(공공 및 기업고위직 등)
> ② 전문가 및 관련종사자 : 전문지식을 활용한 기술적 업무(과학, 의료, 교육, 종교, 법률, 금융, 예술, 스포츠 등)
> ③ 사무종사자 : 관리자, 전문가 및 관련 종사자를 보조하여 업무 추진(경영, 보험, 감사, 상담안내통계 등)
> ④ 서비스종사자 : 공공안전, 신변보호, 의료보조, 이미용, 혼례 및 장례, 운송, 여가, 조리와 관련된 업무
> ⑤ 판매종사자 : 영업활동을 통해 상품이나 서비스판매(인터넷, 상점, 공공장소 등), 상품의 광고·홍보 등
> ⑥ 농림어업 숙련 종사자 : 작물의 재배·수확, 동물의 번식·사육, 산림의 경작 및 개발, 수생 동·식물 번식 및 양식 등
> ⑦ 기능원 및 관련 기능 종사자 : 광업, 제조업, 건설업에서 손과 수공구를 사용하여 기계 설치 및 정비, 제품 가공
> ⑧ 장치·기계 조작 및 조립 종사자 : 기계를 조작하여 제품 생산·조립, 컴퓨터에 의한 기계제어, 운송장비의 운전 등
> ⑨ 단순노무 종사자 : 주로 간단한 수공구의 사용과 단순하고 일상적이며 육체적 노력이 요구되는 업무
> ⑪ 가사 : 전업주부 등 　⑫ 군인 : 의무복무 중인 장교 및 사병 제외, 직업군인 해당 　⑬ 무직 : 특정한 직업이 없음

⑮란 : 모의 총 출산아수 - 신고서상 아이를 포함하여 모두 몇 명의 아이를 출산했고 그 중
　　　　생존아와 사망아 수를 기재하며, 모가 재혼인 경우에는 이전의 혼인에서 낳은 자
　　　　녀까지 포함합니다.

1. 출생증명서 1통(다음 중 하나).
  - 의사나 조산사가 작성한 것.
  - 출생자가 병원 등 의료기관에서 출생하지 않은 경우에는 출생사실을 알고 있는 자가 작성한 것(이 출생증명서 양식은 가족관계등록예규 제283호에 따로 정함).
  - 외국의 관공서가 작성한 출생신고수리증명서(또는 출생증명서)와 번역문.

※ 아래 2항 및 3항은 가족관계등록관서에서 전산으로 그 내용을 확인할 수 있는 경우에는 등록사항별 증명서의 첨부를 생략합니다.

2. 출생자의 부(父) 또는 모(母)의 혼인관계증명서 1통.
  - 부(父)가 혼인외의 자를 출생신고하는 경우에는 반드시 모(母)의 혼인관계증명서 첨부.
  - 출생자의 모의 가족관계등록부가 없거나 등록이 되어 있는지가 분명하지 아니한 사람인 경우에는 그 모가 유부녀(有夫女)가 아님을 공증하는 서면 또는 2명 이상의 인우인 보증서.

3. 자녀의 출생당시 모(母)가 한국인임을 증명하는 서면(예: 모의 기본증명서) 1통(1998. 6. 14. 이후에 외국인 부와 한국인 모 사이에 출생한 자녀의 출생신고를 하는 경우).

4. 자녀의 출생당시에 대한민국 국민인 부(父) 또는 모(母)의 가족관계등록부가 없거나 분명하지 아니한 사람인 경우 부(父) 또는 모(母)에 대한 성명, 출생연월일 등 인적사항을 밝힌 우리 나라의 관공서가 발행한 공문서 사본 1부(예: 여권, 주민등록등본, 그 밖의 증명서).

5. 자녀가 복수국적자인 경우 취득한 국적을 소명하는 자료 1부.

6. 신분확인[가족관계등록예규 제23호에 의함]
  - 신고인이 출석한 경우 : 신분증명서
  - 제출인이 출석한 경우 : 신고인의 신분증명서 사본 및 제출인의 신분증명서
  - 우편제출의 경우 : 신고인의 신분증명서 사본

(4) 출생신고서의 기재방법

1) 부모가 정한 등록기준지

출생 또는 그 밖의 사유로 처음으로 등록을 하는 경우에는 등록기준지를 정하여 신고하여야 하는데(법제10조제1항), 등록기준지는 당사자가 자유롭게 정할 수 있다(규칙제4조제2항제1호). 부 또는 모의 특별한 의사표시가 없는 때에는, 출생자가 따르는 성과 본을 가진 부 또는 모의 등록기준지가 출생자의 등록기준지가 된다(규칙제4조제2항제2호).

2) 출생자의 주소

출생자의 주소는 출생자와 동거하는 부 또는 모 등의 자(者) 중에서 세대주의 주소를 기재한다.

3) 출생자의 이름

① 인명용 한자의 범위

가족관계의 등록 등에 관한 규칙 제37조제1항이 규정하는 한자를 사용하여야 한다.

다음 출생신고의 경우에는 그 이름자가 「가족관계의 등록 등에 관한 규칙」 제37조에 규정되어 있는 한자의 범위를 벗어난 경우에도 그 신고를 수리할 수 있다(예규제109호).

가. 친자관계존부확인 등의 재판에 따른 등록부정정에 의하여 가족관계등록부가 폐쇄된 자녀에 대하여 종전의 이름과 동일한 이름을 기재하여 하는 출생신고, 다만 종전 이름의 문자가 오자(誤字)나 속자(俗字)인 경우에는 그것을 정자(正字)로 정

정한 것에 한하여 인정된다.

나. 출생후 상당한 기간(약 15년)이 경과한 자녀에 대하여 졸업증서, 면허증, 보험증서 등에 의하여 사회생활에서 널리 두루 쓰이고 있다는 것이 증명되는 이름을 기재하여 하는 출생신고

재외공관, 동사무소에서 인명용 한자의 범위를 벗어난 한자(이름자중 1자만이 이에 해당하는 경우에도 포함한다)를 이름에 사용한 출생신고서를 착오로 수리하여 등록기준지(동사무소의경우에는 소속 시·구)로 송부해 온 경우, 가족관계등록관서에서는 신고인에게 인명용 한자를 사용하도록 추후보완을 최고(권고)를 하되 이에 따르지 아니할 때에는 가족관계등록부에 출생자의 이름을 한글로 기록하여야 한다.

또한, 가족관계등록공무원이 인명용 한자의 범위를 벗어난 한자를 이름에 사용한 출생신고서가 착오로 수리되어 그대로 가족관계등록부에 기록된 것을 발견한 때에는 간이직권정정 절차(그 출생신고서류를 감독법원에 송부한 후에는 해당 신고서류를 직접 방문하거나 팩시밀리를 사용하여 확인한 후 처리)에 의하여 직권으로 그 이름을 한글로 정정하고, 그러한 뜻을 지체 없이 신고인 또는 신고사건의 본인에게 알려주어야 한다(예규제109호).

② 가족과 동일한 이름을 기재한 경우

출생자에 대한 부와 모의 가족관계증명서에 드러나는 사람과 동일한 이름을 기재한 출생신고는 이름을 특정하기 곤란한

것이므로 이를 수리해서는 안 된다(예규제109호).

③ 이름의 기재문자수의 제한

가. 이름은 그 사람을 특정하여 주는 공적인 호칭으로서 다른 사람과의 관계에서도 상당한 이해관계를 가지게 되므로 난해하거나 사용하기에 현저히 불편을 일으키는 것은 쓸 수 없다고 판단되므로 이름자가 5자(성은 포함되지 않는다)를 초과하는 문자를 기재한 출생신고는 이를 수리하지 아니한다(예규제109호).

나. 외국인 부와 한국인 모 사이에 출생한 혼인중의 자에 대하여 부의 성을 따라 외국식 이름으로 부의 나라의 신분등록부에 기재된 외국식 이름을 기재하여 출생신고를 하는 경우와 이미 가족관계등록부에 기록되어 있는 이름이나 외국인이 귀화, 국적취득 또는 국적회복으로 가족관계등록신고를 함에 있어 외국에서 종전에 사용하던 이름을 그대로 사용하고자 하는 경우에는 가. 의 규정을 적용하지 않는다(예규제109호).

④ 출생자의 성명 중 이름이 "미정"으로 신고된 경우

출생자의 성명 중 이름이 "미정"으로 신고된 경우, 출생신고서의 출생자 성명란에 "명미정"이라 기재하고 기타란에는 그 취지를 기재하여 신고할 수 있고, 추후 신고의무자의 추후보완신고에 의하여 이름을 기록할 수 있다(예규제110호).

⑤ 한글 한자 혼합사용 금지

이름에 한글과 한자(인명용 한자의 제한 범위내의 것)를 혼합하여 사용한 출생신고 등은 이를 수리해서는 안 된다(예규제

109호).

☞ 인명용 한자의 제한과 관련된 가족관계등록사무 처리지침 (예규 제111호)

1. 인명용 한자 제한의 적용범위

① 「가족관계의 등록 등에 관한 법률」제44조제3항 및 「가족관계의 등록 등에 관한 규칙」제37조에 따른 인명용 한자의 제한은 출생신고서에 기재하는 출생자의 이름에만 적용되고, 출생자의 성(성)과 본(본) 또는 출생자가 아닌 사람(부모, 신고인 등)의 이름에는 적용되지 아니한다.

② 인명용 한자의 제한은 1991. 4. 1.이후에 접수되는 출생신고에 대하여 적용된다. 1991. 3. 31.이전에 출생한 사람에 대하여 1991. 4. 1.이후에 출생신고 하는 경우에도 같다.

③ 인명용 한자의 제한은 이미 가족관계등록부에 기록된 이름이나 다른 신고서에 기재하는 이름에는 적용되지 아니한다.

④ 다음의 경우에도 인명용 한자가 아닌 한자는 사용할 수 없다.

　1. 기아발견조서에 기재하는 기아의 이름

　2. 가족관계등록창설허가서에 기재하는 가족관계등록부가 없는 사람의 이름.

　3. 1991. 4. 1. 이후에 개명(개명)하는 경우

2. 인명용 한자의 심사

① 시(구)·읍·면·동·재외공관의 장이 1991. 4. 1. 이후에 출생신고를 접수하는 때는 출생자의 이름에 사용된 한자가

인명용 한자인지의 여부를 심사하여야 한다.

② 제1항의 심사는 한자의 자체(자체)와 한글 표기가 인명용 한자표에 기재된 것인지도 조사하여야 한다.

3. 인명용 한자가 아닌 한자가 출생자의 이름에 포함된 경우의 처리

① 출생신고서를 접수할 경우에 출생자의 이름이 인명용 한자가 아닌 한자로 기재된 경우에는 신고인에게 인명용 한자를 사용하도록 권고하여야 한다.

② 제1항의 경우 신고인이 권고에 따라 출생신고서의 반려를 원하는 때에는 이를 접수하지 아니하고 반려할 수 있다.

③ 제1항의 권고를 할 수 없거나 신고인이 제1항의 권고에 따르지 아니하는 경우에는 그대로 접수하되, 출생자의 이름 중 인명용 한자가 아닌 한자에 붉은색으로 표시를 하고 그 좌측여백에 가족관계등록사무담임자가 날인한 다음, 가족관계등록부에 출생자의 이름을 한글로 기록한다.

④ 제3항의 경우에 이름에 쓰인 한자 중 1자만 인명용 한자가 아닌 경우에도 이름 전부를 한글로 기록한다.

4. 인명용 한자가 아닌 한자의 보고

① 시(구)·읍·면의 장이 제3조제3항에 따라 가족관계등록부에 출생자의 이름을 한글로 기록한 경우 출생자의 이름으로 신고된 한자로서 인명용 한자가 아닌 한자의 자체(자체)와 발음을 기재하여 다음 달 10일 까지 감독법원에 보고하여야 한다.

② 감독법원이 제1항의 보고를 받은 때에는 그 내용을 분기별로 정리하여 분기마다 다음달 20일 까지 법원행정처에 보고

하여야 한다.

■ (구)호적선례 ■ 이름은 그 사람을 특정해주는 공적인 호칭으로서 다른 사람과의 관계에서도 상당한 이해관계를 가지게 되는 것인바, 난해하거나 사용하기에 현저히 불편을 초래하는 것은 사용할 수 없다. 또한 자기의 이름은 본인 스스로 결정하는 것이고 다만 친권자가 이를 대행(대행)하는 것이라는 측면에서 볼 때, 친권자의 독특한 취향에 따라 발음이 불편하거나 통상 사용되지 아니하는 글자를 사용하여 자녀의 사회생활에 심각한 지장을 초래할 수 있는 이름으로 출생신고를 하는 경우, 이를 수리하지 아니할 수 있다. 따라서 한글체계상 'ㅍ'과 'ㅛ' 그리고 'ㅍ'을 조합하여 '푤'이라고 표기하는 것은 가능하다고 할지라도, 실제로 이러한 글자는 통상 사용되지 아니할 뿐만 아니라 그 발음도 불편하며 단지 가독적(가독적)인 기호에 불과하여, 자녀가 그러한 이름으로 사회생활을 영위할 경우 심각한 어려움을 겪을 수도 있으므로, 친권자가 자녀의 이름을 '푤'이라고 기재한 출생신고서는 수리할 수 없다(200512-1호).

4) 출생의 연원일과 시각의 기록방법

출생일시란에는 출생연월일시를 사실과 부합하도록 기록하여야 하며, 출생시각은 24시각제를 기준으로 하여 오전 12시는 12시, 오후 10시는 22시, 오후 12시는 익일 0시로 기재한다(예규제333호). 우리나라 국민이 외국에서 출생한 경우는 현지 출생연월일을 서기 및 태양력으로 기록하고 그 현지 출생시각이 서머타임이 적용된 시각인 경우에는 그에 관한 사실을 기재하여야 한다(예규제318호). 등록부에 기록할 때에도, 특정등록사항란의 "출생연월일"란에는 현지 출생연월일을 서기 및 태양력으로 기록하고, 일반등록사항란에는 현지 출생시각을 한국시각으로 환산하여 기록하여야 한다(예규제318호). 외국에서 출생한 우리나라 국민으로서 가족관계등록부상 특정등록사항란의 출생연월일이 한국시각으로 환산된 일자로 기록된 자가 현지 출생연월일로 정정하고자 하는 때에는 가족관계의 등록 등에 관한 법률 제104조에 따라 사건 본인의 등록기준지를 관할하는 가정법원에 등록부정정허가신청을 하여 그 허가를 받아야 한다(예규제318호). 출생신고서에 연월일을 "미상"으로 기재한 신고서는 수리할 수 없다(예규제333호).

5) 출생장소

① 출생의 장소는 최소 행정구역의 명칭(시·구의 '동', 읍·면의 '리') 또는 도로명주소의 '도로명'까지만 기재되어도 그 신고를 수리하여야 하고, 건물번호나 지번의 기재가 없음을 이유로 신고를 불수리할 수 없다(예규제333호).

② 항공기나 차량, 선박 등에서 출생한 때와 같이 그 장소를 특정하는 것이 곤란할 때에는, [예시] "서울발 부산행 55호 기차(그 밖의 교통기관)안 수원역과 오산역 사이 2킬로미터 지점"등과 같이 기재할 수 있다. 그러나 위 예시 중 일부를 생략한 경우에도 그 신고를 수리하여야 한다(예규제333호).

7. 출생신고서의 첨부서류

(1) 출생증명서

출생신고서에는 의사·조산사나 그 밖에 분만에 관여한 사람이 작성한 출생증명서를 첨부하여야 한다. 다만, 부득이한 사유가 있는 경우에는 그러하지 아니하다(법제44조제4항). 출생증명서를 의사나 조산사가 작성한 경우에는 그 사본을 출생신고서에 첨부하여도 된다. 다만 사본이 첨부된 출생신고서를 접수한 시(구)·읍·면의 장(동장을 포함한다)은 신고인으로 하여금 그 출생증명서 원본을 제시하도록 하여 그 내용의 부합여부를 대조 및 확인한 후 틀림이 없는 경우에는 출생증명서 사본의 적당한 여백에 아래와 같이 인증문을 기재하고 그 직명과 성명을 기재한 다음 직인을 찍어야 한다(예규제283호).

- 아　　　래 -

위 사본은 출생증명서 원본과 틀림없음을 인증합니다.

년　　　월　　　일

○○시(구)·읍·면장　○　○　○　　　|직인|

출생증명서에는 「가족관계의 등록 등에 관한 규칙」 제38

조에 정한 사실을 기재하여야 한다. 그러나 의사나 조산사가 작성한 출생증명서는 「의료법 시행규칙」 제14조가 규정하는 서식 이외에 보건복지부가 정한 양식에 의하여 작성하되 이 경우에는 「가족관계의 등록 등에 관한 규칙」 제38조에 정한 기재사항의 일부가 기재되어 있지 않은 때에도 출생신고를 수리하여야 한다(예규제97호). 의사나 조산사가 아닌 사람으로서 분만에 관여한 사람이 작성하는 출생증명서 및 출생신고 사건본인이 병원 등 의료기관에서 출생하지 않고 출생당시 분만에 관여한 사람도 없는 경우에 출생사실을 아는 사람이 작성하는 출생증명서는 별지 서식에 의한다(예규제97호, 제283호).

♣【별지 서식】

출 생 증 명 서

장 귀하

※ 아래의 작성방법을 읽고 기재하시기 바랍니다.　　　　년　월　일

① 출생자 …… ② 출생자 (쌍태아 이상 인 경우에만 기재함)	성　명	한글		한자		성별	
	일　시	년　월　일　시　분				출생순위	
	출생장소						
	성　명	한글		한자		성별	
	일　시	년　월　일　시　분				출생순위	
	출생장소						
	성　명	한글		한자		성별	
	일　시	년　월　일　시　분				출생순위	
	출생장소						
③부(父)	성　명			주민등록번호			
	등록기준지						
④모(母)	성　명			주민등록번호			
	등록기준지						
⑤증명인	성　명	(인)		주민등록번호			
	주　소			직　업			
	전화번호			관　계			
	성　명	(인)		주민등록번호			
	주　소			직　업			
	전화번호			관　계			

※ 첨부서류: 증명인 2인 각각의 인감증명서 또는 주민등록증 등 사본 1부.

※ 주의사항: 허위로 출생증명서를 작성하여 허위의 출생신고를 돕는 사람은 형
　　　　　　법 제228조제1항 공정증서원본부실기재죄(5년 이하의 징역 또
　　　　　　는 1천만원 이하의 벌금)으로 처벌받습니다.

작 성 방 법

1. ②란은 쌍태아 이상인 경우에 ①란에 이어서 출생한 순서대로 기재한다.
2. ⑤란 중의 관계란에는 "분만 관여자," "이웃사람" 등으로 기재한다.
3. 증명인이 인감증명서를 첨부할 경우에는 증명서에 인감도장을 찍어야 한다.
4. 증명인의 주민등록증 등 본인임을 확인할 수 있는 서면(여권, 공무원증, 운전 면허증 등을 포함한다)의 사본을 첨부할 경우에는

   가. 증명인은 주민등록증 등의 원본을 가지고 신고지 관할 가족관계등록관서에 출석하여 시(구)·읍·면의 장(동장을 포함한다)으로부터 본인임을 확인받아야 한다.

   나. 시(구)·읍·면의 장(동장을 포함한다)은 증명인으로부터 주민등록증등의 원본을 제시받아 본인임을 확인한 후 틀림이 없는 경우에는 주민등록증 등의 사본의 여백에 "위 사본은 원본과 틀림없음을 인증합니다" 라는 인증문을 기재하고 그 직명과 성명을 기재한 다음 직인을 찍어야 한다.

   다. 증명인은 증명서에 도장을 찍는 대신 서명을 하여도 된다.

 출생신고서에는 부득이한 사유가 있지 아니하는 한, 의사·조산사나 그밖에 분만에 관여한 사람이 작성한 출생증명서를 첨부하여야 하고, 외국에서 출생하여 이중국적자가 된 우리나라 국민의 가족관계등록부 특정등록사항란의 "출생연월일" 란에는 현지 출생시각을 한국시각으로 환산하여 그 일자를 기록하며, 일반등록사항란에 현지 출생시각을 기록하게 되어 있으므로, 미국에서 출생한 우리나라 국민의 미국 공부상 생년월일과 한국 가족관계등록부상 생년월일이 상이하게 기록되는 것을 회피할 목적은 위의 부득이한 사유에 해당되지 아니한다(200807-1호).

가. 비록 모와 자의 관계는 포태와 분만이라는 자연적 사실로써 당연히 성립하는 것이지만 갑녀와 병녀의 가족관계등록부상 갑녀와 병녀를 모자관계로 기록하기 위해서는 모자관계를 소명하는 자료를 첨부하여 가족관계등록부 존재신고를 하여야 하는바, 그 신고서에 첨부할 소명자료는 출생증명서나 중화인민공화국의 공적인 문서(친족관계공증서, 호구부 등) 또는 법원의 친생자관계존재확인의 확정판결과 같이 모자관계를 소명하는 객관적인 자료이어야 하며, 이때의 가족관계등록부 존재신고는 특종사건 종결이 아닌 가족관계등록부 연결을 위한 것이므로 연결대상자들의 등록기준지 중 어느 한 곳에 신고를 하더라도 무방하다고 할 것이다.

나. 한편, 국내의 사설기관에서 발행한 유전자검사서나 법원의 감정절차 또는 감정촉탁절차에 의한 유전자감정서는 그 유전자검사가 전제로 하는 사실이 모두 진실임이 증명되고 그 추론의 방법이 과학적으로 정당하여 오류의 가능성이 전무하거나 무시할 정도로 극소한 것으로 인정되는 경우에 한하여 혈연상의 친

자관계와 같이 특정인과 다른 특정인과의 관계를 입증할 유력한 간접증명의 방법이 될 뿐 그 자체로 특정인과 다른 특정인과의 관계를 단정할 수 있는 것은 아니므로 가족관계등록부 존재신고시 첨부할 모자관계를 소명하는 자료가 될 수 없다고 할 것이다.(출처 : 구 「국적법」(1997. 12. 13. 법률 제5431호로 전문개정되어 1998. 6. 14.부터 시행되기 전의 것) 시행 당시 중화인민공화국 국적의 갑녀가 한국인 을남과 혼인 (1998. 4. 22.)함으로써 대한민국의 국적을 취득하여 을남의 호적에 입적되었고, 그 후 중화인민공화국 국적의 병녀가 일반 귀화절차를 통해 대한민국의 국적을 취득하여(2005. 6. 21.) 귀화신고로 병녀를 호주로 한 신호적이 편제되면서 모란에 갑녀의 성명만 기재되어 있는 상태에서 2008. 1. 1.부로 가족관계등록부가 작성되어 가족관계등록부상 갑녀와 병녀가 모와 자로 연결되지 아니한 경우, 가족관계등록부 연결을 위한 가족관계등록부 존재신고시 모자관계를 소명하는 자료로 국내의 사설기관에서 발행한 유전자검사서를 첨부할 수 있는지 여부 (가족관계등록선례 200910-1 2009. 10. 06 제정)

우리나라 국민이 외국에서 출생한 경우에는 가족관계등록부상 특정등록사항란의 출생연월일란에는 현지시각을 한국시각으로 환산하여 정하여진 일자를 기록하여야 하고, 일반등록사항란의 출생사유에는 현지시각을 기록하여야 한다. 그러나 출생을 제외한 사망 등 나머지 신고사건이 외국에서 발생한 경우에는 현지시각을 신고사건의 발생시각으로 기록하여야 하며, 시(구)·읍·면의 장이 외국에서 출생한 우리나라 국민에 대한 출생신고서나 사망신고서를 접수할 때에는 그 신고서 및 증명서상에 현지시각의 기록여부를 조사하여야 하고 조사결과 이에 관한 기록이 누락되어 있는 경우에는 이를 추완하도록 신고인에게 최고(권고)한다. 이때 출생신고서에는 현지시각이 기재되어 있으나 첨부한 출생증명서에는 현지시각이 기재되어 있지 아니한 경우에 시(구)·읍·면의 장이 그 추완을 최고(권고)할 수 없거나 최고(권고)하여도 신고인이 첨부한 증명서상 현지시각을 보완할 수 없는 때에는 그 신고대로 수리하여 신고서에 기재된 현지시각에 따라 기록할 수밖에 없으나, 출생증명서뿐만 아니라 출생신고서에도 현지시각이 기재되어 있지 않은 때에는 이를 수리할 수 없다. 한편, 사망신고서와 사망증명서에 사망한 현지시각이 모두 기재되어 있지 아니한 경우, 시(구)·읍·면의 장이 그 추완을 최고(권고)할 수 없거나 최고(권고)하여도 신고인이 첨부한 증명서상 현재시각을 보완할 수 없는 때에는 이를 그대로 수리하여도 무방하다(200801-1호).

(2) 부가 혼인외의 출생자에 대한 신고로 할 경우

부가 혼인외 출생자에 대한 출생신고를 할 때에는 모의 혼인관계증명서를 제출하게 하여야 한다. 다만, 시(구)·읍·면·동·재외공관의 장이 전산정보처리조직에 의하여 그 내용을 확인할 수 있는 경우에는 그러하지 아니하다(예규제89호). 혼인외 출생자에 대한 출생신고가 있는 경우에 그 모가 가족관계등록부에 등록되어 있는지가 분명하지 아니하거나 등록되어 있지 아니한 경우에는 모에게 배우자가 없음을 증명하는 공증서면 또는 2명 이상의 인우인의 보증서를 제출케 하여야 한다(예규제98호).

(3) 출생신고서에 주민등록신고 확인서 첨부 여부

출생신고를 함에 있어서 「주민등록법」 에 따른 주민등록신고 확인서의 첨부는 필요 없다(예규제81호).

▶사례◀

기아를 취학연령까지 양육한 경우 가족관계등록방법

☞ **질문**

저는 6년 전 집 앞에 버려진 2세 된 A를 발견하여 지금까지 양육하고 있습니다. 저는 당시 미혼이었기 때문에 A에 대한 출생신고를 하지 않았고, 현재 A는 가족관계등록이 되어있지 않아 취학을 못하고 있습니다. A를 저희 가족으로 등록시키려고 하는데 어떻게 하여야 하는지요?

☞ **답변**

질문의 경우 부모를 알 수 없는 기아(棄兒)를 입양을 하고 싶다는 것인데, 기아를 입양하기 위해서는 먼저 가족관계등록부를 만든 다음 입양신고를 하여야 합니다. 기아의 가족관계등록부를 만들려면 우선 기아를 발견한 사람 또는 기아발견의 통지를 받은 경찰공무원은 24시간 이내에 그 사실을 시(구)·읍·면의 장에게 통보하고, 이 통보를 받은 시(구)·읍·면의 장은 그와 함께 있던 소지품, 발견장소, 발견연월시, 기타의 상황, 성별, 출생의 추정연월일 등을 조서에 기재하는데, 이 조서를 출생신고로 보게 되며 법원의 허가를 얻어 성과 본을 창설하고 이름과 등록기준지를 정하여 등록부에 기재함으로써 등록부를 작성하게 됩니다(가족관계의 등록 등에 관한 법률 제52조).

따라서 귀하가 보호하고 있는 어린이 A가 비록 초등학교 취학연령에 달하였다 하더라도 최초로 발견할 당시 그 연령이 2세

에 불과하였다면 甲은 성과 본을 알 수 없는 기아라고 보여지
므로, 귀하는 우선 기아발견사실을 시(구)·읍·면의 장에게
통보하여 A의 가족관계등록부를 만든 후, 입양절차를 거쳐 귀
하의 양자로 할 수 있을 것입니다.

참고로 「가족관계의 등록 등에 관한 법률」 시행으로 폐지된
구 「호적법」상의 선례도 부모를 알 수 없는 갓난아이를 발견
하여 초등학교 취학연령에 달할 때까지 양육한 후 호적을 가지
게 하는 방법에 관하여 "보호하고 있는 어린이가 초등학교 취
학연령에 달하였다 하더라도 최초로 발견할 당시 갓난아이였다
면 그 어린이는 성·본을 알 수 없는 기아라고 할 것이므로,
보호자(양육자)는 호적법 제57조에 따라 기아발견 사실을 관
할 시(구)·읍·면의 장에게 보고하여야 하고, 위 보고를 받은
시(구)·읍·면의 장이 법원의 허가를 얻어 기아의 성과 본을
창설한 후 이름과 본적을 정하여 이를 호적에 기재함으로써 그
어린이가 호적을 가질 수 있으며, 그 후 입양절차를 거쳐 보호
자(양육자)의 양자로 할 수 있을 것이다."라고 하였습니다
(1996. 3. 14. 호적선례 3-154). [법률구조공단자료. 참고만 하세요]

▶사례◀

이혼 전 출생한 혼인 외의 자(子)의 출생신고 방법

☞ 질문

甲녀는 乙남과 이혼신고 없이 사실상의 이혼으로 장기간 별거
하던 중 丙남과 사이에서 丁을 낳은 후 乙과 이혼신고하고 丙
과 재혼하였습니다. 현재까지 가족관계등록이 되어있지 않은

丁을 丙을 父로 하는 출생신고에 의해 가족관계등록부를 작성할 수 있는지요?

☞ 답변

위 사안에서 丁은 甲과 乙의 혼인 중 출생한 자이므로 법률상 乙의 친생자로 추정되기 때문에(민법 제844조 제1항), 설령 甲과 乙이 사실상 이혼으로 장기간 별거상태에 있었다고 하더라도 친생추정은 판결에 의해서만 번복될 수 있으므로 소송을 거치지 않고 출생신고에 의해 곧바로 丁을 丙의 가족관계등록부 또는 甲의 친가의가족관계등록부에 등재할 수는 없습니다.
「민법」(2005. 3. 31. 법률 제7427호로 개정되기 전의 것) 제847조는 법률상 친생추정을 받는 자(子)에 대하여는 부(父)만이 친생부인(親生否認)의 소(訴)를 제기할 수 있도록 규정하고 있었으나, 판례는 '사실상 이혼으로 장기간 별거상태'에 있어 처(妻)가 부(夫)의 (子)를 포태할 수 없음이 외관상 명백한 경우에는 친생추정이 미치지 않으므로 다른 사람도 친생자관계부존재확인소송을 제기할 수 있다고 하였습니다(대법원 1988. 5. 10. 선고 88므85 판결, 1997. 2. 25. 선고 96므1663 판결, 2000. 8. 22. 선고2000므292 판결).
그러나 위 판례와 같은 특별한 사정이 있는 경우를 제외한 일반적인 경우에 만일 부가 친생부인의 소를 제기하지 않으면 어느 누구도 친생자가 아님을 다툴 수가 없어서 혈연진실주의에 반하는 결과가 초래될 수 밖에 없는 문제점이 있어 이에 2005. 3. 31. 법률 제7427호로 개정된 「민법」 제847조에서는 친생부인의 사유가 있음을 안 날부터 2년내에 부와 처 모두에게 친생부인의 소를 제기할 수 있도록 하였습니다.
따라서 우선 甲은 법률상 남편인 乙을 丁의 父로 하는 출생신고에 의하여 가족관계등록부를 작성한 다음, 乙을 상대로 친생부인의 소를 제기하여야 합니다(가족관계의 등록 등에 관한 법률 제47조).

친생부인의 판결이 승소확정되면 확정된 날로부터 1개월 이내에 친생부인판결의 등본 및 확정증명서를 첨부하여 등록부의 정정신청을 하여야 합니다(같은 법 제107조). 정정신청에 의하여 등록부가 폐쇄된 후 丙이 丁을 자신의 친생자로 출생신고를 하여 가족관계등록부를 새로이 작성할 수 있으며, 이 경우의 출생신고는 인지(認知)의 효력이 있습니다(같은 법 제57조).

다만, 丁이 출생한 지 2년이 지났다면 甲은 친생부인의 소를 제기할 수 없으므로 친생추정이 미치지 않음을 주장하여 친생자관계부존재확인소송을 제기하여야 할 것으로 보입니다. |법률구조공단자료. 참고만 하세요|

▶사례◀
실재하지 않는 자의 출생신고 정정방법

☞ 질문

실제로 존재하지 아니하는 자의 출생신고가 수리되어 가족관계등록부에 기재된 경우 그 등록부를 정정할 수 방법은 무엇인지요?

☞ 답변

가족관계등록부 정정은 다음과 같이 몇 가지로 구분할 수 있는데, 첫째 법원의 허가에 의한 정정으로 이는 비송절차에 의한 것으로 사안이 경미하여 신분상 중대한 영향을 미치지 않을 뿐만 아니라 착오임이 명백한 경우에만 허용되며, 둘째 법원의 판결에 의한 정정으로 그 정정사항이 친족법상·상속법상 중대한 영향을 미칠 때 하며, 셋째 직권정정은 시(구)·읍·면장의 과오 등에 의한 정정으로 감독법원의 허가나 직권에 의해 정정하게 됩니다.

그리고 특례법에 의한 정정은 「재외국민의 가족관계등록창설, 가족관계등록부 정정 및 가족관계등록부 정리에 관한 특례법」에 의한 정정을 말합니다.

가족등록부 정정에 관하여 「가족관계의 등록 등에 관한 법률」 시행으로 폐지된 구 「호적법」상의 판례는 "정정하려고 하는 호적기재사항이 친족법상 또는 상속법상 중대한 영향을 미치는 것인지의 여부는 정정하려고 하는 호적기재사항과 관련된 신분관계의 존부에 관하여 직접적인 쟁송방법이 가사소송법 제2조에 규정되어 있는지의 여부를 기준으로 하여, 위 법조에 규정되어 있는 가사소송사건으로 판결을 받게 되어 있는 사항은 친족법상 또는 상속법상 중대한 영향을 미치는 것으로 보아 그와 같은 사항에 관하여는 호적법 제123조에 따라 확정판결에 의하여서만 호적정정의 신청을 할 수 있고, 가사소송법 제2조에 의하여 판결을 받을 수 없는 사항에 관한 호적기재의 정정은 호적법 제120조에 따라 법원의 허가를 얻어 정정을 신청할 수 있다고 보는 것이 상당하고, 실재하지 아니한 자의 출생신고를 수리하여 호적기재를 한 후 그 호적을 정리하는것에 관하여는 직접적인 쟁송방법이 가사소송법은 물론 다른 법률이나 대법원규칙에도 정하여진 바가 없을 뿐더러 허무인을 상대로 소를 제기하거나 허무인이 소를 제기할 수는 없는 노릇이므로, 이와 같은 사항에 관한 호적기재의 정정은 호적법 제120조에 따라서 처리할 수밖에 없다." 라고 하였습니다(대법원 1995. 4. 13.자 95스5 결정).

그리고 「가족관계의 등록 등에 관한 법률」 제104조를 보면, "등록부의 기록이 법률상 허가될 수 없는 것 또는 그 기재에 착오나 누락이 있다고 인정한 때에는 이해관계인은 사건 본인의 등록기준지를 관할하는 가정법원의 허가를 받아 등록부의 정정을 신청할 수 있다." 라고 규정하고 있습니다.

따라서 사안의 경우에도 등록기준지 관할법원에서 가족관계등록부정정허가를 받아 가족관계등록부를 정정하여야 할 것입니다. [법률구조공단자료. 참고만 하세요]

▶사례◀

이중으로 출생신고를 한 경우 처벌을 받는지 여부

☞ 질문

저는 출생 당시 부모의 출생신고로 이미 주민등록이 되어 있었으나, 그 사실을 숨기고 출생신고를 다시 하였는데 「가족관계의 등록 등에 관한 법률」상의 출생신고를 하게 된 것이 주민등록법상에서 금지하고 있는 이중출생신고를 한 것에 해당하여 처벌을 받을 수도 있는지요?

☞ 답변

「주민등록법」 제10조 제1항은 "주민은 다음 각 호의 사항을 그 거주지를 관할하는 시장·군수 또는 구청장에게 신고하여야 한다." 라고 규정하면서 성명·성별·생년월일 등의 사항에 대한 신고의무를 부과하고 있고, 같은 조 제2항은 "누구든지 제1항의 신고를 이중으로 할 수 없다."라고 규정하고 있으며, 같은 법 제14조 제1항은 "이 법에 따른 신고사항과 「가족관계의 등록 등에 관한 법률」에 따른 신고사항이 동일한 경우에는 「가족관계의 등록 등에 관한 법률」에 따른 신고로써 이 법에 따른 신고를 갈음한다."라고 규정하고 있습니다.

한편, 같은 법 제37조 제3호는 '제10조 제2항을 위반한 자나 주민등록 또는 주민등록증에 관하여 거짓의 사실을 신고 또는 신청한 자'는 3년 이하의 징역 또는 1천만원 이하의 벌금에 처하도록 하고 있습니다.

질문자의 경우 이중신고로 인한 처벌문제가 발생할 수 있는바, 이에 관하여 판례는 "주민등록법 제13조의2 제1항(현행 제14조 제1항)은 호적법(현행 가족관계의 등록 등에 관한 법률, 이하 같음)에 의한 신고사항과 주민등록법에 의한 신고사항이 동일한 경우 호적법에 의한 신고와 별도로 주민등록법에 의한 신고를 이중으로 하는 불편을 덜어주고, 호적부(현행 가족관계 등록부, 이하 같음)와 주민등록부를 관장하는 행정기관 상호간에는 통지절차를 통하여 호적부와 주민등록부의 기재내용을 일치시키고자 하는 취지의 규정으로서, 이는 호적법에 의한 신고를 한 경우에는 동일한 사항에 관하여 주민등록법에 의한 신고를 이중으로 하지 않아도 된다는 의미일 뿐, 호적법에 의한 신고를 주민등록법에 의한 신고행위와 동일시하거나 호적법에 의한 신고를 주민등록법 제10조 제2항에서 금하는 이중신고로 볼 수 있다는 규정은 아님이 분명하므로, 이미 주민등록이 되어 있는 사람이 호적법에 의한 출생신고를 하였다고 하더라도 이로써 곧 주민등록법상의 이중신고를 한 것으로 볼 수는 없다."라고 하였습니다(대법원 2006. 9. 14. 선고 2006도3398

판결).

따라서 질문자는 이중출생신고에 대하여 처벌을 받지는 않을 것으로 보입니다. [법률구조공단자료. 참고만 하세요]

▶사례◀
혼인 외의 자가 혼인 중의 자로 등재된 경우 가족관계등록 정정방법

☞ 질문

저는 남편과 사별한 후 배우자 있는 乙(처음에는 배우자 있는 사실을 몰랐음)과 사귀면서 乙과의 사이에 甲을 낳았으나, 출생신고를 못한 채 양육하여 오던 중 乙이 甲을 초등학교에 입학시킨다면서 데려가, 일방적으로 乙의 친생자로 출생신고를 하였습니다. 甲의 가족관계등록부에는 乙과 乙의 배우자인 丙이 부모로 등재되어 있는데 이 경우 乙이 동의하지 않는다면 제가 甲의 가족관계등록부에 모(母)로 등재될 수 없는지요?

☞ 답변

사안의 경우, 乙과 乙의 배우자인 丙이 甲을 친생자로 신고하였다고 하더라도 丙이 甲의 친모가 아닌 이상 친생자관계가 성립할 수 없기 때문에 친생자관계부존재확인소송을 통해서 丙이 甲의 친모가 아니라는 사실을 확인받을 수 있습니다. 다만, 乙과 丙이 甲을 입양할 의사로 친생자신고를 하였다면, 위 출생신고로 양친자관계가 성립되었는지 여부가 문제됩니다.

양친자관계를 창설한 친생자 출생신고와 관련하여 대법원은

"당사자가 양친자관계를 창설할 의사로 친생자 출생신고를 하고 거기에 입양의 실질적 요건이 모두 구비되어 있다면 그 형식에 다소 잘못이 있더라도 입양의 효력이 발생하고, 양친자관계는 파양에 의하여 해소될 수 있는 점을 제외하고는 법률적으로 친생자관계와 똑같은 내용을 갖게 되므로 이 경우의 허위의 친생자 출생신고는 법률상의 친자관계인 양친자관계를 공시하는 입양신고의 기능을 발휘하게 되는 것이지만, 여기서 입양의 실질적 요건이 구비되어 있다고 하기 위하여는 입양의 합의가 있을 것, 15세 미만자는 법정대리인의 대낙이 있을 것, 양자는 양부모의 존속 또는 연장자가 아닐 것 등 민법 제883조 각 호 소정의 입양의 무효사유가 없어야 함은 물론 감호·양육 등 양친자로서의 신분적 생활사실이 반드시 수반되어야 하는 것으로서, 입양의 의사로 친생자 출생신고를 하였다 하더라도 위와 같은 요건을 갖추지 못한 경우에는 입양신고로서의 효력이 생기지 아니한다." 라고 판시한바 있습니다(대법원 2010.3.11. 선고 2009므4099 판결).

위 사안에서 "출생신고를 못한 채 양육하여 오던 중 乙이 甲을 초등학교에 입학시킨다면서 데려갔다." 라는 귀하의 진술에 비추어 볼 때, 출생신고 당시 甲이 초등학교를 다니기 전이었고, 15세 미만자인 甲의 법정대리인인 귀하의 동의를 받지 않은 사실을 알 수 있습니다.

위 대법원의 판례에 의할 경우, 입양의 실질적 요건인 "15세 미만자는 법정대리인의 대낙이 있을 것" 이란 요건을 충족하지 못하여 위 출생신고는 입양으로서의 효력이 없다고 할 것입니다.

따라서, 귀하는 乙의 배우자인 丙과 甲을 상대로 甲과 丙 사이에는 친생자관계가 없음을 주장하여 가정법원에 친생자관계부

존재확인의 소를 제기하고, 가정법원에서 丙과 甲간에 친모자
관계가 성립되지 않는다는 판결이 내려진다면, 귀하가 시·
읍·면의 장에게 위 판결의 등본 및 확정증명서 등을 첨부하여
가족관계등록부의 정정을 신청하여 등록부상 甲의 모로 등재할
수 있을 것입니다. [법률구조공단자료. 참고만 하세요]

▶사례◀

사망한 의부의 친생자로 신고된 경우의 가족관계등록 정
정절차

☞ **질문**

저는 가족관계등록상 甲의 친자로 등재되어 있으나, 최근에 저
의 생부가 甲이 아니라 乙임을 알았습니다. 저의 어머니는 乙
과의 동거생활 중 저를 출산하여 양육하던 중 甲과 혼인하면서
저를 甲의 친생자로 출생신고 하였던 것입니다. 甲은 3년 전
사망하였고, 저는 친부(親父)인 乙의 성(姓)을 찾아 가족관계
등록부를 정정하고 싶은데 가능한지요?

☞ **답변**

가족관계등록부의 성을 정정하는 것과 관련하여 구 호적법상의
판례는 "호적상의 성을 바꾸는 것은 친족법상 또는 상속법상
중대한 영향을 미치는 호적기재사항의 정정이므로 호적법 제
123조(현행 가족관계의 등록 등에 관한 법률 제107조)에 의
하여 확정판결을 받아 정정하여야 할 것이지 법원의 허가를 얻
어 정정할 수 있는 것이 아니다." 라고 하였습니다(대법원

1992. 8. 17.자 92스13 결정).

따라서 귀하는 친생자관계부존재확인의 소를 제기해볼 수 있었으나, 「민법」 제865조 제2항에서 당사자 일방이 사망한 때에는 그 사망을 안 날로부터 2년 내에 검사를 상대로 제기하여야 한다고 규정하고 있으므로 귀하는 제소할 수 있는 기간이 이미 경과하여 위 소송은 불가능하다고 하겠습니다.

그러나 판례는 "민법 제777조 소정의 친족은 특단의 사정이 없는 한, 그와 같은 신분관계를 가졌다는 사실만으로써 당연히 친자관계존부확인의 소를 제기할 소송상의 이익이 있다." 라고 하였으며(대법원 1981. 10. 13. 선고 80므60 전원합의체 판결), "이해관계 있는 제3자가 친생자관계부존재확인을 구하는 심판청구에 있어서는 친·자 쌍방이 피심판청구인의 적격이 있다 할 것이므로 친·자 쌍방이 다 생존하고 있는 경우에는 필요적 공동소송의 경우에 해당된다." 라고 하였고(대법원 1983. 9. 15.자 83스2 결정), "친생자관계존부확인청구소송에 있어서 친·자 중의 일방이 타방을 상대로 확인청구를 하는 것이 아니고 이해관계 있는 제3자로서 확인을 청구하는 경우와 같이 친생자관계가 없음에도 불구하고 친생자관계가 있는 것처럼 호적상 기재되어 있음을 전제로 한 때에는 그 친·자 쌍방이 피청구인으로서의 적격이 있다 할 것이고 그 친·자 중의 어느 한편이 사망하였을 때에는 생존자만을 상대로 친생자관계부존재확인의 소를 제기할 수 있으며, 친·자가 모두 사망하였을 경우에는 검사를 상대로 위의 소를 제기할 수 있다." 라고 하였습니다(대법원 1971. 7. 27. 선고 71므13 판결, 1983. 3. 8. 선고 81므77 판결).

따라서 위 사안에서 甲의 「민법」 제777조 소정의 친족이 있어서 귀하를 상대로 친생자관계부존재확인의 소를 제기한다면 그 소송결과에 의하여 귀하는 가족관계등록부를 정정할 수 있을 것입니다.

또 다른 방법으로는 귀하가 생부 乙을 상대로 직접 인지청구의 소를 제기하는 방법이 있습니다. 구 호적법 시행 당시의 판례도 "호적상 타인들 사이의 친생자로 허위 등재되어 있다 하더라도 그 자는 실부모를 상대로 인지청구의 소를 제기할 수 있으며, 그 인지를 구하기 전에 먼저 호적상 부모로 기재되어 있는 사람을 상대로 친자관계부존재확인의 소를 제기하여야 하는 것이 아니다." 라고 하였습니다(대법원 1981. 12. 22. 선고 80므103 판결).

따라서 귀하는 乙을 상대로 인지청구소송을 제기하여 승소확정판결을 받아 인지신고를 하면 가족관계등록부를 정정할 수 있을 것입니다. [법률구조공단자료. 참고만 하세요]

▶판례◀

대법원 2006.9.14. 선고 2006도3398 판결

【판시사항】

이미 주민등록이 되어 있는 사람이 호적법에 의한 출생신고를 한 것이 주민등록법상 이중신고가 되는지 여부(소극)

【판결요지】

주민등록법 제13조의2 제1항은 호적법에 의한 신고사항과 주민등록법에 의한 신고사항이 동일한 경우 호적법에 의한 신고와 별도로 주민등록법에 의한 신고를 이중으로 하는 불편을 덜

어주고, 호적부와 주민등록부를 관장하는 행정기관 상호간에는 통지절차를 통하여 호적부와 주민등록부의 기재내용을 일치시키고자 하는 취지의 규정으로서, 이는 호적법에 의한 신고를 한 경우에는 동일한 사항에 관하여 주민등록법에 의한 신고를 이중으로 하지 않아도 된다는 의미일 뿐, 호적법에 의한 신고를 주민등록법에 의한 신고행위와 동일시하거나 호적법에 의한 신고를 주민등록법 제10조 제2항에서 금하는 이중신고로 볼 수 있다는 규정은 아님이 분명하므로, 이미 주민등록이 되어 있는 사람이 호적법에 의한 출생신고를 하였다고 하더라도 이로써 곧 주민등록법상의 이중신고를 한 것으로 볼 수는 없다.

제3장 인지신고

1. 인지신고인

(1) 임의인지의 신고인

임의인지신고는 창설적 신고로, 신고의무자는 없고 신고적격자가 있을 뿐이다. 임의인지는 부 또는 모가 신고적격자가 되며(민법제855조), 대리인에 의한 신고는 할 수 없다(법제31조제3항). 유언에 의한 인지는 유언집행자가 신고하여야 하고(민법제859조), 인지된 태아의 사산신고는 출생신고의무자 또는 유언집행자가 신고하여야 한다(법제60조, 예규제125호).

(2) 강제인지의 신고의무자

인지청구의 소를 제기한 자임을 원칙으로 하되 그 상대방도 신고를 할 수 있다(법제58조).

2. 신고기간

임의인지신고는 신고에 의하여 효력이 생기는 창설적 신고이므로 신고기간이 없다. 그러나 강제인지신고는 재판의 확정 또는 조정의 성립일로부터 1개월 이내에 하여야 하고, 유언에 의한 인지의 경우에는 유언집행자가 그 취임일로부터 1개월 이내에 신고하여야 한다(법제58조, 제59조).

3. 신고장소

인지신고는 인지자나 피인지자의 등록기준지 또는 신고인의 주소지나 현재지 시(구)·읍·면의 사무소에 하여야 한다.

4. 인지(친권자지정)신고서 작성방법

(1) 신고서의 기재사항

인지의 신고서에는 다음 사항을 기재하여야 한다(법제55조제1항).

1) 자녀의 성명·성별·출생연월일·주민등록번호 및 등록기준지(자가 외국인인 때에는 그 성명 성별 출생연월일 국적 및 외국인등록번호)

2) 사망한 자녀를 인지할 때에는 사망연월일, 그 직계비속의 성명·출생연월일·주민등록번호 및 등록기준지

3) 부가 인지할 때에는 모의 성명·등록기준지 및 주민등록번호

4) 인지 전의 자녀의 성과 본을 유지할 경우 그 취지와 내용

5) 「민법」 제909조제4항 또는 제5항에 따라 친권자가 정하여진 때에는 그 취지와 내용

제1항제4호 및 제5호의 경우에는 신고서에 그 내용을 증명하는 서면을 첨부하여야 한다(법제55조제2항본문). 다만, 가정

법원의 성·본 계속사용허가심판 또는 친권자를 정하는 재판이
확정된 때에는 제58조를 준용한다(법제55조제2항단서).

♣【양식 제2호】

※ 뒷면의 작성방법을 읽고 기재하시되, 선택항목은 해당번호에 "○"으로 표시하여 주시기 바랍니다.

인지(친권자지정)신고서
(년   월   일)

① 피인지자	성명	한글		본 (한자)		성별	①남 ②여
		한자					–
	등록기준지						
	주 소						
	모의성명 및 등록기준지	성 명			주민등록번호		–
		등록기준지					
② 인지자	성명	한글			주민등록 번 호		–
		한자					
	등록기준지						

③인지판결확정일자 (　　　　　)		년 월 일	법원명	법원

④ 친권자	성명		주민등록 번 호	–	피인지자 와의관계	①부 ②모
	지정 일자	년 월 일	지정 원인	① 협의 ② (　　　　)법원의 재판		
⑤ 성·본 계속사용	지정 일자	년 월 일		① 협의 ② (　　　　)법원의 재판		

⑥기타사항	

⑦ 신고인	성명		㉑ 또는 서명	주민등록번호	–
	자격	①부 ②모 ③유언집행자 ④소제기자 ⑤소의 상대방 ⑥기타(자격:　　　　)			
	주소				
	전화		이메일		
⑧제출인	성명		주민등록번호	–	

※ 타인의 서명 또는 인장을 도용하여 허위의 신고서를 제출하거나, 허위신고를 하여 가족관계
등록부에 부실의 사실을 기록하게 하는 경우에는 형법에 의하여 5년 이하의 징역 또는 1천만원
이하의 벌금에 처해집니다.

※ 등록기준지 : 각 란의 해당자가 외국인인 경우에는 그 국적을 기재합니다.
※ 주민등록번호 : 각 란의 해당자가 외국인인 경우에는 외국인등록번호(국내거소신고번호 또
　　　　　　　　 는 출생연월일)를 기재합니다.
①란 : 모의 성명 및 등록기준지란은 <u>부(父)가 인지한 경우에만</u> 기재합니다.
　　　 : 태아를 인지하는 경우: 성명(한글)란에 "임신 ○개월 중의 태아"라고 기재하되, 성명
　　　　 이 있는 경우에는 성명까지 기재합니다.
　　　 : 법 제25조제2항에 따라 주민등록번호란에 주민등록번호를 기재한 때에는 출생연월일
　　　　 의 기재를 생략할 수 있습니다.
③란 : 인지재판의 확정에 따른 인지신고의 경우에만 기재합니다.
　　　 : 조정성립, 조정에 갈음하는 결정, 화해성립이나 화해권고결정에 따른 인지신고의 경우
　　　　 에는 "인지판결확정일자"아래의( ) 안에 "조정성립", "조정에 갈음하는 결정확정"
　　　　 또는 "화해성립", "화해권고 결정확정"이라고 기재하고, "년월일"란에 그 성립(확
　　　　 정)일을 기재합니다.
④란 : 피인지자에 대한 친권자가 정하여진 경우에만 기재합니다.
　　　 : 지정일자 - 협의에 의한 경우→협의일자, 법원의 재판에 의한 경우→재판 확정일자
　　　 : 지정원인 - 법원의 재판에 의한 경우에는 ( )안에 그 재판법원명을 기재합니다.
⑥란 : 아래의 사항 및 가족관계등록부에 기록을 분명하게 하는데 특히 필요한 사항을 기재합
　　　　 니다.
　　　 - 피인지자가 성과 본을 창설한 후 부 또는 모를 알게 된 때에는 부 또는 모의 성과 본
　　　　 을 따르는 사유
　　　 - 사망한 자녀를 인지하는 경우에는 피인지자의 사망연월일, 그 직계비속의 성명, 출생연
　　　　 월일 및 등록기준지
　　　 - 금치산자가 인지를 하는 경우에는 동의자(후견인)의 성명, 서명(또는 날인) 및 주민등
　　　　 록번호
　　　 - 피인지자에게 배우자나 직계비속이 있는 경우에는 그 사람의 성명(한글·한자 병기), 생
　　　　 년월일, 부모성명, 피인지자와의 관계
　　　 - 유언인지의 경우 그 취지 및 유언집행자의 취임연월일
⑧란 : 제출자(신고인 여부 불문)의 성명 및 주민등록번호 기재[접수담당공무원은 신분증과 대
　　　　 조]

첨부서류

1. 판결등본 및 확정증명서 1통.
 - 인지판결의 확정에 따른 인지신고의 경우에만 첨부합니다.
 - 화해성립이나 조정성립에 따른 인지신고의 경우에는 그 화해조서(조정조서)등본과 송달증
   명서를 첨부합니다(조정에 갈음하는 결정 또는 화해권고결정의 경우에는 결정등본 및 확
   정증명서).
 ※ 아래 2항은 가족관계등록관서에서 전산으로 그 내용을 확인할 수 있는 경우 첨부를 생
   략합니다.
2. 피인지자의 출생당시 모(母)의 가족관계등록부의 기본증명서 및 혼인관계증명서, 가족관계
   증 명서 각 1통(피인지자의 모의 가족관계등록부가 없거나, 등록이 되어 있는지가 분명
   하지 아니한 사람인 경우에는 그 모가 피인지자의 출생당시 유부녀(有夫女)가 아니었음
   을 공증하는 서면 또는 2명 이상의 인우인보증서).
3. 친권자지정내용을 증명하는 서면 1통(다음 중 그 지정원인에 따라 해당 서면 첨부).
   : 협의에 의한 지정 - 협의서, : 법원의 결정에 의한 지정 - 친권자지정심판서등본 및 확정증
명서
4. 유언서등본(또는 유언녹음을 기재한 서면) 1통.
5. 인지자가 외국인인 경우
   - 한국 방식에 의한 인지 : 임의인지는 국적 증명 서면(여권 또는 외국인등록증) 원본
                        재판인지는 국적 증명 서면(여권 또는 외국인등록증) 사본
   - 외국 방식에 의한 인지 ; 인지증서 등본 및 국적 증명 서면(여권 또는 외국인등록증) 사본 각 1
     부
6. 법원이 성·본계속사용을 허가한 경우 - 재판서등본 및 확정증명서 각 1부.
   성·본계속사용을 부모가 협의한 경우 - 부모 중 일방이 신고할 경우에는 협의사실을 증명
   하는 서류 1부.
7. 신분확인[가족관계등록예규 제23호에 의함]
   ① 임의인지의 경우
    - 신고인이 출석한 경우 : 신분증명서
    - 신고인 불출석, 제출인 출석의 경우 : 제출인의 신분증명서 및 신고인의 신분증명서 또
      는 서명공증 또는 인감증명서(신고인의 신분증명서 없이 신고서에 신고인이 서명한
      경우 서명공증. 신고서에 인감 날인한 경우 인감증명)
    - 우편제출의 경우 : 서명공증 또는 인감증명서(신고서에 서명한 경우 서명공증, 인감을
      날인한 경우는 인감증명서)
   ② 재판상 인지의 경우
    - 신고인이 출석한 경우 : 신분증명서
    - 제출인이 출석한 경우 : 제출인의 신분증명서
    - 신분증명서 사본 : 우편으로 제출하는 경우
※ 한국인 모와 외국인 부사이의 혼인외 출생자에 대하여 한국법의 방식에 의한 인지신고를
   하는 경우에는 다음의 서면을 모두 첨부하여야 합니다.
   - 해당 인지행위의 준거법으로 선택한 법과 인지당사자와의 관련을 증명하는 서면 1통
     예 : 자녀의 가족관계등록부의 기본증명서 및 가족관계증명서 또는 현재 자녀의 상거소지
         를 증명하는 주민등록등본 등
   - 준거법 소속국의 권한 있는 기관이 발행한 인지의 성립요건구비증명서 1통
   - 부(父)의 국적 등 신분을 증명하는 서면 1통

5. 인지신고서의 첨부서류

(1) 재판의 등본, 확정증명서 또는 송달증명서

재판에 의한 강제인지의 경우에는 인지판결의 등본 및 판결확정증명서 또는 인지의 조정이 성립된 때에는 조정조서등본 및 송달증명서(조정성립일부터 1개월 경과시)를 첨부하여야 한다(법제58조).

(2) 유언서등본 또는 유언녹음녹취서등본

유언집행자가 유언에 의한 인지신고를 하는 경우에는 유언증서의 등본이나 유언녹음을 기록한 서면을 인지신고서에 첨부하여야 한다(법제59조).

제4장 입양신고

1. 입양신고인

원칙적으로 입양당사자인 양친과 양자가 신고하여야 한다. 다만 양자가 15세 미만인 때에는 「민법」 제869조에 따라 입양을 승낙한 법정대리인이 신고하여야 한다. 다만, 후견인이 입양을 승낙한 때에는 가정법원의 허가서를 첨부하여야 한다(법제62조제1항).

2. 신고장소 및 방법

입양신고는 양친, 양자의 등록기준지 또는 신고인의 주소지나 현재지 시(구)·읍·면의 사무소에 당사자 쌍방과 성년자인 증인 2인이 연서한 신고서로 하여야 한다.

3. 입양신고서의 기재사항

입양의 신고서에는 다음 사항을 기재하여야 한다(법제61조).

(1) 당사자의 성명·본·출생연월일·주민등록번호·등록기준지(당사자가 외국인인 때에는 그 성명·출생연월일·국적 및 외국인등록번호) 및 양자의 성별

(2) 양자의 친생부모의 성명·주민등록번호 및 등록기준지

4. 입양신고서의 첨부서류

(1) 입양동의서

민법 제870조, 제871조, 제873조, 제874조제2항의 규정에 의하여 입양에 대한 동의가 필요한 경우에는 입양신고서에 입양에 동의한 사실을 증명하는 서면을 첨부하여야 한다(법제32조제1항본문). 다만, 동의한 자가 입양신고서의 동의자란에 성명과 생년월일을 기재하여 그 사유를 부기하고 서명 또는 기명날인한 때에는 입양신고서에 동의서를 첨부하지 않아도 된다(법제32조제1항단서).

(2) 입양동의에 대한 허가서등본

15세 미만의 자가 입양하는 경우 후견인이 입양에 대하여 승낙하거나 양자가 될 자가 미성년자로서 부모 또는 다른 직계존속이 없어 후견인의 동의를 얻어야 하는 경우와 후견인이 피후견인을 양자로 하는 경우에는 가정법원의 허가서등본을 첨부하여야 한다(법제32조제2항, 제62조제2항,제3항).

(3) 입양당사자의 등록사항별 증명서

다만 정보처리시스템에 의하여 입양당사자의 등록부를 확인할 수 있는 경우에는 등록사항별 증명서의 첨부를 요구해서는 안 된다.

♣【양식 제4호】

<table>
<tr><td colspan="3" rowspan="2">입 양 신 고 서
(　　　년　　　월　　　일)</td><td colspan="4">※ 뒷면의 작성방법을 읽고 기재하시되, 선택항목은
해당번호에 "○"으로 표시하여 주시기 바랍니다.</td></tr>
<tr></tr>
<tr><td colspan="2">구분</td><td colspan="3">양　부</td><td colspan="2">양　모</td></tr>
<tr><td rowspan="5">①
양
친</td><td rowspan="3">성명</td><td>한글</td><td>본(한자)</td><td></td><td>한글</td><td>본(한자)</td></tr>
<tr><td>한자</td><td>출생연월일</td><td></td><td>한자</td><td>출생연월일</td></tr>
<tr><td>주민등록번호</td><td colspan="2">－</td><td>주민등록번호</td><td>－</td></tr>
<tr><td colspan="2">등록기준지</td><td colspan="4"></td></tr>
<tr><td colspan="2">주소</td><td colspan="4"></td></tr>
<tr><td rowspan="4">②
양
자</td><td rowspan="2">성명</td><td>한글</td><td>본
(한자)</td><td></td><td>주민등록번호</td><td>－</td></tr>
<tr><td>한자</td><td>성 별</td><td>①남 ②여</td><td>출생연월일</td><td></td></tr>
<tr><td colspan="2">등록기준지</td><td colspan="4"></td></tr>
<tr><td colspan="2">주 소</td><td colspan="4"></td></tr>
<tr><td colspan="2" rowspan="4">③양자의
친생부모</td><td>부</td><td>성명</td><td>등록기준지</td><td colspan="2"></td></tr>
<tr><td></td><td></td><td>주민등록번호</td><td colspan="2">－</td></tr>
<tr><td>모</td><td>성명</td><td>등록기준지</td><td colspan="2"></td></tr>
<tr><td></td><td></td><td>주민등록번호</td><td colspan="2">－</td></tr>
<tr><td colspan="2">④ 기타사항</td><td colspan="5"></td></tr>
<tr><td rowspan="4">⑤
증
인</td><td colspan="2">성 명</td><td>⑩ 또는 서명</td><td>주민등록번호</td><td colspan="2">－</td></tr>
<tr><td colspan="2">주 소</td><td colspan="4"></td></tr>
<tr><td colspan="2">성 명</td><td>⑩ 또는 서명</td><td>주민등록번호</td><td colspan="2">－</td></tr>
<tr><td colspan="2">주 소</td><td colspan="4"></td></tr>
<tr><td rowspan="5">⑥
동
의
자</td><td>부</td><td>성명</td><td colspan="3"></td><td>⑩ 또는 서명</td></tr>
<tr><td>모</td><td>성명</td><td colspan="3"></td><td>⑩ 또는 서명</td></tr>
<tr><td colspan="2">직계존속</td><td>⑩ 또는 서명</td><td>주민등록번호</td><td>－</td><td>관계 양자의</td></tr>
<tr><td colspan="2">양자의 배우자</td><td colspan="2">⑩ 또는 서명</td><td>주민등록번호</td><td>－</td></tr>
<tr><td colspan="2">후견인</td><td>⑩또는 서명</td><td>주민등록
번 호</td><td>－　허가
법원</td><td>허가
일자　년 월 일</td></tr>
<tr><td rowspan="9">⑦
신
고
인</td><td colspan="2">양 부</td><td colspan="2"></td><td>⑩ 또는 서명</td><td>전 화
이메일</td></tr>
<tr><td colspan="2">양 모</td><td colspan="2"></td><td>⑩ 또는 서명</td><td>전 화
이메일</td></tr>
<tr><td colspan="2">양 자</td><td colspan="2"></td><td>⑩ 또는 서명</td><td>전 화
이메일</td></tr>
<tr><td rowspan="6">법 정
대리인</td><td rowspan="2">①
부모</td><td>부</td><td colspan="2"></td><td>⑩ 또는 서명</td><td>전 화
이메일</td></tr>
<tr><td>모</td><td colspan="2"></td><td>⑩ 또는 서명</td><td>전 화
이메일</td></tr>
<tr><td rowspan="2">②후견인</td><td colspan="3"></td><td>⑩ 또는 서명</td><td>전 화
이메일</td></tr>
<tr><td>15세미만자의
입양승낙</td><td>허가법
원</td><td></td><td>허가일자　년 월 일</td></tr>
<tr><td colspan="6"></td></tr>
<tr><td colspan="7"></td></tr>
<tr><td colspan="2">⑧제출인</td><td>성 명</td><td colspan="2"></td><td>주민등록번호</td><td></td></tr>
</table>

※ 타인의 서명 또는 인장을 도용하여 허위의 신고서를 제출하거나, 허위신고를 하여
가족관계등록부에 부실의 사실을 기록하게 하는 경우에는 형법에 의하여 5년 이하의 징역 또는
1천만원 이하의 벌금에 처해집니다.

※ 등록기준지 : 각 란의 해당자가 외국인인 경우에는 그 국적을 기재합니다.
※ 주민등록번호 : 각 란의 해당자가 외국인인 경우에는 외국인등록번호(국내거소신고번호 또
　　　　　　　　는 출생연월일)를 기재합니다.
①란 및 ②란 : 법 제25조제2항에 따라 주민등록번호란에 주민등록번호를 기재한 때에는 출
　　　　　　　생연월일의 기재를 생략할 수 있습니다.
④란 : 아래의 사항 및 가족관계등록부에 기록을 분명하게 하는데 특히 필요한 사항을 기재
　　　합니다
　　　－양자가 될 자(만 15세 미만)의 법정대리인 또는 가정법원의 허가를 받은 후견인이 그
　　　　를 갈음하여 입양을 승낙하고 이를 신고하는 때에는 그 사유
⑥란 : 동의자란의 기재요령은 다음과 같습니다.
　　　－양자가 될 자는 부·모의 동의를 받아야 하며(다만, 가족관계등록부에 판결에 의하여 친
　　　　권이 상실된 자로 기록된 부 또는 모는 동의할 수 없습니다), 부·모가 사망 그 밖의
　　　　사유로 인하여 동의를 할 수 없는 경우에는 직계존속[최근친, 연장자(동순위인 경
　　　　우)순위로]의 동의를 받아야 합니다.
　　　－양자가 될 자가 미성년자이고, 그 미성년자에 대하여 위에서 언급한 부·모나 직계존속
　　　　이 없는 경우에는 가정법원의 허가를 받은 후견인의 동의가 있어야 합니다.
　　　－입양대락자는 입양동의자란에 기재하지 않아도 됩니다.
　　　－배우자 있는 자가 양자가 될 때에는 다른 한쪽의 동의를 받아야 합니다.
　　　－금치산자가 양자를 입양시키거나 양자가 되고자 할 때에는 후견인의 동의를 받아야 합
　　　　니다.
⑦란 : 양자란에는 양자가 될 자가 기명날인(또는 서명)하며, 다만 양자가 될 자가 15세 미만
　　　인 때에는 양자란에는 기재하지 않고 법정대리인(가정법원의 허가를 받은 후견인은
　　　허가법원과 허가일자를 기재)이 법정대리인란의 해당 항목번호에 "○"으로 표시한
　　　후 기명날인(또는 서명)합니다.
⑧란 : 제출자(신고인 여부 불문)의 성명 및 주민등록번호 기재[접수담당공무원은 신분증과 대조]

※ 아래 1항은 가족관계등록관서에서 전산으로 그 내용을 확인할 수 있는 경우에는　등록사
　항별 증명서의 첨부를 생략합니다.
1. 입양당사자의 가족관계등록부의 기본증명서, 가족관계증명서 및 입양관계증명서각 1통.
2. 입양동의서1부(입양에 대한 동의가 필요한 경우, 다만 동의한 사람이 입양신고서의 "동의
　　자"란에 성명과 주민등록번호를 기재하고 기명날인 한 때에는 제외).
3. 입양동의 또는 입양승낙에 대한 가정법원의 허가서 등본 1부(양자가 될 자가 미성년자로
　　서 부모 또는 다른 직계존속이 없어 후견인의 동의를 받아야 하는 경우, 후견인이 피후
　　견인을 양자로 하는 경우 및 후견인이 입양승낙을 하는 경우).
4. 사건본인이 외국인인 경우
　　－ 한국 방식에 의한 입양 : 국적을 증명하는 서면(여권 또는 외국인등록증) 원본
　　－ 외국 방식에 의한 입양 : 입양증서 등본 및 국적을 증명하는 서면(여권 또는 외국인등록증) 사본
　　　각 1부
5. 양자가 외국인인 경우, 그 자녀의 본국법이 해당 신분행위의 성립에 자녀 또는 제3자의
　　승낙이나 동의 등을 요건으로 하는 경우에는 그 요건을 갖추었음을 증명하는 서면.
6. 신분확인[가족관계등록예규 제351호에 의함]
　　① 일반적인 입양신고
　　　－신고인이 출석한 경우 : 신고인 모두의 신분증명서
　　　－신고인 불출석, 제출인 출석의 경우 : 제출인의 신분증명서 및 신고인 모두의 신분증
　　　　명서 또는 서명공증 또는 인감증명서(신고인의 신분증명서 없이 신고서에 신고인이
　　　　서명한 경우 서명공증, 신고서에 인감 날인한 경우는 인감증명)
　　　－우편제출의 경우 : 신고인 모두의 서명공증 또는 인감증명서(신고서에 서명한 경우 서
　　　　명공증, 인감을 날인한 경우는 인감증명서)
　　② 보고적인 입양신고(증서등본에 의한 입양 포함)
　　　－ 신고인이 출석한 경우 : 신분증명서
　　　－ 제출인이 출석한 경우 : 제출인의 신분증명서
　　　－ 우편제출의 경우 : 신고인의 신분증명서 사본
※ 양자가 15세 미만인 입양에 있어서 법정대리인의 출석 또는 신분증명서의 제시가 있거나
　인감증명서의 첨부가 있으면 신고인의 신분증명서 제시 또는 인감증명서의 첨부가 있는
　것으로 볼 수 있습니다.

5. 입양특례법에 의한 입양

(1) 제도의 취지

요보호아동의 입양(入養)에 관한 요건 및 절차 등에 대한 특례와 지원에 필요한 사항을 정함으로써 양자(養子)가 되는 아동의 권익과 복지를 증진하는 것을 목적으로 한다.

(2) 입양당사자의 자격

1) 양자될 자의 자격(동법제9조)

양자가 될 사람은 요보호아동으로서 다음 각 호의 어느 하나에 해당하는 사람이어야 한다.

① 보호자로부터 이탈된 사람으로서 특별시장·광역시장·도지사 및 특별자치도지사(이하 "시·도지사"라 한다) 또는 시장·군수·구청장(자치구의 구청장을 말한다. 이하 같다)이 부양의무자를 확인할 수 없어 「국민기초생활 보장법」에 따른 보장시설(이하 "보장시설"이라 한다)에 보호의뢰한 사람

② 부모(부모가 사망이나 그 밖의 사유로 동의할 수 없는 경우에는 다른 직계존속을 말한다) 또는 후견인이 입양에 동의하여 보장시설 또는 제20조에 따른 입양기관에 보호의뢰한 사람

③ 법원에 의하여 친권상실의 선고를 받은 사람의 자녀로서 시·도지사 또는 시장·군수·구청장이 보장시설에 보호의뢰한 사람

④ 그 밖에 부양의무자를 알 수 없는 경우로서 시·도지사 또

는 시장·군수·구청장이 보장시설에 보호의뢰한 사람

　2) 양친될 자의 자격(동법제10조)

① 양친이 될 사람은 다음 각 호의 요건을 모두 갖추어야 한다.

가. 양자를 부양하기에 충분한 재산이 있을 것

나. 양자에 대하여 종교의 자유를 인정하고 사회의 구성원으로서 그에 상응하는 양육과 교육을 할 수 있을 것

다. 양친이 될 사람이 아동학대·가정폭력·성폭력·마약 등의 범죄나 알코올 등 약물중독의 경력이 없을 것

라. 양친이 될 사람이 대한민국 국민이 아닌 경우 해당 국가의 법에 따라 양친이 될 수 있는 자격이 있을 것

마. 그 밖에 양자가 될 사람의 복지를 위하여 보건복지부령으로 정하는 필요한 요건을 갖출 것

② 양친이 될 사람은 양자가 될 아동이 복리에 반하는 직업이나 그 밖에 인권침해의 우려가 있는 직업에 종사하지 아니하도록 하여야 한다.

③ 양친이 되려는 사람은 입양의 성립 전에 입양기관 등으로부터 보건복지부령으로 정하는 소정의 교육을 마쳐야 한다.

　(3) 입양신고

　1) 입양신고인

입양의 당사자인 양친 또는 양자가 신고인이 된다(동법제15조).

2) 입양신고서의 작성방법(예규 제353호)

① 목적

이 지침은 입양특례법에 따른 입양·파양·입양취소에 관한 신고절차, 각 신고에 따른 가족관계등록부의 기록, 일반입양과의 관계, 친양자입양관계증명서의 발급요건 등에 관한 사무처리지침을 정함을 목적으로 한다.

② 입양신고

「입양특례법」 제15조에 따라 양친 또는 양자는 입양 재판의 확정일부터 1개월 이내에 재판서의 등본 및 확정증명서를 첨부하여 친양자 입양신고를 하여야 한다.

③ 양자의 가속관계등록부

가. 제 ②의 친양자 입양신고가 있는 경우 시(구)·읍·면의 장은 양자의 가족관계등록부를 폐쇄하고 양자에 대하여 가족관계등록부를 재작성하여야 한다. 이때 폐쇄되는 가족관계등록부의 양자 본인의 성명란에 "친입양" 문언이 표시되도록 하여야 한다.

나. 양자의 가족관계등록부를 재작성함에 있어서 양자의 폐쇄된 가족관계등록부의 가족관계등록부사항란 및 일반등록사항란에 기록된 사항만을 전부 이기하는 것을 원칙으로 한다. 다만, 인지, 친권, 미성년후견, 성본변경, 입양한 양부 또는 양모의 배우자가 아닌 친생부모에 관한 가족관계증명서의 정정사항의 기록은 이기하지 아니한다. 친권자지정 또는 후견인지정의 기록이 있는 경우 친권 또는 후견종료의 기록 후 이기

하지 아니한다.

다. 시(구)·읍·면의 장은 양자의 가족관계등록부의 부모란에는 양부모의 성명 등 특정등록사항을 기록하여야 하며, 친생부모란에 친생부모의 성명 등 특정등록사항을 기록하여야 한다. 또한 친생부모란은 친양자입양관계증명서에만 현출되도록 하여야 한다.

라. 제 가.에 따라 폐쇄된 양자의 가족관계등록부에 대한 등록사항별 증명서의 발급은 제15조의 요건을 충족하는 경우 이외에는 허용되지 않는다.

④ 양자의 성과 본

제 ③에 따라 양자의 가족관계등록부를 재작성함에 있어서 양자는 양부의 성과 본을 따른다. 다만, 양부모가 혼인신고시 자녀가 모의 성과 본을 따르기로 협의한 경우에는 모의 성과 본을 따른다.

⑤ 친생부모의 가족관계등록부에 대한 기록

가. 시(구)·읍·면의 장은 친생부모의 가족관계등록부의 자녀란에서 입양된 자녀를 말소하여 가족관계증명서에 현출되지 않도록 하여야 한다.

나. 제 가.의 말소사유는 일반등록사항란에 기록하되 친양자입양관계증명서에 현출되도록 하여야 한다.

⑥ 양부모의 가족관계등록부에 대한 기록

가. 시(구)·읍·면의 장은 입양을 한 양부모의 가족관계등록부

에 입양사유를 기록하고, 양자의 성명 등 특정등록사항을 기록하여 가족관계증명서에는 양자가 자녀로, 친양자입양관계증명서에는 친양자로 현출되도록 하여야 한다.

나. 입양사유는 친양자입양관계증명서에 현출되도록 하여야 한다.

⑦ 민법상 양자가 입양특례법에 따라 다시 입양된 경우

가. 「민법」 제866조부터 제882조의2까지에 따라 입양(이하 "일반입양"이라 한다)된 양자가 다시 「입양특례법」 제15조에 따라 입양이 되는 경우에는 양자의 가족관계등록부 및 일반입양을 한 양부모의 가족관계등록부에 입양종료사유를 기록하고 그 사유는 입양관계증명서의 일반등록사항란에 현출되도록 하여야 한다.

나. 「입양특례법」 제15조에 따른 입양으로 인한 입양종료사유를 기록할 때에는 일반입양을 한 양부모의 가족관계등록부의 자녀란 및 양자란에서 「입양특례법」 제15조에 따라 입양된 자녀를 말소하여 가족관계증명서에 현출되지 않도록 하여야 한다. 또한 양자의 가족관계등록부에서 친생부모와 일반입양의 양부모의 특정등록사항을 말소하고 「입양특례법」 제15조에 따른 입양의 양부모의 성명 등 특정등록사항을 기록한다.

다. 친생부모의 가족관계등록부 및 「입양특례법」 제15조에 따른 입양을 한 양부모의 가족관계등록부에 대한 기록은 ⑤와 ⑥을 따른다.

라. 일반입양된 양자가 「입양특례법」 제15조에 따라 입양이
되는 경우에 양자의 가족관계등록부는 ③과 ④에 따라 재작
성하여야 하고, 재작성시 일반입양에 관한 기록도 이기하지
아니한다.

⑧ 파양신고

「입양특례법」 제17조에 따라 파양의 재판이 확정된 경우,
소를 제기한 사람은 재판의 확정일부터 1개월 이내에 재판서
의 등본 및 확정증명서를 첨부하여 친양자 파양신고를 하여
야 한다.

⑨ 양자의 가족관계등록부에 대한 기록

가. ⑧의 친양자 파양신고가 있는 경우 시(구)·읍·면의 장은
양자의 가족관계등록부에 파양사유를 기록하고, 입양으로 인
한 양부모를 말소하고 친생부모의 성명 등 특정등록사항을
부활 기록하여야 한다. 파양사유는 친양자입양관계증명서에
현출되도록 하여야 한다.

나. 파양된 양자의 폐쇄된 가족관계등록부에 인지, 친권, 미
성년후견, 성본변경, 가족관계증명서의 친생부모의 정정사항
의 기록이 있는 경우에는 이기하여야 한다. 다만, 양자가 파
양신고 당시에 미성년인 경우에는 친권종료 및 후견종료의
기록은 이기한 후 친권자지정 및 후견개시를 다시 기록하되,
선임후견인의 경우 법원의 후견인 선임을 다시 받아야 한다.

⑩ 파양된 양자의 성과 본

친양자 파양신고에 따라 양자의 성과 본은 원래의 성과 본으

로 정정하여 기록하고, 양자에게 직계비속이나 배우자가 있는 경우에는 그 직계비속의 가족관계등록부에 성·본 변경 사유를 기록하여 기본증명서에 현출되도록 하고, 배우자의 경우에는 혼인사유에 배우자 성이 변경된 취지를 기록하여 혼인관계증명서에 현출되도록 한다.

⑪ 친생부모의 가족관계등록부에 대한 기록

⑧의 친양자 파양신고가 있는 경우 시(구)·읍·면의 장은 친생부모의 가족관계등록부에 파양사유를 기록하고 파양된 자녀의 성명 등 특정등록사항을 부활 기록하여야 하며, 파양사유는 친양자입양관계증명서에 현출되도록 하여야 한다.

⑫ 양부모의 가족관계등록부에 대한 기록

⑧의 친양자 파양신고가 있는 경우 시(구)·읍·면의 장은 입양을 한 양부모의 가족관계등록부에 파양사유를 기록하고, 파양된 양자를 말소하여 가족관계증명서에 현출되지 않도록 하여야 하고, 파양사유는 친양자입양관계증명서에 현출되도록 하여야 한다.

⑬ 일반입양의 부활

가. 종전 일반입양이 된 상태에서 「입양특례법」 제15조에 따른 입양이 이루어진 후 그 「입양특례법」 제15조에 따른 입양이 파양된 경우, 파양된 양자의 가족관계등록부의 양부모란에 일반입양의 양부모의 성명 등 특정등록사항을 부활 기록하여야 하며, 그 사유를 일반등록사항란에 기록하되 입양관계증명서에 현출되도록 하여야 한다.

나. 제 가.의 경우 일반입양의 양부모의 가족관계등록부의 양자란에도 「입양특례법」 제17조에 따라 파양된 양자의 성명 등 특정등록사항을 부활 기록하고 그 사유를 일반등록사항란에 기록하되 입양관계증명서에 현출되도록 하여야 한다.

다. 제 가.와 나.에도 불구하고 「입양특례법」 제17조에 따른 파양의 경우에 「입양특례법」 제15조에 따른 입양 전후의 양부모가 동일인인 경우에는 친생부모와의 친족관계만을 부활 기록하고 일반입양관계는 부활 기록하지 아니한다.

⑭ 준용

⑧부터 ⑬까지는 「입양특례법」 제16조에 따른 입양취소의 재판이 확정되어 친양자 입양취소신고를 하는 경우에 준용한다. 다만, ⑬의 다. 는 그러하지 아니하다.

⑮ 친양자입양관계증명서의 교부제한

친양자입양관계증명서의 발급에 관한 사무처리 절차에 대하여는「등록사항별 증명서의 발급 등에 관한 사무처리지침」 제3조를 적용한다.

⑯ 폐쇄등록부에 대한 기록

사망, 부재(실종)선고의 사유로 등록부가 폐쇄되었고 그 이후 등록부가 폐쇄된 사람의 자녀가 입양되었을 경우에는, 그 폐쇄등록부에 입양으로 자녀가 말소된 사유를 기록하여야 한다.

⑰ 재작성

입양된 자녀의 가족관계등록부의 기록사항을 이 예규와 다르게 이기한 경우 시(구)·읍·면의 장은 별지 서식에 따라 감독법원으로부터 재작성을 승인받은 후 이 예규에 따라 재작성을 하여야 한다.

⑱ 국적상실에 따른 가족관계등록부의 폐쇄

「입양특례법」 제19조 제3항에 따라 법무부장관의 국적말소 통지가 있는 경우에는 가족관계의 등록 등에 관한 법률 제98조에 따른 국적상실의 통보가 있는 것으로 보아 가족관계등록부를 폐쇄한다.

▶판례◀
대법원 2010.3.11. 선고 2009므4099 판결

【판시사항】
[1] 당사자가 입양의 의사로 친생자 출생신고를 한 경우, 입양신고로서의 효력이 발생하기 위한 요건
[2] 부(부) 을이 병을 입양의 의사로 친생자출생신고를 한 것이 아니라는 취지로 자(자) 갑이 다툰 사안에서, 민법 제884조 제3호가 규정하는 '사기 또는 강박으로 인하여 입양의 의사표시를 한 때'의 입양취소는 그 성질상 그 입양의 의사를 표시한 자에 한하여 원고 적격이 있고, 사기를 안 날 또는 강박을 면한 날로부터 3월을 경과한 때에는 그 취소를 청구하지 못하며, 입양의 취소의 효력은 기왕에 소급하지 않는바, 그 원인 사유 및 효력 등에 있어서 친생자관계존부확인의 소와는 구별되는 것이므로, 갑이 입양의 취소를 구하는 의미에서 친생자관계부존재확인을 구할 수는 없다고 한 사례

【판결요지】

[1] 당사자가 양친자관계를 창설할 의사로 친생자 출생신고를 하고 거기에 입양의 실질적 요건이 모두 구비되어 있다면 그 형식에 다소 잘못이 있더라도 입양의 효력이 발생하고, 양친자관계는 파양에 의하여 해소될 수 있는 점을 제외하고는 법률적으로 친생자관계와 똑같은 내용을 갖게 되므로 이 경우의 허위의 친생자 출생신고는 법률상의 친자관계인 양친자관계를 공시하는 입양신고의 기능을 발휘하게 되는 것이지만, 여기서 입양의 실질적 요건이 구비되어 있다고 하기 위하여는 입양의 합의가 있을 것, 15세 미만자는 법정대리인의 대낙이 있을 것, 양자는 양부모의 존속 또는 연장자가 아닐 것 등 민법 제883조 각 호 소정의 입양의 무효사유가 없어야 함은 물론 감호·양육 등 양친자로서의 신분적 생활사실이 반드시 수반되어야 하는 것으로서, 입양의 의사로 친생자 출생신고를 하였다 하더라도 위와 같은 요건을 갖추지 못한 경우에는 입양신고로서의 효력이 생기지 아니한다.

[2] 부(부) 을이 병을 입양의 의사로 친생자출생신고를 한 것이 아니라는 취지로 자(자) 갑이 다툰 사안에서, 민법 제884조 제3호가 규정하는 '사기 또는 강박으로 인하여 입양의 의사표시를 한 때'의 입양취소는 그 성질상 그 입양의 의사를 표시한 자에 한하여 원고 적격이 있고, 사기를 안 날 또는 강박을 면한 날로부터 3월을 경과한 때에는 그 취소를 청구하지 못하며(민법 제897조, 제823조), 입양의 취소의 효력은 기왕에 소급하지 않는바(민법 제897조, 제824조), 그 원인 사유 및 효력 등에 있어서 친생자관계존부확인의 소와는 구별되는 것이므로, 갑이 입양의 취소를 구하는 의미에서 친생자관계부존재확인을 구할 수는 없다고 한 사례.

제5장 친양자 입양신고

1. 친양자 입양신고

민법 제908조의2에 따라 친양자를 입양하고자 하는 사람은 친양자 입양재판의 확정일부터 1개월 이내에 재판의 등본 및 확정증명서를 첨부하여 법 제61조(입양신고 규정)의 신고를 하여야 한다(예규제137조). 이 신고서에는 재판확정일을 기재하여야 한다(법제67조).

가사소송규칙은 친양자 입양 허가의 심판이 효력을 발생한 때에는 그 재판을 한 가정법원은 지체없이 사건본인의 등록기준지의 시ㆍ읍ㆍ면의 장에게 그 뜻을 통지하도록 하고 있다(가사소송규칙제7조제1항3의2호).

♣ 【양식 제5호】

친양자입양신고서
(년 월 일)

※ 아래의 작성방법을 읽고 기재하시되, 선택항목은 해당번호에 "○"으로 표시하여 주시기 바랍니다.

구 분		양 부				양 모		
① 양 친	성명	한글		본(한자)		한글		본(한자)
		한자		출생연월일		한자		출생연월일
		주민등록번호		-		주민등록번호		-
	등록기준지							
	주소							
② 친양자	성명	한글		본(한자)		주민등록번호		-
		한자		성 별	①남 ②여	출생연월일		
	등록기준지							
	주 소							
	종전의성(姓)	한글		한자	종전의본(本)	한글		한자
	변경된성(姓)	한글		한자	변경된본(本)	한글		한자
③ 친양자의 친생부모	부	성명		등록기준지				
				주민등록번호		-		
	모	성명		등록기준지				
				주민등록번호		-		
④ 기타사항								
⑤ 재판확정일자		년 월 일			법원명			
⑥ 신고인	성 명			⑩ 또는 서명	주민등록번호		-	
	자 격	①소 제기자 ②소의 상대방 ③기타(자격 :)						
	주 소							
	전 화				이메일			
⑦ 제출인	성 명				주민등록번호		-	

작 성 방 법

※ 이 신고서는 「민법」 제908조의2에 따른 친양자 입양의 재판 또는 「입양특례법」 제15조에 따른 입양의 재판이 확정되어 친양자 입양신고를 하는 경우에 작성하여야 합니다.
※ 등록기준지 : 각 란의 해당자가 외국인인 경우에는 그 국적을 기재합니다.
※ 주민등록번호 : 각 란의 해당자가 외국인인 경우에는 외국인등록번호(국내거소신고번호 또는 출생연월일)를 기재합니다.
①란 및 ②란 : 법 제25조제2항에 따라 주민등록번호란에 주민등록번호를 기재한 때에는 출생연월일의 기재를 생략할 수 있습니다.
④란 : 가족관계등록부에 기록을 분명하게 하는데 특히 필요한 사항을 기재하며 혼인신고시 자녀가 모의 성·본을 따르기로 협의하였는지 여부도 기재합니다.
⑥란 : 친양자입양의 재판이 확정된 경우에는 소 제기자 또는 소의 상대방 단독으로 신고할 수 있습니다. 이 경우에는 해당 항목번호에 "○"으로 표시한 후 기명날인(또는 서명)합니다.
⑦란 : 제출자(신고인 여부 불문)의 성명 및 주민등록번호 기재[접수담당공무원은 신분증과 대조]

첨 부 서 류

※ 아래 1항은 가족관계등록관서에서 전산으로 그 내용을 확인할 수 있는 경우 첨부를 생략합니다.
1. 친양자입양당사자의 가족관계등록부의 기본증명서, 가족관계증명서 각 1통.
2. 친양자 입양재판의 등본 및 확정증명서 각 1통.
3. 사건본인이 외국인인 경우 : 국적을 증명하는 서면(여권 또는 외국인등록증) 사본
4. 신분확인[가족관계등록예규 제351호에 의함]
 - 신고인이 출석한 경우 : 신분증명서
 - 제출인이 출석한 경우 : 제출인의 신분증명서
 - 우편제출의 경우 : 신고인의 신분증명서 사본

※ 타인의 서명 또는 인장을 도용하여 허위의 신고서를 제출하거나, 허위신고를 하여 가족관계
등록부에 부실의 사실을 기록하게 하는 경우에는 형법에 의하여 5년 이하의 징역 또는 1천만원
이하의 벌금에 처해집니다.

제6장 혼인신고

1. 혼인신고절차 및 방법

(1) 혼인신고의 방식

혼인신고는 당사자 쌍방과 성년자인 증인 2인의 연서한 서면에 의하거나(민법제812조제2항), 말로 신고할 수도 있다(법제31조제1항). 말로써 혼인신고를 하는 경우에는 신고인이 시·읍·면사무소에 출석하여 신고서에 기록하여야 할 사항을 진술하여야 하고 시·읍·면의 장은 신고인의 진술 및 신고연월일을 기록하여 신고인에게 읽어 들려주고 신고인으로 하여금 그 서면에 서명하거나 기명날인하게 하여야 한다(법제31조제2항). 혼인할 수 있는 나이에 도달한 미성년자는 자신이 혼인신고를 할 수 있다(예규제140호).

혼인당사자의 생존 중에 우송한 혼인신고서는 그 사망 후라도 시·읍·면의 장은 수리하여야 하며, 이때에는 신고인의 사망시에 신고한 것으로 본다(법제41조). 혼인신고는 남편이나 처의 등록기준지 또는 주소지나 현재지 시·읍·면의 사무소에 하여야 하고 출생 및 사망신고의 경우와 같이 신고사건 본인의 주민등록지의 동을 경유하여 신고할 수 없다(법제21조). 외국에 있는 우리나라 국민 사이의 혼인은 그 외국에 주재하는 재외공관의 장에게 신고할 수 있다(법제34조). 그리고 거주하는 외국의 방식에 따라 그 나라의 권한 있는 기관에 신고하여 혼인신고에 관한 증서를 작성한 경우에는 3개월 이내에 그 지역을 관할하는 재외공관의 장에게 그 증서의 등본을 제출하여야 하고, 그 지역에 재외공관이 없는 때에는 3개월 이내에 등록기준지의 시·읍·면의 장에게 직접 발송하여야 한다(법제35조제1항,제2항). 그리고 재외공관의 장은 신고서류를 수리한 때에는 1개월 이내에 외교통상부장관을 경유하여 본인의 등록기준지 시·읍·면의 장에게 송부하여야 한다(법제36조).

(2) 혼인신고서의 기재사항

혼인의 신고서에는 다음 사항을 기재하여야 한다. 다만, 제3호의 경우에는 혼인당사자의 협의서를 첨부하여야 한다(법제71조).

1) 당사자의 성명·본·출생연월일·주민등록번호 및 등록기준지(당사자가 외국인인 때에는 그 성명·출생연월일·국적 및 외국인등록번호)

2) 당사자의 부모와 양부모의 성명·등록기준지 및 주민등록번호

3) 「민법」 제781조제1항 단서에 따른 협의가 있는 경우 그 사실

4) 「민법」 제809조제1항에 따른 근친혼에 해당되지 아니한다는 사실

(3) 신고의 수리

혼인신고는 시·읍·면의 장이나 외국에서 혼인신고를 받은 대사·공사·영사 등이 수리함으로써 완료된다. 시·읍·

면의 장 등은 그 혼인이 민법 제807조 내지 811조 및 812
조제2항의 요건을 갖추고 기타 법령에 위반함이 없으면 혼인
신고를 수리하여야 한다(민법제813조). 혼인신고서에 증인의
연서(連署)가 없는 경우에는 수리를 거부하여야 하지만 이에
위반하였다 하여도 민법상 혼인무효 또는 취소사유에 해당되
지 아니하므로 잘못하여 수리된 경우에는 혼인은 유효하게
성립한다(예규제144호). 그리고 당사자 일방 또는 동의권자의
서명날인이 빠졌거나 권한 없이 작성된 혼인신고서가 수리된
때에 당사자의 혼인신고 의사 및 동의가 있었음이 인정되는
경우에는 그 혼인은 유효하게 성립된다(예규제149호).

또한 혼인당사자의 성(姓)과 그 부모의 성(姓)이 다른 신
고는 가족관계등록부에 착오 있음이 명확할지라도 당사자가
스스로 정정하지 아니하는 한, 그 혼인신고서를 수리하고 가
족관계등록부에 기록하여야 한다(예규제146호). 혼인신고서에
첨부한 처의 등록사항별 증명서에 본의 기록이 없어도 신고
서에 본을 기재한 때에는 이를 수리하여야 하지만 그 본의
기록은 할 수 없다(예규제148호).

2. 사실상혼인관계존재확인의 재판·조정에 의한 혼인신고

사실상 혼인관계를 유지하면서도 당사자중 일방이 혼인신
고에 응하지 아니하는 경우에는 사실상혼인관계존재확인의
판결이나 조정조서에 의하여 소를 제기한 사람은 재판의 확
정일부터 1개월 이내에 재판서의 등본 및 확정증명서를 첨부
하여 혼인신고를 하여야 한다(법제72조).

3. 혼인신고서의 첨부서류

(1) 혼인당사자의 협의서

민법 제781조제1항 단서에 따른 협의(자녀의 성과 본을 모의 성과 본을 따르기로 하는 협의)가 있는 경우 그 사실을 혼인신고서에 기재하여야 하고, 이 경우 혼인당사자의 협의서를 첨부하여야 한다(법제71조).

(2) 혼인동의서

혼인당사자가 미성년자이거나 금치산자인 때에는 부모 또는 후견인이나 친족회의 동의를 요하므로(민법제808조), 혼인신고서의 기타사항란에 동의자가 동의의 취지와 주소 및 성명을 기록함과 동시에 서명하거나 기명날인한 경우를 제외하고는 혼인신고서에 동의서를 첨부하여야 한다(법제32조). 그러나 친족회가 동의를 하는 경우에는 친족회의 결의록을 첨부하여야 한다(법제32조단서).

(3) 혼인당사자의 등록사항별 증명서

혼인당사자의 등록사항별 증명서(기본증명서, 혼인관계증명서, 가족관계증명서 각 1통)는 각자의 혼인성립의 실질적 요건의 구비 여부를 심사하는 서면으로서 혼인신고서에 첨부하여야 한다. 그러나 등록관서에서 전산으로 그 내용을 확인할 수 있는 경우 증명서 첨부를 요구해서는 안 된다.

(4) 재판서등본 및 확정증명서

사실상혼인관계존재확인의 재판에 의한 혼인신고서에는 그

재판서의 등본 및 확정증명서를 첨부하여야 한다(법제72조).

사실상혼인관계존재확인의 조정이 성립된 경우에는 조정조서의 등본(조정성립일부터 1개월 경과 시 송달증명서 포함)을 첨부한다(예규제309호).

♣ 【양식 제10호】

혼인신고서 (년 월 일)

※ 뒷면의 작성방법을 읽고 기재하시되, 선택항목은 해당번호에 "○"으로 표시하여 주시기 바랍니다.

구 분			남 편(부)		아 내(처)	
① 혼인당사자 (신고인)	성명	한글		㉑ 또는 서명		㉑ 또는 서명
		한자				
	본(한자)		전화		본(한자)	전
	출생연월일					
	주민등록번호		-		-	
	등록기준지					
	주소					
② 부모 (양부모)	부 성명					
	주민등록번호		-		-	
	등록기준지					
	모 성명					
	주민등록번호		-		-	
	등록기준지					
③직전혼인해소일자			년 월 일		년 월 일	
④외국방식에 의한 혼인성립일자			년 월 일			
⑤성·본의 협의			자녀의 성·본을 모의 성·본으로 하는 협의를 하였습니까? 예□아니오□			
⑥근친혼 여부			혼인당사자들이 8촌이내의 혈족사이에 해당됩니까? 예□아니오□			
⑦기타사항						
⑧ 증인	성 명			㉑ 또는 서명	주민등록번호	-
	주 소					
	성 명			㉑ 또는 서명	주민등록번호	-
	주 소					

⑨ 동의자	남편	부	성명		㉑ 또는 서명	후견인	성명		㉑ 또는 서명
		모	성명		㉑ 또는 서명		주민등록번호		
	아내	부	성명		㉑ 또는 서명		성명		㉑ 또는 서명
		모	성명		㉑ 또는 서명		주민등록번호		

⑩제출인	성 명		주민등록번호	-

※ 타인의 서명 또는 인장을 도용하여 허위의 신고서를 제출하거나, 허위신고를 하여 가족관계 등록부에 부실의 사실을 기록하게 하는 경우에는 형법에 의하여 5년 이하의 징역 또는 1천

만원 이하의 벌금에 처해집니다.

※ 다음은 국가의 인구정책 수립에 필요한 자료로 통계법」 제32조 및 제33조에 따라 성실응답 의무가 있
으며 개인의 비밀사항이 철저히 보호되므로 사실대로 기입하여 주시기 바랍니다.

⑪실제결혼생활시작일		년 월 일부터 동거		
⑫국적	남편	①대한민국(출생 시 국적취득) ②대한민국(귀화·수반포함)인지 국적취득. 이전국적:] ③외국( )	처	①대한민국(출생 시 국적취득) ②대한민국(귀화·수반포함)인지 국적취득. 이전국적:] ③외국( )
⑬혼인종류	남편	①초혼 ②사별 후 재혼 ③이혼 후 재혼	처	①초혼 ②사별 후 재혼 ③이혼 후 재혼
⑭최종졸업학교	남편	①무학 ②초등학교 ③중학교 ④고등학교⑤대학(교)⑥대학원 이상	처	①무학 ②초등학교 ③중학교 ④고등학교⑤대학(교)⑥대학원 이상
⑮직업	남편	①관리자　②전문가 및 관련종사자 ③사무종사자④서비스종사자⑤판매종사자 ⑥농림어업 숙련 종사자 ⑦기능원 및 관련 기능 종사자 ⑧장치·기계 조작 및 조립 종사자 ⑨단순노무 종사자 ⑩학생　⑪가사　⑫군인　⑬무직	처	①관리자　②전문가 및 관련종사자 ③사무종사자④서비스종사자⑤판매종사자 ⑥농림어업 숙련 종사자 ⑦기능원 및 관련 기능 종사자 ⑧장치·기계 조작 및 조립 종사자 ⑨단순노무 종사자 ⑩학생　⑪가사　⑫군인　⑬무직

작 성 방 법

※ 등록기준지 : 각 란의 해당자가 외국인인 경우에는 그 국적을 기재합니다.

※ 주민등록번호 : 각 란의 해당자가 외국인인 경우에는 외국인등록번호(국내거소신고번호 또는 출생연월일)를 기재합니다.

※ ①,②란 및 ⑥,⑦,⑧,⑨,⑩,⑪,⑫,⑬,⑭란은 신고인 모두가 기재하며, 나머지 란(③,④,⑤)은 해당되는 사람만 기재합니다.

※ 주민등록전입신고는 본 가족관계등록신고와는 따로 하여야 합니다.

②란 : 혼인당사자가 양자인 경우 양부모의 인적사항을 기재합니다.

③란 : 이혼 또는 혼인취소가 있었던 사람의 경우 그 일자를 기재합니다.

④란 : 외국방식에 의한 혼인증서등본제출의 경우 혼인성립일을 기재합니다.

⑤란 : 「민법」제781조제1항의 단서에 따라 자녀의 성·본을 모의 성·본으로 하는 협의가 있는 경우에는 그러한 사실을 표시합니다.

⑥란 : 혼인당사자들이 「민법」제809조제1항에 따른 근친혼에 해당되지 아니한다는 사실[8촌 이내의 혈족(친양자의 입양전의 혈족을 포함한다)]을 표시합니다.

⑦란 : 아래의 사항 및 가족관계등록부에 기록을 분명하게 하는데 특히 필요한 사항을 기재합니다.(기재란이 부족한 경우에는 별지를 붙여서 추가 기재할 수 있습니다)
  - 사실상혼인관계확인판결에 의한 혼인신고의 경우에는 판결법원 및 확정일자

⑧란 : 승인은 성년자이어야 합니다.

⑨란 : 미성년자 또는 금치산자가 혼인하는 경우에 동의내용을 기재합니다.

⑩란 : 제출자(신고인 여부 불문)의 성명 및 주민등록번호 기재[접수담당공무원은 신분증과 대조]

⑪란 : 결혼일자와 관계없이 실제 부부가 결혼(동거)생활을 시작한 날을 기입합니다.

⑭란 : 교육과학기술부장관이 인정하는 모든 정규교육기관을 기준으로 기재하되 각급 학교의 재학 또는 중퇴자는 최종 졸업한 학교의 해당번호에 "○"으로 표시합니다.
  <예시> 대학교 3학년 재학(중퇴) → 고등학교에 ○표시

⑮란 : 결혼할 당시의 주된 직업을 기준으로 기재합니다.

---

1 관리자 : 정부, 기업, 단체 또는 그 내부 부서의 정책과 활동을 기획, 지휘 및 조정(공공 및 기업고위직 등)

2 전문가 및 관련종사자 : 전문지식을 활용한 기술적 업무(과학, 의료, 교육, 종교, 법률, 금융, 예술, 스포츠 등)

3 사무종사자 : 관리자, 전문가 및 관련 종사자를 보조하여 업무 추진(경영, 보험, 감사, 상담안내통계 등)

4 서비스종사자 : 공공안전, 신변보호, 의료보조, 미용, 혼례 및 장례, 운송, 여가, 조리와 관련된 업무

5 판매종사자 : 영업활동을 통해 상품이나 서비스판매(인터넷, 상점, 공공장소 등), 상품의 광고홍보 등

6 농림어업 숙련 종사자 : 작물의 재배·수확, 동물의 번식사육, 산림의 경작 및 개발, 수생 동·식물 번식 및 양식 등

7 기능원 및 관련 기능 종사자 : 광업, 제조업, 건설업에서 손과 수공구를 사용하여 기계 설치 및 정비, 제품 가공

8 장치·기계 조작 및 조립 종사자 : 기계를 조작하여 제품 생산조립, 컴퓨터에 의한 기계제어, 운송장비의 운전 등

9 단순노무 종사자 : 주로 간단한 수공구의 사용과 단순하고 일상적이며 육체적 노력이 요구되는 업무

11 가사 : 전업주부 등   12 군인 : 의무복무 중인 장교 및 사병 제외, 직업군인 해당   13 무직 : 특정한 직업이 없음

※ 아래 1항은 가족관계등록관서에서 전산으로 그 내용을 확인할 수 있는 경우 첨부를 생략합니다.

1. 혼인 당사자의 가족관계등록부의 기본증명서, 혼인관계증명서, 가족관계증명서 각1통.

2. 혼인동의서[미성년자 또는 금치산자의 혼인의 경우 신고서 동의란에 기재하고 서명(또는 날인)한 경우는 예외] 1부.

3. 사실혼관계존재확인의 재판에 의한 혼인신고의 경우 그 재판서의 등본과 확정증명서 각 1부[조정, 화해성립의 경우 조정(화해)조서 및 송달증명서 각 1부].

4. 혼인신고특례법에 의한 혼인의 경우 심판서의 등본 및 확정증명서 1부.

5. 사건본인이 외국인인 경우
 - 한국방식에 의한 혼인의 경우 : 외국인의 혼인성립요건구비증명서(중국인인 경우 미혼증명서) 및 국적을 증명하는 서면(여권 또는 외국인등록증) 원본 각 1부.
 - 외국 방식에 의해 혼인한 경우 : 혼인증서등본 및 국적을 증명하는 서면(여권 또는 외국인등록증) 사본 각 1부.

6. 「민법」 제781조제1항의 단서에 따라 자녀의 성·본을 모의 성·본으로 하는 협의를 한 경우에는 협의사실을 증명하는 혼인당사자의 협의서 1부.

7. 신분확인[가족관계등록예규 제23호에 의함]
 ① 일반적인 혼인신고
  - 신고인이 출석한 경우 : 신고인 모두의 신분증명서
  - 신고인 불출석, 제출인 출석의 경우 : 제출인의 신분증명서 및 신고인 모두의 신분증명서 또는 서명공증 또는 인감증명서(신고인의 신분증명서 없이 신고서에 신고인이 서명한 경우 서명공증, 신고서에 인감 날인한 경우 인감증명)
  - 우편제출의 경우 : 신고인 모두의 서명공증 또는 인감증명서(신고서에 서명한 경우 서명공증, 인감을 날인한 경우는 인감증명서)
 ② 보고적인 혼인신고(증서등본에 의한 혼인신고)
  - 신고인이 출석한 경우 : 신분증명서
  - 제출인이 출석한 경우 : 제출인의 신분증명서
  - 우편제출의 경우 : 신고인의 신분증명서 사본
※ 사실혼관계존재확인의 확정판결에 의한 혼인신고의 경우에는 출석한 신고인(사건본인들 중 일방)의 신분확인으로 불출석한 신고인의 신분확인에 갈음할 수 있습니다.

제7장 이혼신고

1. 성립요건

(1) 가정법원의 협의이혼의사의 확인

1) 의 의

협의이혼은 가정법원의 확인을 받아 법에 정하는 바에 의하여 신고함으로써 그 효력이 생긴다(민법제836조). 따라서 협의이혼을 하고자 하는 사람이 가정법원으로부터 확인서등본을 교부 또는 송달받은 날부터 3개월 이내에 그 등본을 첨부하여 행하여야 하다(법제75조제2항). 확인서등본을 교부 또는 송달받은 날부터 3개월이 경과한 때에는 그 가정법원의 확인은 효력을 상실한다(법제75조제3항).

2) 관할 법원

등록기준지 또는 주소지를 관할하는 가정법원(지원)이나 시·군법원의 확인을 받아 신고하여야 한다(법제75조제1항, 법원조직법제34조제1항제4호). 부부 쌍방의 주소지가 서로 다른 경우에는 각 주소지를 관할하는 가정법원이 관할법원이 된다 할 것이며, 당사자 쌍방이 재외국민인 경우에는 그 확인은 서울가정법원의 관할로 한다(법제75조제1항).

3) 신청인

협의이혼당사자인 부(夫)와 처(妻)이며, 대리인에 의한 신청은 허용되지 않는다. 또 협의상 이혼을 하려는 부부는 두 사람이 함께 등록기준지 또는 주소지를 관할하는 가정법원에 출석하여 협의이혼의사확인신청서를 제출하고 이혼에 관한 안내를 받아야 한다(규칙제73조제1항). 부부 중 한쪽이 재외국민이거나 수감자로서 출석하기 어려운 경우에는 다른 쪽이 출석하여 협의이혼의사확인신청서를 제출하고 이혼에 관한 안내를 받아야 하며, 재외국민이나 수감자로서 출석이 어려운 자는 서면으로 안내를 받을 수 있다(규칙제73조제2항).

   4) 신청방법

서면(협의이혼의사확인신청서)으로만 하여야 한다(규칙제73조제1항). 협의이혼의사확인신청서에는 다음 각 호의 사항을 기재하고 이혼하고자 하는 부부가 공동으로 서명 또는 기명날인하여야 한다(규칙제73조제3항).

① 당사자의 성명·등록기준지(외국인인 경우에는 국적을 말한다)·주소 및 주민등록번호

② 신청의 취지 및 연월일

협의이혼의사확인신청서에는 부부 양쪽의 가족관계증명서와 혼인관계증명서 각 1통을 첨부하여야 한다. 또한 미성년인 자녀(포태중인 자를 포함하되, 이혼에 관한 안내를 받은 날부터 「민법」 제836조의2제2항 또는 제3항에서 정한 기간 이내에 성년에 도달하는 자녀는 제외한다)가 있는 경우 그 자녀의 양육과 친권자결정에 관한 협의서 1통과 그 사본 2통 또는 가정법원의 심판정본 및 확정증명서 각 3통을 제출하여야 한다(규칙제73조제4항).

가정법원은 전문상담인을 상담위원으로 위촉하여 「민법」 제836조의2제1항의 상담을 담당하게 할 수 있고, 상담위원의 일당 및 수당은 매년 대법관회의에서 이를 정하여 국고 등에서 지급할 수 있다(규칙제73조제5항).

　5) 이혼숙려기간 도입 및 양육사항과 친권자결정 의무화

2007. 12. 21. 공포된 민법일부개정법률(법률제8720호)은 이혼숙려기간을 도입하여 신중하지 아니한 이혼을 방지하고자 하였고, 협의이혼시 자녀 양육사항 및 친권자 결정을 의무화하여 이혼가정 자녀의 양육환경을 향상시키고자 하였다. 이러한 개정규정은 2008년 6월 22일부터 시행되었다(민법부칙제1조).

① 이혼숙려기간 도입(민법 제836조의2제1항~제3항)

가. 협의상 이혼을 하려는 자는 가정법원이 제공하는 이혼에 관한 안내를 받아야 하고, 가정법원은 필요한 경우 당사자에게 상담에 관하여 전문적인 지식과 경험을 갖춘 전문상담인의 상담을 받을 것을 권고할 수 있다.

나. 가정법원에 이혼의사의 확인을 신청한 당사자는 위 안내를 받은 날부터 다음 각 호의 기간이 지난 후에 이혼의사의 확인을 받을 수 있다.

(ㄱ) 양육하여야 할 자(포태 중인 자를 포함한다.)가 있는 경우에는 3개월

(ㄴ) 위 (ㄱ) 에 해당하지 아니하는 경우에는 1개월

다. 가정법원은 폭력으로 인하여 당사자 일방에게 참을 수 없는 고통이 예상되는 등 이혼을 하여야 할 급박한 사정이 있는 경우에는 위 기간을 단축 또는 면제할 수 있다.

② 자녀 양육사항 및 친권자 결정 의무화(민법 제836조의2제4항)

가. 양육하여야 할 자가 있는 경우 당사자는 제837조에 따른 자(子)의 양육과 제909조제4항에 따른 자(子)의 친권자결정에 관한 협의서 또는 제837조 및 제909조제4항에 따른 가정법원의 심판정본을 제출하여야 한다(민법 제836조의2제4항).

나. 위 자(子)의 양육에 관한 협의는, 양육자의 결정, 양육비용의 부담, 면접교섭권의 행사 여부 및 그 방법에 관한 사항을 포함하여야 하며, 위 협의가 자(子)의 복리에 반하는 경우에는 가정법원은 보정을 명하거나 직권으로 그 자(子)의 의사(意思)·연령과 부모의 재산상황, 그 밖의 사정을 참작하여 양육에 필요한 사항을 정한다. 만약, 협의가 이루어지지 아니하거나 협의할 수 없는 때에는 가정법원은 직권으로 또는 당사자의 청구에 따라 양육에 관하여 결정하며, 자(子)의 복리를 위하여 필요하다고 인정하는 경우에는 부·모·자(子) 및 검사의 청구 또는 직권으로 자(子)의 양육에 관한 사항을 변경하거나 다른 적당한 처분을 할 수 있다(민법제837조).

6) 양육비부담조서제도 시행

가정법원은 당사자가 협의한 양육비부담에 관한 내용을 확인하는 양육비부담조서를 작성하여야 한다. 이 경우 양육비부담조서는 집행권원이 된다(민법 제836조의2).

　7) 협의이혼의사확인 절차(규칙 제73조~78조, 예규 341호)

① 확인기일의 지정

협의이혼의사확인신청사건의 담당자인 법원서기관, 법원사무관, 법원주사, 법원주사보(다음부터 "법원사무관 등"이라 한다)는 매달 20일경 담당판사로부터 그 다음 달 실시할 협의이혼의사확인의 기일을 협의이혼의사확인기일지정부(별지 제1호 서식)에 미리 지정받아야 한다. 부부 사이에 미성년인 자녀(포태 중인 자 포함)가 있는 경우 확인기일의 지정은 「민법」 제836조의2제2항제1호를 준수하되, 이혼에 관한 안내를 받은 날이 미성년인 자녀가 성년 도달 전 1개월 이내에 해당하는 경우 1개월이 지난 후로 확인기일을 지정하고, 성년 도달 전 1개월 후부터 3개월 이내 사이에 해당하는 경우 성년에 달한 날 이후로 확인기일을 지정하며, 기일지정을 하는 때에 담당 판사는 이러한 기일지정기준을 확인하여야 한다.

② 신청서의 제출

가. 협의이혼을 하려는 부부는 각자의 등록기준지 또는 주소지 관할 가정법원에 함께 출석하여 협의이혼의사확인신청서(별지 제2호 서식)를 제출하여야 한다. 다만, 부부 중 일방이 재외국민이거나 수감자로서 출석하기 어려운 경우에는 다른 일방이 출석하여 제출할 수 있다.

나. 위 가.의 신청서에는 남편의 가족관계증명서와 혼인관계

증명서 각 1통, 처의 가족관계증명서와 혼인관계증명서 각 1통을 첨부하여야 한다. 주소지 관할 가정법원에 신청서를 제출하는 경우에는 그 관할을 증명할 수 있는 주민등록표등본 1통도 첨부하여야 한다.

다. 미성년인 자녀(포태 중인 자를 포함하되, 이혼에 관한 안내를 받은 날부터 「민법」 제836조의2제2항 또는 제3항에서 정한 기간 이내에 성년에 도달하는 자녀는 제외한다. 이하 같다)가 있는 부부는 미성년인 자녀의 양육과 친권자결정에 관한 협의서(별지 제3호 서식) 1통과 그 사본 2통 또는 심판정본 및 확정증명서 각 3통을 제출하여야 한다. 부부가 함께 출석하여 신청을 하고 이혼에 관한 안내를 받은 경우 협의서는 확인기일 1개월 전까지 제출할 수 있고, 심판정본 및 확정증명서는 확인기일까지 제출할 수 있다.

라. 제 가.항 단서의 경우 그 신청서에 재외국민 또는 수감자인 당사자에 대한 관할 재외공관 또는 교도소(구치소)의 명칭과 소재지를 기재하고, 나.항 및 다.항의 첨부서면 외에 재외국민등록부등본이나 수용증명서 등 그에 관한 소명자료 1통을 첨부하여야 하며, 송달료 2회분 상당액(촉탁서, 재외국민 또는 수감자인 당사자에 대한 확인서등본 또는 불확인통지서 송달용)을 예납하여야 한다. 신청인이 송달료를 예납한 경우에는 법원사무관 등은 그 출납현황을 사건기록표지(별지 제4호 서식)의 비고란에 기재하여야 한다.

③ 신청서의 접수

협의이혼의사확인신청서는 협의이혼의사확인신청사건부(별지

제5호 서식)에 접수하여야 한다. 다만, 위 사건부를 전산으로 대체할 경우에는 그 사건부의 작성과 비치는 하지 않을 수 있다.

④ 이혼에 관한 안내

가. 법원사무관 등 또는 가사조사관은 협의이혼안내서(별지 제6호 서식) 및 이혼신고서를 신청당사자 쌍방에게 교부한 후 이혼절차, 이혼의 결과(재산분할, 친권, 양육권, 양육비, 면접교섭권 등), 이혼이 자녀에게 미치는 영향 등을 안내하여야 한다. 법원사무관 등 또는 가사조사관은 이혼하려는 부부에게 상담위원의 상담을 받을 것을 권고할 수 있고, 미성년인 자가 있는 경우에는 양육과 친권자결정에 관하여 상담위원의 상담을 받도록 권고하여야 한다.

나. 양육 및 친권자결정에 관한 협의가 원활하지 않아 협의서를 확인기일 1개월 전까지 제출할 수 없을 것이 예상되는 경우에는 지체없이 가정법원에 심판을 청구할 것을 안내하여야 한다.

⑤ 기일의 고지 등

가. 당사자 쌍방이 출석하여 신청서를 제출하는 때에는 법원사무관 등은 이혼에 관한 안내를 받은 부부에 한하여 신청당사자에게 협의이혼의사확인기일지정부에 예정된 기일 중에서 그 기일지정기준에 따른 이혼의사확인기일 2개를 일괄하여 고지하여 준 후 신청서의 "확인기일"란에 제1회 및 제2회 기일을 기재하여야 한다.

나. 위 ②의 가.항 단서의 경우에는 신청서를 접수하고 출석한 신청당사자에게 이혼에 관한 안내를 하여야 한다. 이 경우 이혼의사확인기일은 고지하지 아니한다.

다. 담당 법원사무관 등은 미리 교부한 협의이혼안내서(별지 제6호 서식) 끝에 이혼의사확인기일을 기재하고 날인한 후 신청당사자 쌍방에게 교부하여야 한다.

라. 확인기일, 보정명령, 불확인결과를 전화, 팩시밀리 등을 이용하여 간이한 방법으로 통지할 경우에는 신청서의 적당한 여백에 다음과 같이 고무인을 찍은 후 그 통지사실을 기재하여야 한다.

<table>
<tr><td rowspan="2">통지
내용</td><td rowspan="2"></td><td rowspan="2">통지
일시</td><td rowspan="2"></td><td rowspan="2">통지
받은
사람</td><td>전화:</td><td>○ ○ ○</td><td rowspan="2">통지
자</td><td>법원주사</td></tr>
<tr><td>팩스:</td><td></td><td>○ ○ ○ ㉑</td></tr>
</table>

1.5cm (세로) × 15cm (가로)

⑥ 이혼숙려기간의 단축·면제

가. 가정 폭력으로 인하여 당사자 일방에게 참을 수 없는 고통이 예상되는 등 신속히 이혼을 하여야 할 급박한 사정이 있는 경우 이혼의사확인까지 필요한 기간의 단축 또는 면제 사유를 소명하여 사유서(별지 제8호 서식)를 제출할 수 있다.

나. 제 가.항에 따라 사유서를 제출할 때에는 법원사무관 등 또는 가사조사관은 상담위원의 상담을 통하여 사유서를 제출하도록 권고하고, 담당 판사는 상담위원의 의견을 참고하여 이혼의사확인기일을 지정할 수 있다. 상담받은 날부터 7일(상

담을 받은 경우) 또는 사유서를 제출한 날부터 7일(상담을 받지 아니한 경우) 이내에 새로운 확인기일의 지정 통지가 없으면 최초에 지정된 확인기일이 유지된다.

다. 제 나.항에 따라 이혼의사확인기일을 다시 정한 경우에는 신청서의 확인기일란에 삭선을 긋고 위 ⑤의 라.에서 정한 방법으로 기일을 통지한다.

⑦ 신청에 관한 민원안내

가. 당사자 일방만이 출석하여 협의이혼의사확인신청서를 제출할 수 없는 경우임에도 출석한 당사자가 그 신청서를 작성하려는 경우 법원사무관 등은 신청서의 작성방법을 안내하여야 한다. 당사자 일방이 신청서의 접수를 요구하는 때에는 정식 접수시 시간 절약과 민원인 편의를 위하여 신청서를검토하여 주고, 신청서에 보완할 사항이 없을 때에는 당사자 쌍방이 출석하여 그 신청서를 제출하고 이혼에 관한 안내를 받을 수 있도록 신청서를 반려한다.

나. 전화로 문의하는 경우에는 협의이혼의사확인신청에 필요한 서류 외에 당사자 쌍방이 출석하여 신청을 하여야 하고 이혼에 관한 안내를 받은 날부터 「민법」 제836조의2제2항 또는 제3항에서 정한 기간이 지난 후에 이혼의사를 확인받을 수 있다는 사실을 알려주도록 한다.

다. 협의이혼의사확인신청사건의 담당 법원사무관 등은 그 신청서 접수창구에 협의이혼안내서(별지 제6호 서식) 및 이혼신고서를 비치하고, 필요로 하는 민원인에게 교부한다.

⑧ 확인기일의 준비

가. 법원사무관 등은 기일에 진행할 각 사건별로 진술조서, 확인서(별지 제9호 서식) 1통 및 그 등본 2통, 협의서를 제출한 경우 협의서 1통 및 그 등본 2통, 양육비부담조서 1통 및 그 정본 2통을 미리 준비한다.

나. 확인서등본은 법원사무관 등의 직인으로 작성하여야 하며, 그 확인서등본 왼쪽 중간 여백에 다음과 같은 문구를 새긴 고무인을 찍는다.

확인일시   년   월   일
이 확인서등본은 교부 또는 송달 받은 날부터 3개월이 지나면 효력이 상실되니, 신고의사가 있으면 쌍방이 서명 또는 날인하여 작성한 이혼신고서에 첨부하여 위 기간 내에 시(구)·읍·면사무소 또는 재외공관에 신고하여야 합니다.

4.5 ㎝ (세로) × 7.5㎝ (가로)

다. 협의서등본은 당사자가 제출한 협의서사본의 말미에 사건번호, 「등본입니다」라는 인증 문구와 인증 연월일을 기재하고 법원사무관 등이 기명날인하여 작성한다.

⑨ 조서의 작성

가. 당사자 쌍방이 출석하여 진술을 한 경우에는 반드시 진술조서(별지 제10호 서식)를 작성하여야 한다. 그 조서에는 이혼당사자 확인, 협의이혼의사의 존부 확인, 당사자 사이에 미

성년인 자녀가 있는지 여부와 그 자녀에 대한 양육과 친권자 결정에 관한 협의서 또는 가정법원의 심판정본 및 확정증명서의 제출여부, 판사의 보정명령요지와 보정여부, 기일지정 등을 각각 기재한다. 서면으로 보정을 명한 경우 그 사본의 첨부로 보정명령요지 기재를 갈음할 수 있다.

나. 당사자 일방 또는 쌍방이 불출석한 경우에도 그 불출석 사실을 기재한 기일조서(별지 제11호 서식)를 작성하여야 한다.

다. 담당 판사가 미성년인 자녀에 관한 양육비부담의 협의를 확인한 후 이혼의사확인서를 작성하면 법원사무관 등은 그에 따라 협의이혼신고 다음날부터 미성년인 자녀가 각 성년에 이르기 전날까지의 기간에 해당하는 양육비에 안하여 양육비부담조서(별지 제19호 서식)를 작성하여야 한다.

⑩ 확인서등본 등의 교부

가. 신분증을 대조하여 당사자 쌍방의 출석을 확인한 후 당사자 쌍방에게 이혼의사의 유무 및 부부사이에 미성년인 자녀가 있는지 여부와 미성년인 자녀가 있는 경우 그 자녀의 양육과 친권자결정에 관한 협의서 또는 가정법원의 심판정본 및 확정증명서(이하 "이혼의사 등"이라 한다)를 확인하면 담당 판사는 즉시 확인서, 법원사무관 등이 작성한 진술조서, 기록표지 왼쪽아래의 "확인"란에 각 날인하고, 미성년인 자녀가 있어 그 자녀의 양육과 친권자결정에 관한 협의서를 제출한 경우 그 협의서의 "확인"란 및 양육비부담조서에 각 날인한다.

법원사무관 등은 지체없이 당사자 쌍방에게 확인서등본에 미성년인 자녀가 있는 경우 협의서등본 및 양육비부담조서정본 또는 가정법원의 심판정본 및 확정증명서를 첨부하여 각 1통을 교부하고, 신청서의 "확인서등본 및 양육비부담조서정본 교부"란에 당사자의 수령인을 받아야 한다.

나. 위 확인서등본을 교부할 때에 법원사무관 등은 당사자에게, 신고의사가 있으면 3개월 이내에 등록기준지, 주소지또는 현재지 시(구)·읍·면사무소에 이혼신고를 하여야 함을 알려주어야 한다.

다. 담당판사는 협의서를 확인기일 1개월 전까지 제출하지 않은 경우 협의서에 대한 검토 및 보정 등을 위하여 확인기일을 연기할 수 있다.

⑪ 이혼의사를 확인할 수 없는 경우

가. 당사자 쌍방이 출석하였으나 이혼의사가 없음을 진술한 경우 담당 판사는 법원사무관 등이 작성한 진술조서와 기록표지의 왼쪽아래 "불확인"란에 각 날인한다.

나. 당사자 일방 또는 쌍방이 이혼의사확인기일에 2회에 걸쳐 불출석한 경우에는 담당 판사는 법원사무관 등이 작성한 기일조서에 날인하고 법원사무관 등은 취하간주로 사건을 종결처리한다.

다. 이혼의사확인신청서를 접수한 날부터 3개월이 경과하도록 당사자 일방 또는 쌍방이 이혼에 관한 안내를 받지 아니한 경우에는 법원사무관 등은 취하간주로 사건을 종결처리한다.

⑫ 협의서 등 미제출

가. 미성년인 자녀가 있는 경우 그 자녀의 양육과 친권자결정에 관한 협의서 또는 가정법원의 심판정본 및 확정증명서를 제출하지 아니한 때에는 담당 판사는 차회 기일까지 제출할 것을 명하고 이에 불응하는 경우 법원사무관 등이 그 사유를 기재하여 작성한 진술조서 또는 기일조서와 기록표지의 왼쪽아래 "불확인"란에 각 날인한다.

나. 미성년인 자녀의 양육과 친권자결정에 관한 가정법원의 심판절차가 계속중임을 확인한 때에는 그 심판정본 및 확정증명서를 제출할 수 있는 기회를 준다. 가정법원의 심판종료 후 지정한 확인기일까지 협의서 또는 가정법원의 심판정본 및 확정증명서를 제출하지 아니하면 담당 판사는 법원사무관 등이 그 사유를 기재하여 작성한 진술조서 또는 기일조서와 기록표지의 왼쪽아래 "불확인"란에 각 날인한다.

⑬ 협의가 자녀의 복리에 반하는 경우

가. 자녀의 양육과 친권자결정에 관한 협의가 자녀의 복리에 반하는 경우에는 담당 판사는 그 자녀의 의사·연령과 부모의 재산상황, 그 밖의 사정을 참작하여 보정을 명할 수 있다. 당사자가 보정에 응하지 않는 경우 담당 판사는 법원사무관 등이 작성한 진술조서와 기록표지의 왼쪽아래 "불확인"란에 각 날인한다.

나. 보정명령에 따라 재협의한 경우 협의서를 재작성하여 제

출하게 하고, 법원사무관 등은 기존의 협의서를 폐기한다.

⑭ 협의이혼의사확인의 촉탁

가. 협의이혼 당사자의 일방이 재외국민이거나 수감자로서 출석하기 어려워 다른 일방이 협의이혼의사확인신청서를 제출할 때 법원사무관 등은 신청당사자에게 이혼에 관한 안내를 실시하고, 협의서 제출 시 지체없이 담당 판사의 보정절차를 거쳐 재외국민 또는 수감자인 당사자에 대한 관할 재외공관 또는 교도소(구치소)의 장에게 별지 제12호 서식에 의하여 이혼의사 등의 확인을 촉탁하여야 한다.

나. 제 가.항의 촉탁서에는 협의이혼안내서, 미성년인 자녀가 있는 경우 양육 및 친권자결정에 대한 협의서 또는 가정법원의 심판정본 및 확정증명서의 사본, 이혼의사확인회보서(별지 제13호 서식) 각 1통을 첨부한다. 재외공관장에게 촉탁하는 때에는 외교통상부 영사과에 관할 재외공관의 정확한 명칭과 소재지를 확인한 다음 외교통상부를 거치지 않고 바로 관할 재외공관장에게 송부한다.

다. 협의서에 대한 보정에 불응하는 경우에는 촉탁을 실시하지 아니하고, 담당 판사는 기록표지의 왼쪽아래 "불확인"란에 날인한다.

⑮ 회보서에 의한 이혼의사확인

가. 위 ⑭의 촉탁결과 재외국민 또는 수감자인 당사자에게 이혼의사 등이 있다는 취지의 이혼의사확인회보서가 송부되어 온 경우에는 재외국민 또는 수감자인 당사자가 이혼에 관한

안내를 받은 날부터 「민법」 제836조의2제2항 또는 제3항에서 정한 기간이 지난 후로 신청당사자에게 2개의 확인기일을 지정·통지하여 그 이혼의사 등을 확인한다.

나. 이혼의사확인서를 작성한 때에는 그 등본 1통을 미성년인 자녀가 있는 경우 협의서등본, 양육비부담조서정본 및 그 영수증양식(별지 제17호 서식) 또는 가정법원의 심판정본 및 확정증명서 각 1통과 함께 즉시 재외공관장 또는 교도소(구치소)장에게 송부한다. 신청당사자의 이혼의사 등을 확인할 수 없는 경우에는 불확인된 것으로 처리하고 불확인통지서(별지 제14호 서식)를 재외공관장 또는 교도소(구치소)장에게 송부한다.

다. 위 ⑭의 촉탁결과 재외국민 또는 수감자인 당사자의 이혼의사 등이 확인되지 아니한 회보서가 송부되어 오거나 촉탁 후 상당한 기간(재외공관장에 대한 촉탁인 경우에 송달일부터 6개월, 교도소(구치소)의 장에 대한 촉탁인 경우에 송달일부터 1개월 이상)이 지나도록 회보서가 송부되어 오지 않은 경우에는 신청당사자를 법원에 출석시킬 필요 없이 바로 이혼의사가 불확인된 것으로 처리하며, 신청당사자에게 그 처리결과를 통지하여야 한다.

라. 교도소(구치소)에서 당사자에게 양육비부담조서정본을 교부한 때에는 그 영수증(별지 제17호 서식)등본 1통을 지체없이 관할 가정법원으로 송부하여야 한다.

⑯ 재외국민의 협의이혼의사확인신청

「재외국민등록법」 제3조에 따라 등록된 대한민국 국민만이 「가족관계의 등록 등에 관한 규칙」 제75조에 따라 그 거주지 관할 재외공관의 장(그 지역을 관할하는 재외공관이 없는 때에는 인접지역 관할 재외공관의 장)에게 협의이혼의사확인을 신청할 수 있다.

⑰ 재외공관장의 업무

가. 재외공관장이 당사자 쌍방이나 일방으로부터 협의이혼의사확인 신청을 받은 때에는 당사자 쌍방(규칙 제75조제1항의 경우) 또는 일방(규칙 제75조제2항, 제3항의 경우)을 출석시켜 이혼에 관한 안내를 서면(별지 제7호 서식)으로 한 후 규칙 제75조제4항에 따라 이혼의사의 유무와 미성년인 자녀가 있는지 여부 및 미성년인 자녀가 있는 경우 그 자녀에 대한 양육과 친권자결정에 관한 협의서 1통과 그 사본 2통 또는 가정법원의 심판정본 및 확정증명서 각 3통을 제출받아 확인하고 그 요지를 기재한 진술요지서(별지 제15호 서식, 이하 "진술요지서"라 한다)를 작성한다.

나. 재외공관장은 진술요지서와 협의서 또는 심판정본 및 확정증명서의 내용이 일치하는지 확인한 후, 진술요지서를 신청서에 첨부하여 직인으로 간인한 후 신청서 및 첨부서류를 서울가정법원으로 송부한다.

다. 재외공관에서 교부 또는 송달한 확인서등본에 대한 송달증명서는 해당 재외공관장이 별지 제16호 서식에 의하여 이를 발급한다.

라. 재외공관에서 당사자에게 확인서등본 및 양육비부담조서 정본을 교부한 때에는 영수증(별지 제17호 서식)에 의하여 송달관계를 명확히 한 후, 양육비부담조서정본의 영수증등본 1통을 지체없이 관할 가정법원으로 송부하여야 한다.

⑱ 서울가정법원의 업무

가. 재외공관장으로부터 협의이혼의사확인신청서와 당사자 쌍방에 대한 진술요지서 및 첨부서류를 송부받은 경우, 서울가정법원은 진술요지서 및 첨부서류에 의하여 신청당사자의 이혼의사 등을 확인한다.

나. 당사자 일방만이 재외국민인 경우에 그가 제출한 협의이혼의사확인신청서와 진술요지서 및 첨부서류를 재외공관장으로부터 송부받은 경우, 서울가정법원은 국내에 거주하는 당사자를 출석하게 하여 이혼에 관한 안내를 실시한 후에 이혼의사 등을 확인한다.

다. 협의이혼당사자 쌍방이 서로 다른 나라에 거주하여 일방이 그 거주지의 재외공관에 협의이혼의사확인신청서를 제출하여 그 재외공관장으로부터 협의이혼의사확인신청서와 진술요지서 및 첨부서류를 송부받은 경우, 서울가정법원은 위 "⑭" 규정을 준용하여 다른 일방 거주지의 재외공관장에게 협의이혼의사확인의 촉탁을 하여 회보서를 받는다. 서울가정법원은 그 회보서의 기재와 신청당사자에 대한 진술요지서 및 첨부서류에 의하여 이혼의사 등을 확인한다.

라. 서울가정법원은 신청서나 첨부서류가 미비한 경우 또는

협의서가 자녀의 복리에 반하는 경우 보정을 명하여 이에 불응하는 경우 재외공관으로 반송한다.

마. 서울가정법원은 위 가.항부터 다.항까지의 절차에 의하여 이혼의사를 확인할 때에는 당사자 쌍방 모두 안내를 받은 날부터 「민법」 제836조의2제2항 또는 제3항에서 정한 기간이 지난 후 확인하여야 한다.

바. 가.항부터 다.항까지의 절차에 의하여 이혼의사 등을 확인한 때 서울가정법원은 확인서를 작성하고, 확인서등본(규칙 제75조제1항의 경우에는 2통)을 미성년인 자녀가 있는 경우 협의서등본, 양육비부담조서정본 및 그 영수증 양식 또는 심판정본 및 확정증명서와 함께 즉시 당사자 거주지 재외공관의 장에게 송부하되 규칙 제75조제2항의 경우 국내 거주 당사자에게도 교부한다. 이혼의사 등을 확인할 수 없는 경우에는 불확인된 것으로 처리하고 신청당사자 거주지 재외공관의 장에게 불확인통지서를 송부한다.

사. 확인서등본이나 불확인통지서를 재외공관에 송부할 때에는 외교통상부 영사과에 관할 재외공관의 정확한 소재지를 확인한 다음 외교통상부를 거치지 아니하고 바로 관할 재외공관장에게 송부한다.

아. 규칙 제75조제2항의 경우 서울가정법원은 국내에 거주하는 당사자가 주민등록표 등(초)본을 제출하여 신청하면 그 주소지 관할 가정법원으로 사건을 이송할 수 있다.

⑲ 협의이혼의사확인서등본 등의 분실

가. 협의이혼의사확인서등본을 분실한 경우 당사자 쌍방은 언제든지 관할 가정법원에 다시 협의이혼의사확인신청을 할 수 있다.

나. 협의이혼의사확인서등본을 분실한 경우 법원으로부터 협의이혼의사확인서등본을 교부 또는 송달받은 날부터 3개월 이내라면, 당사자는 그 확인 법원으로부터 확인서등본 및 협의서등본을 재교부받은 후 이혼신고서를 다시 작성하여 시(구)·읍·면에 이혼신고를 할 수 있다. 이해관계인은 협의서에 대하여 기록을 보관하고 있는 법원에 보존기간 내에 등본 발급을 청구할 수 있다.

다. 법원사무관 등은 재교부하는 확인서등본의 첫 장 상단 여백에는 "재교부"라는 고무인(가로 1cm, 세로 2.5cm)을 찍은 후 그 옆에 법원사무관 등의 사인(私印)을 찍어야 한다.

⑳ 신청사건의 보존 등

가. 협의이혼의사확인 신청사건기록은 사건완결일부터 3개월간 보존하다가 양육비부담조서를 작성한 사건과 그렇지 않은 사건으로 구분하여 기록 전부를 보존담당부서로 인계한다.

나. 송달증명서는 당사자의 신청이 있는 때에 한하여 발급한다.

㉑ 집행문의 부여

양육비부담조서정본의 집행문은 당사자가 제출한 혼인관계증명서에 기록된 협의이혼의사확인 사건번호와 양육비부담조서정본에 기재된 사건번호가 일치하는 경우 담당 판사의 명령에 따라 부여한다.

(2) 협의이혼신고

이혼의 신고서에는 다음 사항을 기재하여야 한다(법제74조).

1) 당사자의 성명·본·출생연월일·주민등록번호 및 등록기준지(당사자가 외국인인 때에는 그 성명·국적 및 외국인등록번호)

2) 당사자의 부모와 양부모의 성명·등록기준지 및 주민등록번호

3) 「민법」 제909조제4항 또는 제5항에 따라 친권자가 정하여진 때에는 그 내용

(3) 협의이혼의 가족관계등록사무 처리(예규 제341호)

1) 협의이혼신고의 수리

① 시(구)·읍·면의 장은 협의이혼신고접수시 가정법원의 확인서등본 첨부 여부와 그 확인서의 유효기간 경과 여부를 면밀히 조사하여야 하고 신고서가 가정법원의 확인일부터 3개월이 경과한 후 제출된 경우에는 일단 접수후 송달증명서를 제출하도록 통지를 하고, 추후보완된 송달증명서상의 송달일자로 보아 이혼신고가 확인서등본의 교부 또는 송달일부터 3개월 이내이면 이를 수리하여야 하나 그 기간을 경과하였거나 추후보완기간 내에 송달증명서를 제출하지 않는 경우에는 불수리하여야 한다.

② 법원으로부터 재교부받은 확인서등본에 의하여 이혼신고를 할 때에는 확인서등본의 유효기간내에 이혼신고서를 제출한 것인지 확인하여야 한다.

③ 이혼하는 부부에게 미성년인 자녀(포태 중인 자 제외)가 있는 경우에는 시(구)·읍·면의 장은 친권자지정 신고를 함께 수리하여야 한다. 시(구)·읍·면의 장은 이 경우 이혼신고서와 가정법원의 확인서등본과 친권자결정에 관한 협의서등본 또는 가정법원의 심판정본 및 확정증명서의 일치여부를 확인하여야 한다.

④ 포태 중인 자에 대한 친권자지정 신고는 이혼신고 시 수리하지 않고, 포태 중인 자의 출생신고 시 수리한다. 이 경우 친권자결정에 관한 협의서등본 또는 가정법원의 심판정본 및 확정증명서를 확인하여야 한다. 포태 중인 자의 친권자지정 신고기간은 출생 시부터 기산한다.

   2) 협의이혼의사철회서면의 접수

① 법원으로부터 협의이혼의사확인을 받은 후 그에 의하여 이혼신고전에 협의이혼의사철회의 의사표시를 하고자 할 때에는 철회서면(별지 제18호 서식)에 협의이혼의사의 확인법원 및 확인연월일을 기재한 후 협의이혼의사확인서등본을 첨부하여,협의이혼의사철회표시를 하려는 사람의 등록기준지, 주소지 또는 현재지 시(구)·읍·면의 장에게 제출하여야 한다.

② 협의이혼의사철회서면은 가족관계등록문서건명부에 접수하되, 가족관계등록문서건명부와 그 철회서면에 접수연월일과

접수시각(예: 2008. 12. 10. 14:25)을 분명하게 기록하여야
한다.

③ 접수한 협의이혼의사철회서면은 협의이혼의사철회서편철
장에 편철한 후 비치하여야 한다.

　3) 협의이혼의사철회의 효과

① 협의이혼의사철회서면이 접수된 후 협의이혼신고서가 제
출된 경우에는 그 이혼신고서를 수리해서는 안 된다.

② 가족관계등록공무원의 위 불수리처분에 대하여 불복이 있
는 사람은 「가족관계의 등록 등에 관한 법률」 제109조에 따
라 관할 가정법원에 불복신청을 할 수 있다.

③ 협의이혼의사를 철회한 경우에는 이혼의사확인의 효력이
소멸되므로 그 철회의사를 철회하더라도 이혼신고를 수리할
수 없다.

♣ 【제2호 서식】

협의이혼의사확인신청서

당사자   부   ○○○   (주민등록번호: -   )
                등록기준지:
                주   소:
                전화번호(핸드폰/집전화):
      처   ○○○   (주민등록번호: -   )
                등록기준지:
                주   소:
                전화번호(핸드폰/집전화):

신청의 취지
    위 당사자 사이에는 진의에 따라 서로 이혼하기로 합의하였다.
    위와 같이 이혼의사가 확인되었다.
    라는 확인을 구함.

첨부서류
   1. 남편의 혼인관계증명서와 가족관계증명서 각 1통.
       처의 혼인관계증명서와 가족관계증명서 각 1통.
   2. 미성년자가 있는 경우 양육 및 친권자결정에 관한 협의서 1통과 사본 2통 또는
       가정법원의 심판정본 및 확정증명서 각 3통 (제출___, 미제출___)[1]
   3. 주민등록표등본(주소지 관할법원에 신청하는 경우) 1통.
   4. 진술요지서(재외공관에 접수한 경우) 1통.   끝.

년   월   일

확인기일		담당자
1회	년 월 일 시	법원주사(보)
2회	년 월 일 시	○○○ ㉑

신청인 부 ○○○ ㉑
          처 ○○○ ㉑

확인서등본 및 양육비부담조서정본 교부	교부일
부 ○○○ ㉑	
처 ○○○ ㉑	

○ ○ 가 정 법 원   귀 중

---

1) 해당하는 란에 ○ 표기할 것. 협의하는 부부 양쪽이 이혼에 관한 안내를 받은 후에 협의서는 확인기일
   1개월 전까지, 심판정본 및 확정증명서는 확인기일까지 제출할 수 있습니다.
※ 이혼에 관한 안내를 받지 아니한 경우에는 접수한 날부터 3개월이 경과하면 취하한 것으로 봅니다.

♣ 【제3호 서식】

자의 양육과 친권자결정에 관한 협의서

사 건   호   협의이혼의사확인신청

당사자   부 성   명
          주민등록번호   -

          모 성   명
          주민등록번호   -

협 의 내 용

1. 친권자 및 양육자의 결정 (에 ✔표시를 하거나 해당 사항을 기재하십시오).

자녀 이름	성별	생년월일(주민등록번호)	친권자	양육자
	☐ 남 ☐ 여	년 월 일 (-)	☐ 부 ☐ 모 ☐ 부모공동	☐ 부 ☐ 모 ☐ 부모공동
	☐ 남 ☐ 여	년 월 일 (-)	☐ 부 ☐ 모 ☐ 부모공동	☐ 부 ☐ 모 ☐ 부모공동
	☐ 남 ☐ 여	년 월 일 (-)	☐ 부 ☐ 모 ☐ 부모공동	☐ 부 ☐ 모 ☐ 부모공동
	☐ 남 ☐ 여	년 월 일 (-)	☐ 부 ☐ 모 ☐ 부모공동	☐ 부 ☐ 모 ☐ 부모공동

2. 양육비용의 부담 (☐에 ✔표시를 하거나 해당 사항을 기재하십시오.)

지급인	☐ 부 ☐ 모	지급받는 사람	☐ 부 ☐ 모
지급방식	☐ 정기금		☐ 일시금
지급액	이혼신고 다음날부터 자녀들이 각 성년에 이르기 전날까지 미성년자 1인당 매월 금 원 (한글병기: 원)		이혼신고 다음날부터 자녀들이 각 성년에 이르기 전날까지의 양육비에 관하여 금 원 (한글병기: 원)
지급일	매월 일		년 월 일
기타			
지급받는 계좌	( ) 은행 예금주 :		계좌번호 :

3. 면접교섭권의 행사 여부 및 그 방법 (에 ✔표시를 하거나 해당 사항을 기재
하십시오.)

일 자	시 간	인도 장소	면접 장소	기타(면접교섭시 주의사항)
□ 매월 ______째 주 ______요일	시 분부터 시 분까지			
□ 매주 ______요일	시 분부터 시 분까지			
□ 기타				

첨 부 서 류

1. 근로소득세 원천징수영수증, 사업자등록증 및 사업자소득금액 증명원 등 소득금
   액을 증명하기 위한 자료 - 부, 모별로 각 1통
2. 위 1항의 소명자료를 첨부할 수 없는 경우에는 부·모 소유 부동산등기부등본 또
   는 부·모 명의의 임대차계약서, 재산세 납세영수증(증명)
3. 위자료나 재산분할에 관한 합의서가 있는 경우 그 합의서 사본 1통
4. 자의 양육과 친권자결정에 관한 협의서 사본 2통

협의일자 :   년   월   일

부 :   (인/서명)   모 :   (인/서명)

○ ○ 가정(지방)법원	판사 확인인
확인일자 . . .	

자의 양육과 친권자결정에 관한 협의서 작성요령

※ 미성년인 자녀(임신 중인 자를 포함하되, 이혼에 관한 안내를 받은 날부터 3개월 또는 법원이 별도로 정한 기간 내에 성년이 되는 자는 제외)가 있는 부부가 협의이혼을 할 때는 자녀의 **양육과 친권자결정**에 관한 협의서를 확인기일 1개월 전까지 제출하여야 합니다.

※ 이혼의사확인신청후 양육과 친권자결정에 관한 협의가 원활하게 이루어 지지 않는 경우에는 신속하게 가정법원에 그 심판을 청구하여야 합니다.

※ 확인기일까지 협의서를 제출하지 아니한 경우 이혼의사확인이 지연되거나 불확인 처리될 수 있고, 협의한 내용이 **자녀의 복리**에 반하는 경우 가정법원은 보정을 명할 수 있으며 보정에 응하지 않는 경우 불확인 처리됩니다.

※ 이혼신고일 다음날부터 미성년인 자녀들이 각 성년에 이르기 전날까지의 기간에 해당하는 양육비에 관하여는 양육비부담조서가 작성되며, 이혼 후 양육비부담조서에 따른 양육비를 지급하지 않으면 **양육비부담조서**에 의하여 강제집행할 수 있습니다. 그 외 협의사항은 **'별도의 재판절차'**를 통하여 과태료, 감치 등의 제재를 받을 수 있고, 강제집행을 할 수 있습니다.

※ 협의서 작성 전에 가정법원의 상담위원의 상담을 먼저 받아 보실 것을 권고합니다.

1. 친권자 및 양육자의 결정

친권자는 자녀의 재산관리권, 법률행위대리권 등이 있고, **양육자**는 자녀와 공동생활을 하며 각종의 위험으로부터 자녀를 보호하는 역할을 합니다. 협의이혼시 친권자 및 양육자는 자의 복리를 우선적으로 고려하여 부 또는 모 일방, 부모 공동으로 지정할 수도 있으며, 친권자와 양육자를 분리하여 지정할 수도 있습니다(**공동친권, 공동양육의 경우는 이혼 후에도 부모 사이에 원만한 협의가 가능한 경우**에만 바람직하며, 각자의 권리·의무, 역할, 동거기간 등을 별도로 명확히 정해 두는 것이 장래의 분쟁을 예방할 수 있습니다).

임신 중인 자의 특정은 자녀이름란에 '모가 임신 중인 자'로 기재하고 생년월일란에 '임신 ○개월'로 기재함으로 하고, 성별란은 기재할 필요가 없습니다.

2. 양육비용의 부담

자녀에 대한 양육의무는 친권자나 양육자가 아니어도 부모로서 부담하여야 할 법률상 의무입니다. 양육비는 자녀의 연령, 자녀의 수, 부모의 재산상황 등을 고려하여 적정한 금액을 협의하여야 합니다. 경제적 능력이 전혀 없는 경우에는 협의에 의해 양육비를 부담하지 않을 수 있습니다. 이혼신고 전 양육비 또는 성년이후의 교육비 등은 부모가 협의하여 "기타"란에 기재할 수 있으나, 양육비부담조서에 기재되지 않으므로, 강제집행을 위하여는 별도의 재판절차가 필요합니다.

3. 면접교섭권의 행사 여부 및 그 방법

「민법」 제837조의2 규정에 따라 이혼 후 자녀를 직접 양육하지 않는 부모(비양육친)의 일방과 자녀는 서로를 만날 **권리**가 있고, 면접교섭은 자녀가 양쪽 부모의 사랑을 받고 올바르게 자랄 수 있기 위해 꼭 필요합니다. 면접교섭 일시는 자녀의 일정을 고려하여 **정기적·규칙적**으로 정하는 것이 자녀의 안정적인 생활에 도움이 되고, 자녀의 인도장소 및 시간, 면접교섭 장소, 면접교섭시 주의사항(기타 란에 기재) 등을 자세하게 정해야 장래의 분쟁을 방지할 수 있습니다.

4. 첨부서류

협의서가 자녀의 복리에 부합하는지 여부를 판단하기 위해 부, 모의 월 소득액과 재산에 관한 자료 등이 필요하므로 증빙서류를 제출합니다.

5. 기타 유의사항

법원은 협의서원본을 2년간 보존한 후 폐기하므로, 법원으로부터 교부받은 협의서등본을 이혼신고 전에 사본하여 보관하시기 바랍니다.

♣ 【제6호서식】

협의이혼제도안내

1. 협의이혼이란
○ 부부가 자유로운 이혼합의에 의하여 혼인관계를 해소시키는 제도로, 먼저 관할 법원의 협의이혼의사확인을 받은 후 **쌍방이** **서명 또는 날인**한 이혼신고서에 그 확인서등본을 첨부하여 시(구)·읍·면의 장에게 신고함으로써 이혼의 효력이 발생합니다.
여기서 "시"라 함은 "구"가 설치되지 않은 시를 말합니다.
2. 협의이혼절차는
 가. 협의이혼의사확인의 신청
  ① 신청시 제출하여야 할 서류
   ㉮ 협의이혼의사확인신청서 1통
    - 부부가 함께 작성하며, 신청서 양식은 법원의 신청서 접수창구에 있습니다.
    - 기일의 고지는 전화 등으로 할 수 있으므로, 신청서에 전화연락처를 정확히 기재하여야 하며, 전화연락처 변경시에는 즉시 법원에 신고하여야 합니다.
   ㉯ 남편의 가족관계증명서와 혼인관계증명서 각 1통
    처의 가족관계증명서와 혼인관계증명서 각 1통
    - 시(구)·읍·면·동사무소에서 발급
   ㉰ 주민등록등본 1통
    - 주소지 관할 법원에 이혼의사확인신청을 하는 경우에만 첨부합니다.
   ㉱ 미성년인 자녀(임신 중인 자를 포함하되, 이혼에 관한 안내를 받은 날부터 3개월 또는 법원이 별도로 정한 기간 이내에 성년에 도달하는 자녀는 제외)가 있는 부부는 이혼에 관한 안내를 받은 후 그 자녀의 양육과 친권자결정에 관한 협의서 1통과 사본 2통 또는 가정법원의 심판정본 및 확정증명서 각 3통을 제출하되, 부부가 함께 출석하여 신청하고 이혼에 관한 안내를 받은 경우에는 협의서는 확인기일 1개월 전까지 제출할 수 있고 심판정본 및 확정증명서는 확인기일까지 제출할 수 있습니다. 자

녀의 양육과 친권자결정에 관한 협의가 원활하게 이루어지지 않는 경우에는 신속하게 가정법원에 심판을 청구하여 심판정본 및 확정증명서를 제출하여야 합니다. 미제출 또는 제출지연 시 협의이혼확인이 지연되거나 불확인될 수 있습니다.

- 특히 이혼신고 다음날부터 미성년인 자녀가 성년에 이르기 전날까지의 기간에 해당하는 양육비에 관하여 협의서를 작성한 경우 양육비부담조서가 작성되어 별도의 재판없이 강제집행을 할 수 있으므로 양육비부담에 관하여 신중한 협의를 하여야 합니다.

㉠ 이혼신고서

- 이혼신고서는 법원에 제출하는 서류가 아니고 시(구)·읍·면사무소에 이혼신고할 때 제출하는 서류입니다. 그러나, 법원에 신청할 때 미리 이혼신고서 뒷면에 기재된 작성방법에 따라 부부가 함께 작성하여 서명 또는 날인한 후 각자 1통을 보관하고 있다가 이혼신고할 때 제출하면 편리합니다.
- 신고서양식은 법원의 신청서 접수창구 및 시(구)·읍·면사무소에 있습니다.

㉡ 부부 중 일방이 외국에 있거나 교도소(구치소)에 수감중인 경우

- 재외국민등록부등본 1통(재외공관 및 외교통상부 발급) 또는 수용증명서(교도소 및 구치소 발급) 1통을 첨부합니다.

② 신청서를 제출할 법원

○ 이혼당사자의 등록기준지 또는 주소지를 관할하는 법원에 부부가 함께 출석하여 신청서를 제출하여야 합니다.

- 부부 중 일방이 외국에 있거나 교도소(구치소)에 수감중인 경우에만 다른 일방이 혼자 출석하여 신청서를 제출하고 안내를 받으며, 첨부서류는 신청서 제출 당시에 전부 첨부하여야 합니다.

③ 이혼에 관한 안내

○ 법원으로부터 이혼에 관한 안내를 반드시 받아야 하고, 상담위원의 상담을 받을 것을 권고 받을 수 있습니다. 특히 미성년인 자녀의 양육과 친권자결정에 관하여 상담위원의 상담을 받은 후 협의서를 작성할 것을 권고합니다.

○ 신청서 접수한 날부터 3개월이 경과하도록 이혼에 관한 안내를 받

지 아니하면 협의이혼의사확인신청은 취하한 것으로 봅니다.

④ 이혼숙려기간의 단축 또는 면제

○ 안내를 받은 날부터 미성년인 자녀(임신 중인 자를 포함)가 있는 경우에는 3개월, 성년 도달 전 1개월 후 3개월 이내 사이의 미성년인 자녀가 있는 경우에는 성년이 된 날, 성년 도달 전 1개월 이내의 미성년인 자녀가 있는 경우 및 그 밖의 경우에는 1개월이 경과한 후에 이혼의사의 확인을 받을 수 있으나, 가정폭력 등 급박한 사정이 있어 위 기간의 단축 또는 면제가 필요한 사유가 있는 경우 이를 소명하여 사유서를 제출할 수 있습니다. 이 경우 특히 상담위원의 상담을 통하여 사유서를 제출할 수 있습니다.

○ 사유서 제출 후 7일 이내에 확인기일의 재지정 연락이 없으면 최초에 지정한 확인기일이 유지되며, 이에 대하여는 이의를 할 수 없습니다.

⑤ 신청서의 취하

○ 신청서 접수 후에도 이혼의사확인을 받기 전까지 부부 일방 또는 쌍방은 법원에 신청을 취하할 수 있습니다.

⑥ 협의이혼의사의 확인

○ 반드시 부부가 함께 본인의 신분증(주민등록증, 운전면허증, 공무원증 및 여권 중 하나)과 도장을 가지고 통지받은 확인기일에 법원에 출석하여야 합니다.

○ 확인기일을 2회에 걸쳐 불출석한 경우 확인신청을 취하한 것으로 보므로 협의이혼의사확인신청을 다시 하여야 합니다.

○ 부부의 이혼의사와 미성년인 자녀가 있는 경우 그 자녀의 양육과 친권자결정에 관한 협의서 또는 가정법원의 심판정본 및 확정증명서가 확인되면 법원에서 부부에게 확인서등본 1통 및 미성년인 자녀가 있는 경우 협의서등본 및 양육비부담조서정본 또는 가정법원의 심판정본 및 확정증명서 1통씩을 교부합니다.

○ 확인기일까지 협의를 할 수 없어 가정법원에 심판을 청구한 경우에는 확인기일에 출석하여 그 사유를 소명하여야 합니다.

○ 자녀의 복리를 위해서 법원은 자녀의 양육과 친권자결정에 관한 협의에 대하여 보정을 명할 수 있고, 보정에 불응하면 불확인 처리됩니다.

○ 불확인 처리를 받은 경우에는 가정법원에 별도로 재판상 이혼 또는

재판상 친권자지정 등을 청구할 수 있습니다.

나. 협의이혼의 신고
   ○ 이혼의사확인서등본은 교부받은 날부터 3개월이 지나면 그 효력이 상실되므로, 신고의사가 있으면 위 기간 내에 당사자 일방 또는 쌍방이 시(구)·읍·면사무소에 확인서등본이 첨부된 이혼신고서를 제출하여야 합니다.
     - 이혼신고가 없으면 이혼된 것이 아니며, 위 기간을 지난 경우에는 다시 법원의 이혼의사확인을 받지 않으면 이혼신고를 할 수 없습니다.
     - 미성년인 자녀가 있는 경우 이혼신고 시에 협의서등본 또는 심판정본 및 그 확정증명서를 첨부하여 친권자지정 신고를 하여야 하며, 임신 중인 자녀는 이혼신고 시가 아니라 그 자녀의 출생신고 시에 협의서등본 또는 심판정본 및 그 확정증명서를 첨부하여 친권자지정 신고를 하여야 합니다.
     - 확인서등본을 분실한 경우: 확인서등본을 교부받은 날부터 3개월 이내라면 이혼의사확인신청을 한 법원에서 확인서등본을 다시 교부받을 수 있습니다.
     - 법원은 협의서원본을 2년간 보존한 후 폐기하므로, 법원으로부터 교부받은 협의서등본을 이혼신고 전에 사본하여 보관하시기 바랍니다.
다. 협의이혼의 철회
   ○ 이혼의사확인을 받고 난 후라도 이혼할 의사가 없는 경우에는 시(구)·읍·면의 장에게 확인서등본을 첨부하여 이혼의사철회서를 제출하면 됩니다.
     - 이혼신고서가 이혼의사철회서보다 먼저 접수되면 철회서를 제출하였더라도 이혼의 효력이 발생합니다.

3. 협의이혼의 효과는
   ○ 가정법원의 이혼의사확인을 받아 신고함으로써 혼인관계는 해소됩니다.
   ○ 이혼 후에도 자녀에 대한 부모의 권리와 의무는 협의이혼과 관계없이 그대로 유지되나 미성년인 자녀(임신 중인 자 포함)가 있는 경우에는 그 자녀의 양육과 친권자결정에 관한 협의서 또는 가정법

원의 심판에 따릅니다.

○ 특히, 이혼신고 다음날부터 미성년인 자녀가 성년에 이르기 전날까
지의 기간에 해당하는 양육비에 관하여 양육비부담조서가 작성되
며, 이혼 후 양육비부담조서에 따른 양육비를 지급하지 않으면 양
육비부담조서정본에 가정법원이 부여한 집행문을 첨부하여 강제집
행을 할 수 있습니다.

○ 이혼하는 남편과 다른 등록기준지를 사용하기를 원하는 처는 별도의
등록기준지 변경신고를 함께 하여야 합니다.

법원명		사건 번호		담 당 재판부	전화:	확인 기일	1회:　．　．　． 2회:　．　．　．
						이혼안내 받은 사실을 확인함	㉖

♣【제7호 서식】

협의이혼제도안내(재외국민용)

1. 협의이혼이란

○ 부부가 자유로운 이혼합의에 의하여 혼인관계를 해소시키는 제도로, 재외국민으로 등록된 국민이 재외공관장에게 협의이혼의사확인신청을 하여 서울가정법원으로부터 이혼의사확인을 받은 후 **쌍방이 서명 또는 날인**한 이혼신고서에 그 확인서등본을 첨부하여 재외공관장 등에게 신고함으로써 이혼의 효력이 발생합니다.

2. 협의이혼절차는

가. 협의이혼의사확인의 신청

① 신청시 제출하여야 할 서류

㉮ 협의이혼의사확인신청서 1통

- 부부가 함께 작성하며, 신청서 양식은 재외공관의 신청서 접수창구에 있습니다.

- 신청서에 항시 연락가능한 전화연락처를 정확히 기재하여야 하며, 전화연락처 변경시에는 즉시 재외공관에 신고하여야 합니다.

㉯ 남편의 가족관계증명서와 혼인관계증명서 각 1통
처의 가족관계증명서와 혼인관계증명서 각 1통

- 시(구)·읍·면·동사무소에서 발급

㉰ 미성년인 자녀(임신 중인 자를 포함하되, 이혼에 관한 안내를 받은 날부터 3개월 또는 법원이 별도로 정한 기간 이내에 성년에 도달하는 자녀는 제외)가 있는 부부는 이혼에 관한 서면 안내를 받은 후 그 자녀의 양육과 친권자결정에 관한 협의서 1통과 사본 2통 또는 가정법원의 심판정본 및 확정증명서 각 3통을 제출하여야 합니다. 미제출 또는 제출지연 시 협의이혼확인이 지연되거나 불확인될 수 있습니다.

- 특히 이혼신고 다음날부터 미성년인 자녀가 성년에 이르기 전날까지의 기간에 해당하는 양육비에 관하여 협의서를 작성한 경우 양육비부담조서가 작성되어 별도의 재판없이 강제집행을 할 수 있으므로 양육비부담에 관하여 신중한 협의를 하여야 합니다.

㉠ 이혼신고서
- 이혼신고서는 이혼의사확인신청할 때 제출하는 서류가 아니고 재외공관장 등에게 이혼신고할 때 비로소 제출하는 서류입니다. 그러나, 신청할 때 미리 이혼신고서 뒷면에 기재된 작성방법에 따라 부부가 함께 작성하여 **서명 또는 날인**한 후 각자 1통을 보관하고 있다가 이혼신고할 때 제출하면 편리합니다.
㉡ 부부 중 일방이 다른 외국에 있거나 교도소(구치소)에 수감중인 경우
- 재외국민등록부등본 1통(재외공관 및 외교통상부 발급) 또는 수용증명서(교도소 및 구치소 발급) 1통을 첨부합니다.
② 신청서를 제출할 재외공관
○ 이혼당사자의 거주지를 관할하는 재외공관에 부부가 함께 출석하여 신청서를 제출하여야 합니다.
- 부부 중 일방이 다른 외국에 있거나 교도소(구치소)에 수감중인 경우에만 다른 일방이 혼자 출석하여 신청서를 제출하고 안내를 받아야 합니다.
③ 이혼에 관한 안내
○ 재외공관장으로부터 서면으로 안내를 받을 수 있습니다.
④ 이혼숙려기간의 단축 또는 면제
○ 안내를 받은 날부터 미성년인 자녀(임신 중인 자를 포함)가 있는 경우에는 3개월, 성년 도달 전 1개월 후 3개월 이내 사이의 미성년인 자녀가 있는 경우에는 성년이 된 날, 성년 도달 전 1개월 이내의 미성년인 자녀가 있는 경우 및 그 밖의 경우에는 1개월이 경과한 후에 이혼의사의 확인을 받을 수 있으나, 가정폭력 등 급박한 사정이 있어 위 기간의 단축 또는 면제가 필요한 사유가 있는 경우 이를 소명하여 사유서를 제출할 수 있습니다.
⑤ 협의이혼의사의 확인
○ 부부가 함께 본인의 신분증(주민등록증, 운전면허증, 공무원증 및 여권 중 하나)과 도장을 가지고 거주지 관할 재외공관에 출석하여야 합니다. 부부 중 일방이 타국에 거주하는 경우 신청당사자만 출석합니다.
○ 부부 중 일방이 국내에 있으나 서울가정법원 관할 외 주소지에 거주하는 경우 국내거주자는 주민등록표 등(초)본을 제출하여 주소지 관할 법원에서 이혼의사를 확인받을 수 있도록 서울가정법원

에 신청할 수 있습니다.

○ 자녀의 복리를 위해서 법원은 자녀의 양육과 친권자결정에 관한 협의에 대하여 보정을 명할 수 있고, 보정에 불응하면 불확인 처리 됩니다.

○ 불확인 처리를 받은 경우에는 가정법원에 별도로 재판상 이혼 또는 재판상 친권자지정 등을 청구할 수 있습니다.

나. 협의이혼의 신고

○ 이혼의사확인서등본은 교부받은 날부터 3개월이 지나면 그 효력이 상실되므로, 신고의사가 있으면 위 기간 내에 당사자 일방 또는 쌍방이 재외공관, 등록기준지 또는 현재지 시(구)·읍·면사무소에 확인서등본이 첨부된 이혼신고서를 제출하여야 합니다. 여기서 "시"라 함은 "구"가 설치되지 않은 시를 말합니다.

- 이혼신고가 없으면 이혼된 것이 아니며, 위 기간을 지난 경우에는 다시 법원의 이혼의사확인을 받지 않으면 이혼신고를 할 수 없습니다.

- 미성년인 자녀가 있는 경우 이혼신고 시에 협의서등본 또는 심판정본 및 그 확정증명서를 첨부하여 친권자지정 신고를 하여야 하며, 임신 중인 자녀는 이혼신고 시가 아니라 그 자녀의 출생신고 시에 협의서등본 또는 심판정본 및 그 확정증명서를 첨부하여 친권자지정 신고를 하여야 합니다.

- 확인서등본을 분실한 경우: 확인서등본을 교부받은 날부터 3개월 이내라면 이혼의사확인신청을 한 법원에서 확인서등본을 다시 교부받을 수 있습니다.

- 법원은 협의서원본을 2년간 보존한 후 폐기하므로, 법원으로부터 교부받은 협의서등본을 이혼신고 전에 사본하여 보관하시기 바랍니다.

다. 협의이혼의 철회

○ 이혼의사확인을 받고 난 후라도 이혼할 의사가 없는 경우에는 등록기준지 또는 현재지 시(구)·읍·면의 장에게 이혼의사철회서를 제출하면 됩니다.

- 이혼신고서가 이혼의사철회서보다 먼저 접수되면 철회서를 제출하였더라도 이혼의 효력이 발생합니다.

3. 협의이혼의 효과는

○ 가정법원의 이혼의사확인을 받아 신고함으로써 혼인관계는 해소됩니

다.

○ 이혼 후에도 자녀에 대한 부모의 권리와 의무는 협의이혼과 관계없이 그대로 유지되나 미성년인 자녀(임신 중인 자 포함)가 있는 경우에는 그 자녀의 양육과 친권자결정에 관한 협의서 또는 가정법원의 심판에 따릅니다.

○ 특히, 이혼신고 다음날부터 미성년인 자녀가 성년에 이르기 전날까지의 기간에 해당하는 양육비에 관하여 양육비부담조서가 작성되며, 이혼 후 양육비부담조서에 따른 양육비를 지급하지 않으면 양육비부담조서정본에 가정법원이 부여한 집행문을 첨부하여 강제집행을 할 수 있습니다.

○ 이혼하는 남편과 다른 등록기준지를 사용하기를 원하는 처는 별도의 등록기준지 변경신고를 함께 하여야 합니다.

서울 가정법원

♣【제8호 서식】

이혼 숙려기간 면제(단축) 사유서

20   호   협의이혼의사확인신청

당사자   ○ ○ ○ (주민등록번호   -   )
주 소

위 사건에 관하여 20   .   .   :   로 이혼의사 확인기일이 지정
되었으나 다음과 같은 사유로 이혼의사 확인까지 필요한 기간을 면제(단
축)하여 주시기 바랍니다.

다 음

사유 : 1. 가정 폭력으로 인하여 당사자 일방에게 참을 수 없는 고통이
          예상됨(   )
       2. 기타 이혼을 하여야 할 급박한 사정이 있는 경우(상세히 적을
          것)

첨 부 서 류

1.

                20   .   .   .
       위 당사자   (날인 또는 서명)
       (연락처 :   )
       (상대 배우자 연락처 :   )

○○지방법원   귀중

◇유의사항◇

※ 연락처란에는 언제든지 연락 가능한 전화번호나 휴대전화번호를 기재하고,
   그 밖에 팩스번호, 이메일 주소 등이 있으면 함께 기재하기 바랍니다.
※ 사유서 제출 후 7일 이내에 확인기일의 재지정 연락이 없으면 최초에 지
   정한 확인기일이 유지되며, 이에 대하여는 이의를 제기할 수 없습니다.

♣【제9호 서식】

○ ○ 법 원

확 인 서

20   호   협의이혼의사확인신청

당사자   부   ○ ○ ○ (주민등록번호   -   )
                      등록기준지
                      주   소

           처   ○ ○ ○ (주민등록번호   -   )
                      등록기준지
                      주   소

위 당사자는 진의에 따라 서로 이혼하기로 합의하였음을 확인합니다.

년   월   일

판사   ㉑

♣【양식 제11호】

<table>
<tr><td colspan="3" rowspan="2">이혼(친권자 지정)신고서
(　　년　　월　　일)</td><td colspan="4">※ 뒷면의 작성방법을 읽고 기재하시되, 선택항목은 해당번호에 "○"으로 표시하여 주시기 바랍니다.</td></tr>
</table>

구 분			남　편(부)		아　내(처)	
① 이혼신고당사인자	성 명	한글		⑩ 또는 서명		⑩ 또는 서명
		한자				
	본(한자)			전화	본(한자)	전화
	주민등록번호		－		－	
	출생연월일					
	등록기준지					
	주　　소					
② 부양부모모	부(양부)성명					
	주민등록번호					
	모(양모)성명					
	주민등록번호					
③기 타 사 항						
④재판확정일자 (　　　　)			년　　월　　일	법원명		법원

아래 친권자란은 협의이혼 시에는 법원의 협의이혼의사확인 후에 기재합니다.

⑤ 친권자 지 정	미성년인 자의 성명						
	주민등록번호		－			－	
	친권자	①부 ②모 ③부모	효력발생일	년 월 일	①부 ②모 ③부모	효력발생일	년 월 일
			원인	①협의 ②재판		원인	① 협의 ② 재판
	미성년인 자의 성명						
	주민등록번호		－			－	
	친권자	①부 ②모 ③부모	효력발생일	년 월 일	①부 ②모 ③부모	효력발생일	년 월 일
			원인	①협의 ②재판		원인	① 협의 ② 재판
⑥신고인출석여부			① 남편(夫)		② 아내(婦)		
⑦제출인	성 명			주민등록번호		－	

※ 타인의 서명 또는 인장을 도용하여 허위의 신고서를 제출하거나, 허위신고를 하여 가족관계

등록부에 부실의 사실을 기록하게 하는 경우에는 형법에 의하여 5년 이하의 징역 또는 1천
만원 이하의 벌금에 처해집니다.

※ 다음은 국가의 인구정책 수립에 필요한 자료로 통계법」 제32조 및 제33조에 따라 성실응답의무가 있
  으며 개인의 비밀사항이 철저히 보호되므로 사실대로 기입하여 주시기 바랍니다.

⑧실제결혼(동거) 생활 시작일		년 월 일부터	⑨실제이혼연월일		년 월 일부터
⑩20세 미만 자녀 수		명	⑪이혼의 종류		① 협의이혼 ② 재판에 의한 이혼
⑫이 혼 사 유(택일)		① 배우자 부정　② 정신적·육체적 학대　③ 가족간 불화 ④ 경제문제　⑤ 성격차이　　⑥ 건강문제　⑦ 기타			
⑬국 적	남편	① 대한민국(출생 시 국적취득) ② 대한민국(귀화(수반포함)인지 국적취득, 이전국적:] ③ 외국(　　　　　　　)	처	① 대한민국(출생 시 국적취득) ② 대한민국(귀화(수반포함)인지 국적취득, 이전국적:] ③ 외국(　　　　　　　)	
⑭최 종 졸업학교	남편	① 무학 ② 초등학교 ③ 중학교 ④ 고등학교 ⑤ 대학(교) ⑥ 대학원 이상	처	① 무학 ② 초등학교 ③ 중학교 ④ 고등학교 ⑤ 대학(교) ⑥ 대학원 이상	
⑮직 업	남편	① 관리자　② 전문가 및 관련종사자 ③ 사무종사자 ④ 서비스종사자 ⑤ 판매종사자 ⑥ 농림어업 숙련 종사자 ⑦ 기능원 및 관련 기능 종사자 ⑧ 장치·기계 조작 및 조립 종사자 ⑨ 단순노무 종사자 ⑩ 학생　⑪ 가사　⑫ 군인　⑬ 무직	처	① 관리자　② 전문가 및 관련종사자 ③ 사무종사자 ④ 서비스종사자 ⑤ 판매종사자 ⑥ 농림어업 숙련 종사자 ⑦ 기능원 및 관련 기능 종사자 ⑧ 장치·기계 조작 및 조립 종사자 ⑨ 단순노무 종사자 ⑩ 학생　⑪ 가사　⑫ 군인　⑬ 무직	

작 성 방 법

※ 등록기준지 : 각 란의 해당자가 외국인인 경우에는 그 국적을 기재합니다.

※ 주민등록번호 : 각 란의 해당자가 외국인인 경우에는 외국인등록번호(국내거소신고번호 또는 출생연월일)를 기재합니다.

①란 : 협의이혼신고의 경우 반드시 당사자 쌍방이 서명(또는 기명날인) 하여야 하나, 재판상 이혼신고의 경우에는 일방이 서명(또는 기명날인)하여 신고할 수 있습니다.

②란 : 이혼당사자의 부모가 주민등록번호가 없는 경우에는 등록기준지(본적)를 기재합니다. 이혼당사자가 양자인 경우 양부모의 인적사항을 기재하며, 이혼당사자의 부모가 외국인인 경우에는 주민등록번호란에 외국인등록번호(또는 출생년월일) 및 국적을 기재합니다.

③란 : 아래의 사항 및 가족관계등록부에 기록을 분명하게 하는 데 특히 필요한 사항을 기재합니다.
- 신고사건으로 인하여 신분의 변경이 있게 되는 사람이 있을 경우에 그 사람의 성명, 생년월일, 등록기준지 및 신분변경의 사유
- 금치산자가 협의상 이혼을 하는 경우에는 동의자의 성명, 서명(또는 날인) 및 생년월일

④란 : 이혼판결(화해, 조정)의 경우에만 기재하고, 협의이혼의 경우에는 기재하지 않습니다.
: 조정성립, 조정에 갈음하는 결정, 화해성립이나 화해권고결정에 따른 이혼신고의 경우에는 "재판확정일자"아래의 ( )안에 "조정성립", "조정에 갈음하는 결정확정" 또는 "화해성립", "화해권고결정"이라고 기재하고, "연월일"란에 그 성립(확정)일을 기재합니다.

⑤란 : 협의이혼의사확인 신청시에는 기재하지 아니하며, 법원의 이혼의사확인 후에 정하여진 친권자를 기재합니다. 지정효력발생일은 협의이혼의 경우 이혼신고일, 재판상이혼의 경우에는 재판 확정일을 기재합니다. 원인은 당사자의 협의에 의해 지정한 때에는 "①협의"에, 직권 또는 신청에 의해 법원이 결정한 때에는 "②재판"에 "○"으로 표시하고, 그 내용을 증명하는 서면을 첨부하여야 합니다. 자녀가 3명 이상인 경우 별지 기재 후 간인하여 첨부합니다. 임신 중인 자의 경우에는 출생신고 시 친권자 지정 신고를 합니다.

⑥란 : 출석한 신고인의 해당번호에 ○표시를 합니다.

⑦란 : 제출자(신고인 여부 불문)의 성명 및 주민등록번호 기재[접수담당공무원은 신분증과 대조]

⑧란, ⑨란 : 가족관계등록부상 신고일이나 재판확정일과는 관계없이 실제로 결혼(동거)생활을 시작한 날과 사실상 이혼(별거)생활을 시작한 날을 기재합니다.

⑭란 : 교육과학기술부장관이 인정하는 모든 정규교육기관을 기준으로 기재하되 각급 학교의 재학 또는 중퇴자는 졸업한 최종 학교의 해당번호에 ○표시를 합니다.
<예시> 대학교 3학년 재학(중퇴) → 고등학교에 ○표시

⑮란 : 이혼할 당시의 주된 직업을 기준으로 기재합니다.

> ① 관리자 : 정부, 기업, 단체 또는 그 내부 부서의 정책과 활동을 기획, 지휘 및 조정(공공 및 기업고위직 등)
> ② 전문가 및 관련종사자 : 전문지식을 활용한 기술적 업무(과학, 의료, 교육, 종교, 법률, 금융, 예술, 스포츠 등)
> ③ 사무종사자 : 관리자, 전문가 및 관련 종사자를 보조하여 업무 추진(경영, 보험, 감사, 상담·안내·통계 등)
> ④ 서비스종사자 : 공공안전, 신변보호, 의료보조, 이·미용, 혼례 및 장례, 운송, 여가, 조리와 관련된 업무
> ⑤ 판매종사자 : 영업활동을 통해 상품이나 서비스판매(인터넷, 상점, 공공장소 등), 상품의 광고·홍보 등
> ⑥ 농림어업 숙련 종사자 : 작물의 재배·수확, 동물의 번식·사육, 산림의 경작 및 개발, 수생 동·식물 번식 및 양식 등
> ⑦ 기능원 및 관련 기능 종사자 : 광업, 제조업, 건설업에서 손과 수공구를 사용하여 기계 설치 및 정비, 제품 가공
> ⑧ 장치·기계 조작 및 조립 종사자 : 기계를 조작하여 제품 생산·조립, 컴퓨터에 의한 기계제어, 운송장비의 운전 등
> ⑨ 단순노무 종사자 : 주로 간단한 수공구의 사용과 단순하고 일상적이며 육체적 노력이 요구되는 업무
> ⑪ 가사 : 전업주부 등 ⑫ 군인 : 의무복무 중인 장교 및 사병 제외, 직업군인 해당 ⑬ 무직 : 특정한 직업이 없음

1. 협의이혼 : 협의이혼의사확인서 등본 1부.
2. 재판이혼 : 판결등본 및 확정증명서 각 1부(조정·화해 성립의 경우는 조서등본 및 송달증명서).
3. 외국법원의 이혼판결에 의한 재판상 이혼
 - 이혼판결의 정본 또는 등본과 판결확정증명서 각 1부.
 - 패소한 피고가 우리나라 국민인 경우에 그 피고가 공시송달에 의하지 아니하고 소송의 개시에 필요한 소환 또는 명령의 송달을 받았거나 또는 이를 받지 아니하고도 응소한 사실을 증명하는 서면 1부(판결에 의하여 이점이 명백하지 아니한 경우에 한한다).
 - 위 각 서류의 번역문 1부.
※ 아래 4항은 가족관계등록관서에서 전산으로 그 내용을 확인할 수 있는 경우 첨부를 생략합니다.
4. 이혼 당사자 각각의 가족관계등록부의 가족관계증명서, 혼인관계증명서 각 1통.
5. 사건본인이 외국인인 경우
 - 한국 방식에 의한 이혼 : 협의이혼의 경우는 국적을 증명하는 서면(여권 또는 외국인등록증) 원본
          재판이혼의 경우는 국적을 증명하는 서면(여권 또는 외국인등록증) 사본
 - 외국 방식에 의한 이혼 : 이혼증서 등본 및 국적을 증명하는 서면(여권 또는 외국인등록증) 사본 각 1부
6. 친권자지정과 관련한 소명자료
 - 협의에 의한 경우 친권자지정 협의서등본 1부.
 - 법원이 결정한 경우 심판서 정본 및 확정 증명서 1부.
7. 신분확인[가족관계등록예규 제23호에 의함]
 ① 재판상 이혼신고(증서등본에 의한 이혼신고 포함)
 - 신고인이 출석한 경우 : 신분증명서
 - 제출인이 출석한 경우 : 제출인의 신분증명서
 - 우편제출의 경우 : 신고인의 신분증명서 사본
 ② 협의이혼신고
 - 신고인이 출석한 경우 : 신고인 일방의 신분증명서
 - 신고인 불출석, 제출인 출석의 경우 : 제출인의 신분증명서 및 신고인 일방의 신분증명서 또는 서명공증 또는 인감증명서(신고인의 신분증명서 없이 신고서에 신고인이 서명한 경우 서명공증, 신고서에 인감 날인한 경우 인감증명)
 - 우편제출의 경우 : 신고인 일방의 서명공증 또는 인감증명서(신고서에 서명한 경우 서명공증, 인감을 날인한 경우는 인감증명서).

> ▶판례◀
>
> 대법원 1994.2.8. 선고 93도2869 판결

【판시사항】

협의이혼의사 철회신고서 접수 후 제출된 협의이혼신고서를 수리한 경우 협의상 이혼의 효력 발생 여부

【판결요지】

부부가 이혼하기로 협의하고 가정법원의 협의이혼의사 확인을 받았다고 하더라도 호적법에 정한 바에 의하여 신고함으로써 협의이혼의 효력이 생기기 전에는 부부의 일방이 언제든지 협의이혼의사를 철회할 수 있는 것이어서, 협의이혼신고서가 수리되기 전에 협의이혼의사의 철회신고서가 제출되면 협의이혼신고서는 수리할 수 없는 것이므로, 설사 호적공무원이 착오로 협의이혼의사 철회신고서가 제출된 사실을 간과한 나머지 그 후에 제출된 협의이혼신고서를 수리하였다고 하더라도 협의상 이혼의 효력이 생길 수 없다.

2. 재판상 이혼

(1) 신고의무자 및 신고적격자

그 소를 제기하거나 조정을 신청한 자이다(법제78조,제58조).

(2) 신고기간 및 방법

재판상 이혼신고는 판결이 확정 또는 조정이 성립된 날로

부터 1월 이내에 판결등본 및 확정증명서를 첨부하여 신고하
여야 한다.

(3) 신고장소

등록신고의 장소에 관한 일반 원칙에 따라 이혼 당사자의
등록기준지 또는 신고인의 주소지나 현재지에서 한다. 대한민
국 국민이 아닌 자에 대한 이혼신고는 그 거주지 또는 신고
인의 주소지나 현재지에서 한다(법제20조).

▶사례◀

협의이혼신고 및 철회신고

☞ **질문**

가정불화로 결혼생활을 지속하기 어려워 남편과 협의이혼을 하
려고 하는데 협의이혼신고절차는 어떻게 되며, 협의이혼의사를
확인을 받은 후 생각이 달라진다면 협의이혼을 철회할 수도 있
는지?

☞ **답변**

협의이혼은 당사자의 자유로운 의사에 기한 합의에 의하여 혼
인관계를 해소시키는 것을 말합니다. 협의이혼을 하려고 하면
당사자 쌍방의 이혼의사가 존재하여야 하며, 만일 그러한 의사
가 없는 경우에는 그 협의이혼의 무효 또는 취소의 사유가 됩
니다.
협의이혼을 하려는 당사자는 협의이혼의사확인신청서를 작성하
고 서명 또는 기명날인하여 이에 부부 양쪽의 가족관계증명서

와 혼인관계증명서 각 1통과 협의이혼의사확인신청서 1통, 그리고 주민등록등본 1통(주소지 관할법원에 신청할 경우에만 필요)을 첨부하여 등록기준지 또는 주소지를 관할하는 법원(가정법원 또는 지방법원, 지원, 시·군법원)에 부부가 함께 출석하여 제출합니다(가족관계 등록 등에 관한 규칙 제73조).

법원의 담임판사는 당사자 쌍방의 진술을 들은 후 이혼의사의 합치가 있는 것이 확인되면 확인서에 기명날인을 합니다.

그리고 당사자 사이에 미성년자인 자(子)가 있는 경우에는 반드시 친권자 지정의 협의 또는 가정법원에의 지정 청구 여부도 확인하므로 미리 이에 대해 협의 또는 지정 청구를 해둘 필요가 있습니다(같은 규칙 제74조 제1항).

법원직원은 위 확인서에 의하여 등본 2통을 작성한 다음 이미 제출되어 있는 이혼신고서와 같이 각 당사자에게 교부하게 됩니다. 각 당사자는 위 확인서를 첨부하여 시(구)·읍·면장에게 단독으로 협의이혼신고를 할 수 있습니다. 그러나 위 확인서를 교부 또는 송달받은 날로부터 3개월이 경과하면 다시 확인을 받아야 합니다(가족관계의 등록 등에 관한 법률 제75조, 동법 규칙 제79조).

그러나 협의이혼확인서를 발급받은 다음이라도 이혼신고 전에 어느 일방이 이혼할 생각이 없어지면 자신의 등록기준지, 주소지 또는 현재지 시(구)·읍·면장에게 '이혼의사철회'의 신고를 할 수 있습니다. 그리고 위 '이혼의사철회'의 의사표시 이후에는 다른 일방배우자가 이혼신고를 하더라도 수리가 되지 않습니다(가족관계 등록 등에 관한 규칙 제80조).

「가족관계의 등록 등에 관한 법률」 시행으로 폐지된 구 「호적법」 상의 판례도 "부부가 이혼하기로 협의하고 가정법원의 협의이혼의사확인을 받았다고 하더라도 호적법에 정한 바에 의하여 신고함으로써 협의이혼의 효력이 생기기 전에는 부부의 일방이 언제든지 협의이혼의사를 철회할 수 있는 것이어서, 협의이혼신고서가 수리되기 전에 협의이혼의사의 철회신고서가 제출되면 협의이혼신고서는 수리할 수 없는 것이므로, 설사 호적공무원이 착오로 협의이혼의사철회신고서가 제출된 사실을 간과한 나머지 그 후에 제출된 협의이혼신고서를 수리하였다고 하더라도 협의상 이혼의 효력이 생길 수 없다." 라고 하였습니다(대법원 1994. 2. 8. 선고 93도2869 판결).

참고로 2008. 6. 22.부터 시행되는 개정민법은 이혼숙려기간을 도입하고 협의이혼시 자녀 양육사항 합의를 의무화 하였습니다(민법 제836조의2, 제837조).

이에 따라 협의상 이혼을 하려는 자는 가정법원이 제공하는 이혼에 관한 안내 또는 전문상담인의 상담을 권고받을 수 있고, 위 안내를 받은 날부터 양육하여야 할 자(포태중인 자를 포함)가 있는 경우에는 3개월, 그 외의 경우에는 1개월의 기간이 지난 후에 이혼의사의 확인을 받을 수 있습니다.

또한, 양육하여야 할 자가 있는 경우 당사자는 자의 양육사항과 친권자결정에 관한 협의서 또는 이에 관한 가정법원의 심판정본을 이혼의사 확인시 의무적으로 제출하여야 합니다. [법률구조공단자료. 참고만 하세요]

▶사례◀

이혼한 사실도 가족관계증명서에 기재가 되는지

☞ 질문

남편과의 가정불화로 협의이혼을 하였으나, 이혼신고 후 쌍방이 모두 이혼을 후회하고 재결합하였습니다. 이 경우 법률상 부부가 되려면 다시 혼인신고를 하여야 한다고 하는데, 가족관계증명서에 이혼한 사실이 나타나지 않게 할 수 없는지요?

☞ 답변

2008. 1. 1.부터 시행되고 있는 「가족관계의 등록 등에 관한 법률」에 따르면 개인별로 구분하여 작성하는 가족관계등록부는 기본증명서, 가족관계증명서, 혼인관계증명서, 입양관계증명서, 친양자 입양관계증명서로 구분하도록 하고 있습니다(같은 법 제9조, 제15조).

'기본증명서'에는 출생, 국적관련, 친권, 친생부인, 개명 등 본인의 신분상 변동 사항이 기재됩니다. 따라서 본인의 이혼, 혼인, 입양 관계는 기본증명서에 나타나지 않습니다. '가족관계증명서'에는 현재 배우자와 본인을 중심으로 부모, 자녀의 3대만 표시되므로, 형제자매의 개인정보 및 형제자매의 신상변동으로 인하여 생길 수 있었던 불이익을 방지하였습니다.

한편, '혼인관계증명서'에는 본인의 혼인·이혼에 관한 사항과 배우자의 성명정정 또는 개명에 관한 사항이 기재되는 증명서로, 특정등록사항란에는 본인과 현재 유효한 혼인관계에 있는 배우자가 기재되므로 이혼하거나 혼인이 취소 또는 무효로 된 배우자였던 사람은 기재되지 않지만, 일반등록사항란에는 위 배우자였던 사람들의 인적사항이 기재됩니다.

따라서 가족관계증명서에는 현재 유효한 가족관계가 있는 사람들을 표시하므로 이혼사실이 나타나지 않지만, 혼인관계증명서에는 이혼사실이 나타나게 됩니다. [법률구조공단자료. 참고만 하세요]

제8장 사망신고

1. 사망신고인

(1) 신고의무자

사망의 신고는 동거하는 친족이 사망의 사실을 안 날부터 1개월 이내에 하여야 한다(법제85조제1항, 제84조제1항). 병원, 교도소, 그 밖의 시설에서 사망이 있었을 경우에 부모가 신고할 수 없는 때에는 당해 시설의 장 또는 관리인이 신고를 하여야 한다(법제91조, 제50조). 신고인이 「가족관계의 등록 등에 관한 법률」 제85조에 규정된 신고의무자나 신고적격자에 해당되지 않는 경우에 인우인이 제출한 사망신고는 이를 수리하지 못하나(예규제188호), 그 사망신고서에 사망진단서 그 밖의 사망의 사실을 증명하는 서면이 첨부되어 있는 때에는 문서건명부에 접수하고 그 첨부서면을 자료로 하여 시(구)·읍·면의 장이 「가족관계의 등록 등에 관한 법률」 제38조와 같은 법 제18조제2항에 따라 감독법원의 기록허가를 받아 직권으로 기록한다(예규제52호).

(2) 신고적격자

사망신고는 사망자의 친족·동거자 또는 사망장소를 관리하는 사람, 사망장소의 동장 또는 통·이장도 사망의 신고를 할 수 있다(법제85조제2항). 여기서 동거자란 사망자의 가족관계 등록부상의 가족뿐만 아니라 사실상 동거하는 사람을 말하는 것이며, 가족이 아니더라도 세대를 같이 하는 사람은 이를 신고할 수 있다(예규제187호).

(3) 인정사망에 따른 가족관계등록사무 처리지침(예규제200호)

1) 목적

이 예규는 「가족관계의 등록 등에 관한 법률」 (이하 "법"이라 한 다) 제87조의 수해, 화재, 그 밖의 재난으로 인하여 사망(인정사망)한 경우 이와 관련된 사항의 사무처리에 관하여 규정함을 목적으로 한다.

2) 그 밖의 재난의 의의

법 제87조의 "그 밖의 재난"은 다수인을 동시에 사망하게 하는 사건으로 해일, 태풍, 지진, 화산폭발, 건물 및 산의 붕괴·폭발, 선박, 항공기, 열차 등의 사고를 말하는 것으로 자살자 또는 변사자 등은 이에 해당하지 않는다.

3) 사망통보

① 법 제87조에 따라 사망자를 조사한 관공서가 사망지 또는 사망자 등록기준지의 시(구)·읍·면의 장에게 사망의 통보를 할 때에는 법 제84조제2항에 기재된 사항과 사망자의 생년월일과 주소를 기재하여야 한다.

② 외국에서 법 제87조에 따른 사망이 있었고 그 사망자의 가족관계등록여부가 판명되지 아니한 경우에 제①항 통보는 대법원 소재지 관할 시(구)의 장에게 한다.

③ 제①항에 따른 통보는 사체가 발견된 자(사망자를 인식할 수 없는 때를 포함한다. 이하 "시신 확인 사망자"라 한다) 뿐만 아니라, 사체발견 등의 확증은 없으나 주위의 여러 상황을 고려하여 볼 때 사망이 확실하거나 그 개연성이 매우 높다고 판단한 때(이하 "시신 미확인 사망자"라 한다)에는, 유족의 의사와 관계없이 사망통보를 하여야 한다.

④ 법 제85조에 규정된 자가 개별적으로 사망신고를 하여 이미 수리된 때에는 제①항의 사망통보를 하지 아니한다.

⑤ 사망자를 조사한 관공서가 사망통보를 한 후, 사망자의 가족관계등록여부가 분명해진 때에는 그 관공서는 지체 없이 그 취지를 종전에 사망통보를 했던 시(구)·읍·면의 장에게 통보하여야 한다.

  4) 시장 등의 처리

① 사망의 통보를 받은 시(구)·읍·면의 장은 이를 수리하여 사망자의 가족관계등록부에 이를 기록하고 가족관계등록부를 폐쇄하여야 한다.

② 사망자가 가족관계등록이 되어 있는지가 분명하지 아니하여 가족관계등록부에 기록을 할 수 없는 신고서류는 「가족관계의 등록 등에 관한 규칙」 제69조에 따라 처리하고 가족관계등록부의 존재가 판명된 때에는 제①항에 따라 처리한다.

  5) 실종선고의 청구

인정사망 후에도 이해관계인은 사망으로 보게 되는 「민법」 제28조의 효과를 받기 위하여 실종선고의 청구를 할 수 있다.

　6) 신고의무자 등의 사망신고

① 시신 미확인 사망자에 대하여 조사관 공서가 사망 통보를 하지 아니한 동안이라도, 사망신고의무사 등은 개별적으로 사망의 사실을 증명하는 서면(진단서, 검안서, 관공서 작성의 사망증명서, 국립과학수사연구소의 사망확인공문, 인우인 2명 이상이 작성한 사망증명서 등)을 첨부하여 사망의 신고를 할 수 있다.

② 제①항의 서면 중 관공서 작성의 서면이 사본인 경우에는 원본을 보관하는 관공서의 장의 직인이 찍힌 원본 대조필의 인증이 있어야 한다.

③ 시신 확인 사망자에 대하여는 외국의 관공서에서 발급하는 사망사실의 증명서면을 첨부하여 사망신고를 할 수 있다.

2. 신고기간

　사망의 신고는 신고의무자가 사망의 사실을 안 날부터 1개월 이내에 신고하여야 한다(법제84조제1항). 법 제90조제1항의 규정에 의한 등록불명자 또는 인식불능자에 대한 통보가 있은 후에 사망신고의무자가 사망자의 신원을 안 때에는 그 날부터 10일 이내에 사망의 신고를 하여야 한다(법제90조제3항).

3. 신고장소

사망자의 등록기준지 또는 신고인의 주소지나 현재지 시(구)·읍·면의 사무소에 하여야 한다. 그러나 사망지, 매장지 또는 화장지 시(구)·읍·면의 사무소에도 할 수 있다(법제86조). 시(市)에 있어서는 신고장소가 사망자의 주민등록지와 같은 경우에는 사망자의 주민등록지를 관할하는 동(洞)의 사무소에 사망신고를 할 수 있다.

다만, 사망지가 분명하지 아니한 때에는 사체가 처음 발견된 곳에서, 기차나 그 밖의 교통기관 안에서 사망이 있었을 때에는 그 사체를 교통기관에서 내린 곳에서, 항해일지를 비치하지 아니한 선박 안에서 사망한 때에는 그 선박이 최초로 입항한 곳에서 할 수 있다(법제86조단서).

4. 사망신고서의 기재방법

(1) 사망신고서의 기재사항

신고서에는 다음 사항을 기재하여야 한다(법제84조2항).

1) 사망자의 성명, 성별, 등록기준지 및 주민등록번호

2) 사망의 연월일시 및 장소

♣ 【양식 제19호】

<table>
<tr><td colspan="6">사 망 신 고 서
(년   월   일)</td><td colspan="3">※ 뒷면의 작성방법을 읽고 기재하시되 선택항목은
해당번호에 "○"으로 표시하여 주시기 바랍니다.</td></tr>
<tr><td rowspan="14">① 사 망 자</td><td rowspan="2">성명</td><td colspan="2">한글</td><td colspan="2">성 별</td><td rowspan="2">주민등록
번 호</td><td rowspan="2">-</td></tr>
<tr><td colspan="2">한자</td><td colspan="2">① 남 ② 여</td></tr>
<tr><td colspan="2">등록기준지</td><td colspan="5"></td></tr>
<tr><td colspan="2">주소</td><td colspan="3"></td><td>세대주·관계</td><td>의</td></tr>
<tr><td colspan="2">사망일시</td><td colspan="5">   년   월   일   시   분(사망지 시각: 24시각제로 기재)</td></tr>
<tr><td rowspan="3">사망장소</td><td>장소</td><td colspan="5"></td></tr>
<tr><td>구분</td><td colspan="5">① 주택   ② 의료기관   ③ 사회복지시설(양로원, 고아원 등)
④ 공공시설(학교, 운동장 등) ⑤ 도로   ⑥ 상업·서비스시설(상점, 호텔 등)
⑦ 산업장   ⑧ 농장(논밭, 축사, 양식장 등) ⑨ 병원 이송 중 사망 ⑩ 기타(   )</td></tr>
</table>

<table>
<tr><td colspan="2">② 기타사항</td><td colspan="4"></td></tr>
<tr><td rowspan="4">③ 신 고 인</td><td>성명</td><td></td><td>㊞ 또는 서명</td><td>주민등록번호</td><td>-</td></tr>
<tr><td rowspan="2">자격</td><td colspan="2">① 동거친족 ② 비동거친족 ③ 동거자</td><td>관계</td><td></td></tr>
<tr><td colspan="2">④ 기타(보호시설장/사망장소관리장 등)</td><td>자격</td><td></td></tr>
<tr><td>주소</td><td></td><td>전화</td><td>이메일</td><td></td></tr>
<tr><td colspan="2">④ 제출인</td><td>성 명</td><td></td><td>주민등록번호</td><td>-</td></tr>
</table>

※ 타인의 서명 또는 인장을 도용하여 허위의 신고서를 제출하거나, 허위신고를 하여 가족관계
등록부에 부실의 사실을 기록하게 하는 경우에는 형법에 의하여 5년 이하의 징역 또는 1천
만원 이하의 벌금에 처해집니다.

※ 다음은 국가의 인구정책 수립에 필요한 자료로 「통계법」 제32조 및 제33조에 의하여 성실응답 의무가 있으며 개인의 비밀사항이 철저히 보호되므로 사실대로 기입하여 주시기 바랍니다.

<table>
<tr><td rowspan="5">⑤
사
망
원
인</td><td>가</td><td>직접 사인</td><td></td><td rowspan="4">발병부터
사망까지
기 간</td><td></td></tr>
<tr><td>나</td><td>가의 원인</td><td></td><td></td></tr>
<tr><td>다</td><td>나의 원인</td><td></td><td></td></tr>
<tr><td>라</td><td>다의 원인</td><td></td><td></td></tr>
<tr><td colspan="2">기타의 신체상황</td><td></td><td>진단자</td><td>① 의사 ② 한의사 ③ 기타</td></tr>
<tr><td colspan="2">⑥ 사망종류</td><td colspan="4">① 병사　　　② 외인사(사고사 등)　　　③ 기타 및 불상(　　　　　)</td></tr>
<tr><td rowspan="5">⑦
외
인
사
사
항</td><td colspan="2">사고종류</td><td colspan="2">① 운수(교통) ② 중독 ③ 추락
④ 익사 ⑤ 화재 ⑥ 기타(　　　)</td><td>의도성
여 부</td><td>① 비의도적 사고
② 자살 ③ 타살 ④ 미상</td></tr>
<tr><td colspan="2">사고일시</td><td colspan="4">년　　月　　일　　시　　분(24시각제로 기재)</td></tr>
<tr><td colspan="2">사고지역</td><td colspan="4">① 현주소지와 같은 시군구② 다른 시군구(　　시도,　　시군구)
③ 기타(　　　　　)</td></tr>
<tr><td colspan="2">사고장소</td><td colspan="4">① 주택　　　　　② 의료기관　　　　　③ 사회복지시설(양로원, 고아원 등)
④ 공공시설(학교, 운동장 등)　⑤ 도로　⑥ 상업·서비스시설(상점, 호텔 등)
⑦ 산업장　　　　⑧ 농장(논밭, 축사, 양식장 등)
⑨ 기타(　　　　　　　　　)</td></tr>
<tr><td rowspan="4">⑧
사
망
자</td><td colspan="2">국 적</td><td colspan="4">① 대한민국(출생시 국적취득)
② 대한민국[귀화(수반포함)·인지 국적취득, 이전국적 :　　　　]</td></tr>
<tr><td colspan="2">최종 졸업학교</td><td colspan="4">① 무학 ② 초등학교 ③ 중학교 ④ 고등학교 ⑤ 대학(교) ⑥ 대학원이상</td></tr>
<tr><td colspan="2">발병(사고)당시직업</td><td colspan="3">① 관리자　　② 전문가 및 관련종사자
③ 사무종사자 ④ 서비스종사자 ⑤ 판매종사자
⑥ 농림어업 숙련 종사자
⑦ 기능원 및 관련 기능 종사자
⑧ 장치·기계 조작 및 조립 종사자
⑨ 단순노무 종사자
⑩ 학생　　⑪ 가사　　⑫ 군인　　⑬ 무직</td><td>혼인상태</td><td>① 미혼
② 배우자 있음
③ 이혼
④ 사별</td></tr>
</table>

※ 아래사항은 신고인이 기재하지 않습니다.

읍면동접수	가족관계등록관서 송부	가족관계등록관서 접수 및 처리
	년　월　일(인)	

작 성 방 법 ※ 사망신고서는 1부를 작성 제출하여야 합니다.

① 사 망 자	· 등록기준지 : 해당자가 외국인인 경우에는 그 국적을 기재합니다. · 주민등록번호 : 해당자가 외국인인 경우에는 외국인등록번호(국내거소신고번호 또는 출생연월일)를 기재합니다. · 사망일시 : <예시> 오후 2시 30분(×) → 14시 30분(○), 밤 12시 30분(×) → 다음날 0시 30분(○) - 우리나라 국민이 외국에서 사망한 경우, 현지 사망시각을 서기 및 태양력으로 기재하되, 서머타임 실시기간 중 사망하였다면 사망지 시각 옆에 "(서머타임 적용)"이라고 표시합니다. · 사망장소 구분: ① 주택은 사망장소가 사망자의 집이거나 부모·친척 등의 집에서 사망한 경우를 포함 ⑩ 기타는 예시 외에 비행기, 선박, 기차 등 기타 장소에 해당되는 경우 · 사망장소의 기재는 최소 행정구역의 명칭(시·구의 '동', 읍·면의 '리') 또는 도로명주소의 '도로명'까지만 기재하여도 됩니다.
② 기타사항	· 사망진단서(시체검안서) 미첨부시 그 사유 등 가족관계등록부에 기록을 분명히 하는데 특히 필요한 사항을 기재합니다.
③ 신 고 인	· 자격란에는 해당항목에 "○"표시하되 ④ 기타는 사망장소를 관리하는 자 등이 포함됩니다.
④ 제 출 인	· 제출인(신고인 여부 불문)의 성명 및 주민등록번호를 기재합니다[접수담당공무원은 신분증과 대조]
⑤ 사망원인	· 사망진단서(시체검안서)에 기재된 모든 사망원인 및 그 밖의 신체상황 내용을 동일하게 기재합니다.
⑥ 사망종류	· 사망진단서(시체검안서)에 기재된 "사망의 종류"를 참고로 기재하되, ② 외인사는 질병 이외의원인 즉, 사고사 등으로 사망한 경우에 해당하며, ③ 기타 및 불상인 경우에는 그 내용을 구체적으로 기재합니다.
⑦ 외 인 사 사 항	· 사고사 등으로 사망한 경우에는 사망진단서의 기재 사항을 동일하게 기재하되 기재된 사항이 없는 경우 사고의 종류, 사고 발생지역 및 장소를 구체적으로 기재합니다.
⑧ 사 망 자	· 사망자의 최종 졸업학교는 교육과학기술부장관이 인정하는 모든 정규기관을 기준으로 기재하되, 각급 학교의 재학(중퇴)자는 졸업한 최종학교의 해당 번호에 "○"표시를 합니다. <예시> 대학교 3학년 재학(중퇴) → ④ 고등학교에 "○"표시 · 사망자의 발병(사고)당시 직업은 사망의 원인이 되는 질병 또는 사고가 발생 한 때의 직업을 기재합니다.

① 관리자: 정부, 기업, 단체 또는 그 내부 부서의 정책과 활동을 기획, 지휘 및 조정(공공 및 기업고위직 등)
② 전문가 및 관련종사자: 전문지식을 활용한 기술적 업무(과학, 의료, 교육, 종교, 법률, 금융, 예술, 스포츠 등)
③ 사무종사자: 관리자, 전문가및관련 종사자를 보조하여 업무 추진(경영, 보험, 감사, 상담안내통계 등)
④ 서비스종사자: 공공안전, 신변보호, 의료보조, 이미용, 혼례 및 장례, 운송, 여가, 조리와 관련된 업무
⑤ 판매종사자: 영업활동을 통해 상품이나 서비스 판매(인터넷, 상점, 공공장소 등), 상품의 광고 홍보 등
⑥ 농림어업 숙련 종사자: 작물의 재배수확, 동물의 번식사육, 산림의 경작및 개발, 수생동·식물 번식 및 양식 등
⑦ 기능원 및 관련 기능 종사자: 광업, 제조업, 건설업에서 손과 수공구를 사용하여 기계 설치 및 정비, 제품 가공
⑧ 장치 기계 조작 및 조립 종사자: 기계를 조작하여 제품 생산조립, 컴퓨터에 의한 기계제어, 운송장비의 운전 등
⑨ 단순노무 종사자: 주로 간단한 수공구의 사용과 단순하고 일상적이며 육체적 노력이 요구되는 업무
⑪ 가사: 전업주부 등 ⑫ 군인: 의무복무 중인 장교 및 사병 제외, 직업군인 해당 ⑬ 무직: 특정한 작업이 없음

1. 사망자에 대한 진단서나 검안서 1부.
2. 사망의 사실을 증명할 만한 서면(진단서나 검안서를 첨부할 수 없을 때): 아래 중 1부.
 - 사망증명서(동·리·통장 또는 인우 2명 이상이 작성한 사망증명서): 증명인이 인우인(2명 이 상)인 경우에는 증명인의 인감증명서, 주민등록증사본, 운전면허증사본, 여권사본, 공무원증 사본 중 1부 첨부하여야 하며, 증명인이 동·리·통장일 때에는 1명의 증명으로 족하고 원칙적 으로 동·리·통장임을 증명하는 서면 첨부요.
 - 관공서의 사망증명서 또는 매장인허증.
 - 사망신고수리증명서(외국관공서에 사망신고한 경우).
※ 아래 3항은 가족관계등록관서에서 전산으로 그 내용을 확인할 수 있는 경우 첨부를 생략합 니다.
3. 사망자의 가족관계등록부의 기본증명서 1통.
4. 신분확인[가족관계등록예규 제23호에 의함]
 - 신고인이 출석한 경우 : 신분증명서
 - 제출인이 출석한 경우 : 신고인의 신분증명서 사본 및 제출인의 신분증명서
 - 우편제출의 경우 : 신고인의 신분증명서 사본
5. 사망자가 외국인인 경우 : 국적을 증명하는 서면(여권 또는 외국인등록증) 사본

※ 재산상속의 한정승인, 포기의 안내	*이 안내는 사망신고와는 관계가 없는 내용 입니다. 자세한 내용은 가정법원 또는 지방법원 민원실로 문의하시기 바랍니다.

1. 의 의: 한정승인 - 상속인이 상속으로 얻은 재산의 한도에서 상속을 승인하는 것.
     : 포기 - 상속재산에 속한 모든 권리의무의 승계를 포기하는 것.
2. 방 식: 한정승인 - 상속재산의 목록을 첨부하여 가정법원에 신고합니다.
     : 포기 - 가정법원에 포기의 신고를 합니다.
3. 신고기간: 상속개시 있음을 안 날로부터 3개월 이내(민법 제1019조제1항)
     : 상속인은 상속채무가 상속재산을 초과하는 사실을 중대한 과실 없이 상속개시 있음을 안 날로 부터 3개월 이내에 알지 못하고 단순승인(민법 제1026조제1호 및 제2호에 따라 단순 승 인한 것으로 보는 경우를 포함한다)을 한 경우에는 그 사실을 안 날로부터 3개월 이내에 한정승인을 할 수 있다.
4. 관 할: 상속개시지[피상속인의 (최후)주소지]관할 법원

(2) 사망자의 성명

사망자의 성명을 알지 못하는 경우에는 "불명"으로 기재한
다.

(3) 사망일시

사망의 연월일과 시각을 신고서에 기재 및 가족관계등록부
에 기록할 때에는 1일 24시각제를 기준으로 오전 12시는 12
시, 오후 10시는 22시, 오후 12시는 다음 날 0시로 기재 및
기록하여야 한다. 사망신고서에 연월일을 "미상"으로 기재한
신고서는 수리할 수 없다(예규 제333호). 우리나라 국민이 외
국에서 사망한 경우, 가족관계등록부의 일반등록사항란에 현
지 사망시각을 서기 및 태양력으로 기록하여야 한다(구호적
선례3-183호, 예규제320호).

(4) 사망장소

최소 행정구역의 명칭(시·구의 '동', 읍·면의 '리') 또는 도
로명주소의 '도로명'까지만 기재되어도 그 신고를 수리하여야
하고, 건물번호나 지번의 기재가 없음을 이유로 사망신고를
불수리할 수 없다(예규제333호).

(5) 사망신고인

사망신고의 신고인이 사망자의 친족인 때에는 신고의무자
인 친족인지 또는 신고적격자인 친족인지를 분명히 하기 위
하여 "【신고인】 동거친족○○○" 또는 "【신고인】 비동거친
족○○○"으로 구분하여 사망신고서에 기재 및 가족관계등록
부에 기록한다. 따라서 사망신고를 접수처리하는 가족관계등

록공무원의 요구가 있을 때에는 신고인이 동거 여부의 사실을 소명하여야 한다(예규제186호).

5. 사망신고서의 첨부서류

(1) 진단서 또는 검안서

사망신고서에는 사망사실을 증명하기 위하여 사망자에 대한 진단서 또는 검안서를 첨부하여야 한다(법제84조제1항). 사망신고서에 첨부한 진단서의 사망자 성명이 동음이자(同音異字)인 경우 혹은 그 등록기준지, 생년월일 등이 다소 차이가 있어도 사건본인임을 인식할 수 있는 때 또는 관공서의 사망증명서 또는 매장인허증 등을 첨부한 때에는 사망신고를 수리하여야 한다(예규제189호). 그리고 재외공관으로부터 사망자에 대한 사망신고 및 진단서를 송부한 경우에 그 사망신고 및 진단서에 유명(幼名)을 기재하였으므로 가족관계등록부와 일치되지 아니한 때에도 사건본인임을 인식할 수 있는 때에는 이를 수리하여 가족관계등록부에 기록을 하여야 한다(예규제189호).

우리나라와 외교관계가 수립되지 않은 국가에서 사망한 우리나라 국민에 대한 사망진단서를 입수하여 그 진단서에 의하여 사망신고를 할 때에는, 그 신고서에 사망진단서를 입수한데 대한 사건본인(사망자)의 등록기준지, 신고인의 주소지 또는 현재지 관할 경찰관서장의 사망진단서를 입수하였다는 신고에 대한 확인서 등 증명서류와 진단서의 번역문 및 번역인의 주소를 소명할 수 있는 공인된 서류를 첨부한 때에는,

그 신고서를 수리하여야 한다(예규제193호).

(2) 사망의 사실을 증명할 만한 서면

사망신고서에 진단서나 검안서를 첨부할 수 없는 때에는 사망의 사실을 증명할 만한 서면으로 갈음할 수 있다. 이 경우 신고서에 진단서 또는 검안서를 얻지 못한 사유를 기재하여야 한다(법제84조제3항).

1) 사망증명서

동(리)장 및 통장 또는 인우인 2명 이상의 증명서등을 들 수 있는데(예규제192호), 사망증명서를 작성하는 동·이장, 통장이나 인우인은 사망사실을 알고 있는 자임을 요하며 신고인 자신은 인우보증인이 될 수 없다(구호적선례4-92호 참조). 사망사실이 확인되지 않은 상태에서 사망신고를 하였다면 비록 사망신고서에 사망사실을 알지 못하는 인우보증인의 보증서를 형식적으로 첨부한 경우라고 할지라도 그 사망신고는 무효이다(구호적선례2-239호 참조). 6·25사변으로 인하여 사망한 사람은 사망을 목격한 사람 또는 사망을 확인한 사람 2명 이상의 증명서를 첨부하여 신고하게 할 수 있다(예규제192호).

증명인이 인우인인 경우에는 각 증명서에는 증명자의 주민등록번호 또는 출생연월일, 등록기준지와 주소를 기재하여야 한다(예규제192호). 또한 증명인의 인감증명서, 주민등록증사본, 운전면허증사본, 여권사본, 공무원증사본 중 1부(다만, 증명인이 동(리)장일 때에는 이를 증명하는 서면 1부)를 첨부하여야 하고, 인감증명서를 첨부하는 외에는 증명인은 주민등록증 등의 원본을 가지고 신고지 관할 시(구)·읍·면사무소에 직접 출석하여 시(구)·읍·면의 장(동장을 포함한다)으로부터 본인임을 확인받아야 한다. 그리고 시(구)·읍·면의 장(동장을 포함한다)은 증명인으로부터 주민등록증 등의 원본을 제시받아 본인임을 확인한 후 틀림이 없는 경우에는 주민등록증 등의 사본의 여백에 "위 사본은 원본과 틀림없음을 인증합니다"라는 인증문을 기재하고 그 직명과 성명을 기재한 다음 직인을 찍어야 한다(예규제192호).

증명인의 인감증명서를 첨부할 경우에는 증명서에 인감도장을 찍어야 하며, 이 경우 증명인이 직접 등록관서에 출석할 필요는 없다. 그리고 증명인이 동(리)장 및 통장(이하 "동장등"이라 한다)일 경우에는 동장 등임을 증명하는 서면만을 첨부하고, 관계인란에 "○○시(군) ○○구(면) ○○동(리)장 또는 통장"이라고 기재하며 동장 등 1명의 증명이면 된다. 단, 사망신고 당시 동장 등이 사망신고지 관할 시(구)·읍·면(동을 포함한다)지역에 현재 재직하고 있어 접수담당공무원이 동장 등의 신분을 확인할 수 있을 때에는 접수담당공무원이 사망증명서 여백에 "동(리)장 또는 통장으로 재직하고 있음을 확인합니다"라고 기재하고 그 실인을 찍어 동(리)장 또는 통장임을 증명하는 서면의 첨부를 갈음할 수 있다(예규제192호).

  2) 관공서의 사망증명서 또는 매장인허증

  3) 사망신고수리증명서

  4) 육군참모총장 명의의 전사확인서

5) 일본 후생성 발행의 사망사실 증명서면

6) 정부기록보관소에 보존중인 재무부 작성의 피수용자명부

7) 외국 당국이 발행하고 한국영사관이 공증한 외국인시신이동증

(3) 사망의 사실을 증명할 서면을 첨부할 수 없는 경우

사망신고서에 사망사실을 증명할 만한 서면을 첨부할 수 없어 사망신고를 할 수 없는 경우에는 사건본인의 주소지를 관할하는 가정법원으로부터 실종선고의 심판을 받아 그 선고를 청구한 사람이 심판확정일부터 1개월 이내에 심판서의 등본 및 확정증명서를 첨부하여 등록관서에 실종선고의 신고를 하여야 한다(법제92조제1항, 구호적선례4-91호 참조).

실종선고의 신고서에는 다음 사항을 기재하여야 한다(법제92조제2항).

1) 실종자의 성명·성별·등록기준지 및 주민등록번호

2) 「민법」 제27조에서 정한 기간의 만료일

제9장 친권[親權]에 관한 신고

1. 친권자의 지정 · 변경에 관한 신고

(1) 협의에 의하여 친권자를 지정한 경우

이혼신고서 또는 인지신고서 등에 그 취지와 내용을 기록하여 부가적으로 친권자의 지정신고를 할 수 있으며(법제55조제1항, 제74조제1항), 또한 독립적 신고로서 할 수도 있다(법제79조제1항, 단 협의이혼신고시 제외). 친권자의 지정신고는 협의이혼신고나 인지신고가 수리되기 전에는 수리할 수 없으나, 재판상 이혼을 인용함과 동시에 친권자를 지정한 판결이 확정된 때에는 재판상 이혼신고가 수리되기 전이라도 친권자 지정신고를 할 수 있다(예규제286호). 재판상 이혼신고는 보고적 신고에 불과하기 때문이다. 협의이혼신고의 경우 친권자 지정신고의 신고기간은 협의이혼신고가 수리된 때부터 기산하나, 재판상 이혼신고는 그 판결상의 원고와 친권자로 지정된 사람이 친권자 지정신고의 의무를 부담하고, 신고의무기간은 판결확정일로부터 기산한다(예규제286호).

친권자 지정신고의 신고인은 부모가 공동으로 신고함을 원칙으로 하나 부모중의 일방이 신고하는 때에는 친권자의 지정사실을 증명하는 서면(친권자지정협의서)을 첨부하여야 한다(법제79조제1항). 그러나 협의이혼신고에 부가적으로 신고하는 경우에는 협의서를 별도로 첨부할 필요가 없지만, 이 경우에도 이혼신고와 친권자 지정신고를 별개의 사건으로 처리한다(예규제286호).

(2) 재판에 의하여 친권자의 지정·변경이 있는 경우

친권자의 지정·변경의 재판이 그 효력을 발생한 때에는 가정법원은 지체 없이 사건본인의 등록기준지 시(구)·읍·면의 장에게 등록부에의 기록을 촉탁하여야 한다(가사소송법 제9조, 동규칙제5조제1항제2호). 이 경우에는 그 촉탁서에 의하여 등록부에 기록을 하여야 한다(예규제286호). 한편 법은 친권자를 정하거나 변경하는 재판이 확정된 때에는 그 재판을 청구한 사람 또는 그 재판으로 친권자로 정하여진 사람이 신고의무자로써 그 내용을 신고하여야 한다고 규정(법제79조제2항)하고 있음을 주의하여야 한다. 친권자 변경의 경우에는 협의에 의한 친권자변경신고를 수리해서는 안 되며, 친권자 지정에 관한 가정법원의 기록촉탁과 법 제79조제2항에 따른 신고(재판지정의 신고)가 경합된 경우에는 규칙 제57조(먼저 수리된 신고 유효 원칙)에 따른다(예규제286호).

♣ 【양식 제13호】

<table>
<tr><td colspan="4">친권자(①지정②변경)신고서
(년 월 일)</td><td colspan="5">※ 뒷면의 작성방법을 읽고 기재하시되, 선택항목은 해당
번호에 "○"으로 표시하여 주시기 바랍니다.</td></tr>
<tr><td rowspan="9">①
미
성
년
자
녀</td><td>성 명</td><td>한글</td><td>한자</td><td colspan="2">주민등록번호</td><td colspan="2">-</td></tr>
<tr><td>등록기준지</td><td colspan="3"></td><td colspan="2">출생연월일</td><td></td></tr>
<tr><td>주 소</td><td colspan="6"></td></tr>
<tr><td>성 명</td><td>한글</td><td>한자</td><td colspan="2">주민등록번호</td><td colspan="2">-</td></tr>
<tr><td>등록기준지</td><td colspan="3"></td><td colspan="2">출생연월일</td><td></td></tr>
<tr><td>주 소</td><td colspan="6"></td></tr>
<tr><td>성 명</td><td>한글</td><td>한자</td><td colspan="2">주민등록번호</td><td colspan="2">-</td></tr>
<tr><td>등록기준지</td><td colspan="3"></td><td colspan="2">출생연월일</td><td></td></tr>
<tr><td>주 소</td><td colspan="6"></td></tr>
<tr><td rowspan="3">②
부</td><td>성 명</td><td>한글</td><td>한자</td><td colspan="2">주민등록번호</td><td colspan="2">-</td></tr>
<tr><td>등록기준지</td><td colspan="6"></td></tr>
<tr><td>주 소</td><td colspan="6"></td></tr>
<tr><td rowspan="3">③
모</td><td>성 명</td><td>한글</td><td>한자</td><td colspan="2">주민등록번호</td><td colspan="2">-</td></tr>
<tr><td>등록기준지</td><td colspan="6"></td></tr>
<tr><td>주 소</td><td colspan="6"></td></tr>
<tr><td rowspan="8">④친권자</td><td colspan="3">성 명</td><td colspan="4">미성년자와의 관계 ①부②모③부모</td></tr>
<tr><td colspan="3">미성년자 성명</td><td colspan="4"></td></tr>
<tr><td colspan="2">①지정일자</td><td>년 월 일</td><td colspan="2">①지정원인</td><td colspan="2">① 협의
② ( )법원의 결정</td></tr>
<tr><td colspan="2">②변경일자</td><td>년 월 일</td><td colspan="2">②변경원인</td><td colspan="2">( )법원의 결정</td></tr>
<tr><td colspan="3">성 명</td><td colspan="4">미성년자와의 관계 ①부②모③부모</td></tr>
<tr><td colspan="3">미성년자 성명</td><td colspan="4"></td></tr>
<tr><td colspan="2">①지정일자</td><td>년 월 일</td><td colspan="2">①지정원인</td><td colspan="2">① 협의
② ( )법원의 결정</td></tr>
<tr><td colspan="2">②변경일자</td><td>년 월 일</td><td colspan="2">②변경원인</td><td colspan="2">( )법원의 결정</td></tr>
<tr><td colspan="2">⑤기타사항</td><td colspan="6"></td></tr>
<tr><td colspan="8">협의의 친권자 지정 신고 시 신고인 쌍방이 모두 출석하였습니까? 예 ( ) 아니오( )</td></tr>
<tr><td rowspan="4">⑥
신
고
인</td><td>성 명</td><td colspan="2">㊞ 또는 서명</td><td>주민등록번호</td><td colspan="2">-</td><td>자격①부②모</td></tr>
<tr><td>주 소</td><td colspan="4"></td><td>전 화</td><td></td></tr>
<tr><td colspan="5"></td><td>이메일</td><td></td></tr>
<tr><td>성 명</td><td colspan="2">㊞ 또는 서명</td><td>주민등록번호</td><td colspan="2">-</td><td>자격①부②모</td></tr>
<tr><td rowspan="2">⑦제출
인</td><td>주 소</td><td colspan="4"></td><td>전 화</td><td></td></tr>
<tr><td>성 명</td><td colspan="3"></td><td>주민등록번호</td><td colspan="2">-</td></tr>
</table>

※ 타인의 서명 또는 인장을 도용하여 허위의 신고서를 제출하거나, 허위신고를 하여 가족관계
등록부에 부실의 사실을 기록하게 하는 경우에는 형법에 의하여 5년 이하의 징역 또는 1천만원
이하의 벌금에 처해집니다.

작 성 방 법 | 이혼신고 시 친권자지정신고는 이혼신고서의 양식을 이용합니다.

※ 등록기준지 : 각 란의 해당자가 외국인인 경우에는 그 국적을 기재합니다.
※ 주민등록번호 : 각 란의 해당자가 외국인인 경우에는 외국인등록번호(국내거소신고번호 또
　　　　　　　　　는 출생연월일)를 기재합니다.
①란 : 2명 이상의 미성년자에 대해 친권자가 동일하게 지정(변경)된 경우에는 순서대로 기재합니다.
　　 : 법 제25조제2항에 따라 주민등록번호란에 주민등록번호를 기재한 때에는 출생연월일의
　　　기재를 생략할 수 있습니다.
④란 : 새롭게 친권자로 지정변경된 자를 의미하며, 지정일자는 협의의 경우에는 협의성립일, 재판의 경우에
　　　는 결정 확정된 일자를 기재합니다. 친권자변경에 관한 사항은 재판에 의한 경우에만 기재합니다.
⑤란 : 친권자변경신고의 경우에 종전의 친권자를 기재합니다.
⑦란 : 제출자(신고인 여부 불문)의 성명 및 주민등록번호 기재[접수담당공무원은 신분증과 대
　　　조]

첨 부 서 류

1. 법원이 친권자를 지정·변경한 경우
　- 재판서등본 및 확정증명서 각 1부.
　- 조정·화해 성립 : 조정(화해)조서등본 및 송달증명서 각 1부.
2. 부모의 협의에 의하여 친권자를 지정한 경우
　- 부모 중 한쪽이 신고할 경우 : 협의사실을 증명하는 서류 1부.
　- 부모가 함께 신고할 경우 : 협의사실 증명하는 서류를 첨부할 필요가 없음.
**※ 아래 3항은 가족관계등록관서에서 전산으로 그 내용을 확인할 수 있는 경우 첨부를 생
　　략합니다.**
3. 당사자의 가족관계등록부의 기본증명서, 가족관계증명서 각 1통.
4. 신분확인[가족관계등록예규 제23호에 의함]
　① 재판에 의한 친권자 지정·변경
　　- 신고인이 출석한 경우 : 신분증명서
　　- 제출인이 출석한 경우 : 제출인의 신분증명서
　　- 우편제출의 경우 : 신고인의 신분증명서 사본
　② 협의에 의한 친권자 지정신고
　　- 신고인이 출석한 경우 : 신고인 모두의 신분증명서
　　- 신고인 불출석, 제출인 출석의 경우 : 제출인의 신분증명서 및 신고인 모두의 신분증명
　　　서 또는 서명공증 또는 인감증명서(신고인의 신분증명서 없이 신고서에 신고인이
　　　서명한 경우 서명공증, 신고서에 인감 날인한 경우 인감증명)
　　- 우편제출의 경우 : 신고인 모두의 서명공증 또는 인감증명서(신고서에 서명한 경우 서
　　　명공증, 인감을 날인한 경우는 인감증명서)

제10장 후견에 관한 신고

1. 후견개시신고

(1) 신고인 및 신고기간

후견인이 된 자는 지정, 법정, 선임을 불문하고 그 취임일로부터 1개월 이내에 후견개시 신고를 하여야 한다(예규제180호). 신고서에는 다음 사항을 기재하여야 한다(법제80조).

　1) 후견인과 피후견인의 성명·출생연월일·주민등록번호 및 등록기준지

　2) 후견개시의 원인 및 연월일

　3) 후견인이 취임한 연월일

의사능력 없는 사람의 가족관계등록신고를 후견인이 신고하는 경우, 그 자격을 확인하기 위하여 먼저 후견개시신고를 하여야 한다(예규제68호). 그런데 후견인이 취임한 후에 그 후견개시신고 전에 후견인의 자격으로 가족관계등록신고를 하거나 동의를 한 경우에 가족관계등록부에 기록을 한 때에는 그 신고 또는 동의는 유효하다(예규제73호).

(2) 첨부서류

　1) 유언서 또는 유언녹음녹취서(법제82조제1항)

유언에 의하여 후견인을 지정한 경우에는 가정법원의 검인을 마친 후견인 지정에 관한 유언서 그 등본 또는 유언녹음을

기재한 서면을 신고서에 첨부하여야 한다.

2) 재판서 등본(법제82조제2항)

후견인선임의 재판이 있는 경우에는 재판서의 등본을 신고서에 첨부하여야 한다.

2. 후견인 경질신고

(1) 경질사유

후견인이 경질되는 원인은 ①후견인의 사망, ②후견인의 사퇴(민법제939조) 또는 변경(민법제940조), ③후견인 결격사유의 발생(민법제937조), ④배우자가 후견인인데 혼인관계가 종료한 때, ⑤후견인이 한국 국적을 상실한 때 등이다.

(2) 신고인 · 신고기간 및 첨부서면

후견인 경질신고는 후임 후견인이 취임일로부터 1개월 이내에 신고하여야 한다. 신고서에는 법원에서 후견인을 선임한 때에는 재판서 등본과 확정증명서를, 그리고 후견인 사퇴에 관한 법원의 허가가 있는 경우에는 법원의 허가서를 첨부하여야 한다(법제81조).

3. 후견종료신고

후견의 종료사유로는 ①미성년자인 피후견인이 성인이 된 경우 ②피후견인에 대한 금치산 · 한정치산선고의 취소 ③피후견인인 미성년자에게 친권자가 생긴 때 등을 들 수 있다. 이러한 사유가 발생하면 후견종료 사유발생 당시의 후견인이

1개월 이내에 신고하여야 한다. 그러나 미성년자가 성년이 되거나(이 경우 미성년자가 성년이 됨으로써 후견이 종료된 사실을 발견한 등록사무처리자가 직권으로 기록함) 혼인한 경우에는 직권으로 후견종료사유를 기록하여야 한다(법제83조제1항).

♣ 【양식 제16호】

<table>
<tr><td colspan="6">후 견 개 시 신 고 서
(년   월   일)</td><td colspan="3">※아래의 작성방법을 읽고 기재하시되 선택항목은 해당번호에 "○"으로 표시하여 주시기 바랍니다.</td></tr>
<tr><td rowspan="9">① 피 후 견 인</td><td>성 명</td><td>한글</td><td>한자</td><td colspan="2">주민등록번호</td><td>-</td></tr>
<tr><td>등록기준지</td><td colspan="3"></td><td colspan="2">출생연월일</td><td></td></tr>
<tr><td>주 소</td><td colspan="6"></td></tr>
<tr><td>성 명</td><td>한글</td><td>한자</td><td colspan="2">주민등록번호</td><td>-</td></tr>
<tr><td>등록기준지</td><td colspan="3"></td><td colspan="2">출생연월일</td><td></td></tr>
<tr><td>주 소</td><td colspan="6"></td></tr>
<tr><td>성 명</td><td>한글</td><td>한자</td><td colspan="2">주민등록번호</td><td>-</td></tr>
<tr><td>등록기준지</td><td colspan="3"></td><td colspan="2">출생연월일</td><td></td></tr>
<tr><td>주 소</td><td colspan="6"></td></tr>
<tr><td rowspan="4">②(신고인)후견인</td><td rowspan="2">성 명</td><td>한글</td><td colspan="2">㉑ 또는 서명</td><td colspan="2">주민등록
번 호</td><td>-</td></tr>
<tr><td>한자</td><td colspan="3"></td></tr>
<tr><td>등록기준지</td><td colspan="3"></td><td colspan="2">출생연월일</td><td></td></tr>
<tr><td rowspan="2">주 소</td><td colspan="5" rowspan="2"></td><td colspan="2">전 화</td></tr>
<tr><td colspan="2">이메일</td></tr>
<tr><td colspan="2">③후견개시일자 및 원인</td><td colspan="4">년   월   일</td><td colspan="2"></td></tr>
<tr><td colspan="2">④취임일자 및 원인</td><td colspan="4">년   월   일   ①지정   ②법정   ③선정</td><td colspan="2"></td></tr>
<tr><td colspan="2">⑤심 판 일 자</td><td colspan="3">년   월   일</td><td>법원명</td><td colspan="2"></td></tr>
<tr><td colspan="2">⑥기 타 사 항</td><td colspan="6"></td></tr>
<tr><td colspan="2">⑦제출인</td><td>성 명</td><td colspan="3"></td><td>주민등록번호</td><td colspan="2">-</td></tr>
</table>

작 성 방 법

※ 등록기준지 : 각 란의 해당자가 외국인인 경우에는 그 국적을 기재합니다.
※ 주민등록번호 : 각 란의 해당자가 외국인인 경우에는 외국인등록번호(국내거소신고번호 또는 출생연월일)를 기재합니다.
①란 : 2명 이상의 피후견인에 대해 후견개시가 있는 경우에는 순서대로 적으시면 됩니다.
　　 : 법 제25조제2항에 따라 주민등록번호란에 주민등록번호를 기재한 때에는 출생연월일의 기재를 생략할 수 있습니다.
③란 : 후견개시일자 및 원인은 2008. 2. 1.친권자의 사망(상실), 2009. 2. 1. 한정치산선고확정, 2010. 2. 1. 친권자행방불명 등으로 기재합니다.
④란 : 지정·법정후견인의 취임연월일은 후견개시원인이 발생한 날(친권자의 사망, 상실등)을 기재합니다.
　　 : 선정후견인의 취임연월일은 후견인선임심판일을 기재합니다.
⑤란 : 심판일자란은 선정후견인의 경우에만 기재합니다.
⑥란 : 가족관계등록부에 기록을 분명하게 하는데 특히 필요한 사항을 기재합니다.
⑦란 : 제출자(신고인 여부 불문)의 성명 및 주민등록번호 기재[접수담당공무원은 신분증과 대조]

첨 부 서 류

1. 유언서 그 등본 또는 유언녹음을 기재한 서면 1부(유언에 의하여 후견인을 지정한 경우).
2. 재판서 등본 1부(가정법원이 재판에 의하여 후견인을 선정한 경우).
※ 아래 3항은 가족관계등록관서에서 전산으로 그 내용을 확인할 수 있는 경우 첨부를 생략합니다.
3. 당사자의 가족관계등록부의 기본증명서, 가족관계증명서 각 1통.
4. 신분확인[가족관계등록예규 제23호에 의함]
 - 신고인이 출석한 경우 : 신분증명서
 - 제출인이 출석한 경우 : 제출인의 신분증명서
 - 우편제출의 경우 : 신고인의 신분증명서 사본

※ 타인의 서명 또는 인장을 도용하여 허위의 신고서를 제출하거나, 허위신고를 하여 가족관계등록부에 부실의 사실을 기록하게 하는 경우에는 형법에 의하여 5년 이하의 징역 또는 1천만원 이하의 벌금에 처해집니다.

제11장 국적 취득 및 상실에 관한 신고

1. 국적취득자의 성과 본의 창설신고

(1) 의 의

외국의 성을 쓰는 국적취득자가 그 성을 쓰지 아니하고 새로이 성(姓)·본(本)을 정하고자 하는 경우에는 그 등록기준지·주소지 또는 등록기준지로 하고자 하는 곳을 관할하는 가정법원의 허가를 받고 그 등본을 받은 날부터 1개월 이내에 그 성과 본을 신고하여야 한다(법제96조).

(2) 성·본창설신고

성·본창설허가를 받은 자는 그 등본을 받은 날부터 1개월 이내에 그 등본을 첨부하여 성·본창설신고를 하여야 한다(법제96조). 성·본창설신고의 장소에 관한 특별한 규정이 없으므로 등록신고의 장소에 관한 일반적 규정(법제20조)에 의하여 사건본인의 등록기준지 또는 신고인의 주소지나 현재지에서 신고할 수 있다.

(3) 국적회복 및 국적재취득의 경우

대한민국의 국적을 회복하거나 재취득하는 경우에는 종전에 사용하던 대한민국식 성명으로 국적회복신고 또는 국적재취득신고를 할 수 있다(법제96조제2항). 이 경우 신고서에는 종전에 사용하던 대한민국식 성명을 소명하여야 한다(법제96조제3항).

(4) 성·본창설신고서의 기재사항

신고서에는 다음 사항을 기재하여야 한다(법제96조제4항).

1) 종전의 성

2) 창설한 성·본

3) 허가의 연월일

(5) 성·본창설신고의 가족관계등록부 기록

1) 성·본창설자에 대한 등록부 기록

성·본창설신고를 수리한 때에는 성·본창설자의 등록부 기록을 함에 있어서, 성·본창설자의 특정등록사항란에는 창설된 성·본을 직접 기록하고, 일반등록사항란에 정정 전의 성·본과 그 사유를 기록한다(규칙제66조).

2) 성·본창설자의 배우자 및 자에 대한 등록부 기록

성·본창설신고에 의하여 위와 같이 성·본창설자 본인의 등록부 기록이 변경된 때에는, 성·본창설자의 배우자의 등록부에도 그 취지를 기록하여야 하고(규칙제54조), 성·본창설자의 성(姓)을 따르는 자녀가 있는 경우 시(구)·읍·면의 장은 그 자녀의 성과 본을 직권으로 변경기록하고 그 사유를 등록부에 기록하여야 한다(규칙제55조).

2. 국적상실신고 등에 따른 가족관계등록부 폐쇄

(1) 신고의무자 및 신고기간

국적상실의 신고는 배우자 또는 4촌 이내의 친족이 그 사실을 안 날부터 1개월 이내에 하여야 한다(법제97조제1항).
국적상실자 본인도 국적상실의 신고를 할 수 있다(동조제4
항).

(2) 신고장소

사건본인인 국적상실자의 등록기준지 또는 신고인의 주소
지나 현재지에서 신고할 수 있다(법제20조).

(3) 국적상실신고서 및 첨부서류

1) 국적상실신고서

신고서에는 다음 각 호의 사항을 기재하여야 한다(법제97조
제2항).

① 국적상실자의 성명·주민등록번호 및 등록기준지

② 국적상실의 원인 및 연월일

③ 새로 외국국적을 취득한 때에는 그 국적

2) 국적상실을 증명하는 서면

국적상실신고서에는 국적상실을 증명하는 서면을 첨부하여야
한다(법제97조제3항). 국적상실을 증명하는 서면이라 함은 외
국국적취득증명서(귀화허가서등본 등)나 주재영사 확인서로서
도 가능하다(예규제206호).

제3편

가족관계등록비송

제1장 서 론

1. 가족관계등록 비송사건(非訟事件)의 의의

대립된 당사자간의 법적분쟁을 대상으로 한 '분쟁성'을 띤 것이 소송사건이고, 당사자의 대립이 없는 '비분쟁성'의 사건이 비송사건이라고 할 수 있다.

규칙 제97조는 1) 법 제96조에 다른 창성창본허가, 2) 법 제99조의 규정에 의한 개명 허가, 3) 법 제101조의 규정에 의한 가족관계등록창설허가, 4) 법 제104조 및 제105조의 규정에 의한 등록기록정정허가사건의 처리절차에 관하여는 비송사건절차법을 준용하도록 규정하고 있다.

제2장 국적취득자의 성 · 본 창설

1. 국적취득자의 성과 본의 창설허가

외국의 성을 쓰는 국적취득자가 그 성을 쓰지 아니하고 새로이 성(姓) · 본(本)을 정하고자 하는 경우에는 그 등록기준지 · 주소지 또는 등록기준지로 하고자 하는 곳을 관할하는 가정법원의 허가를 받고 그 등본을 받은 날부터 1개월 이내에 그 성과 본을 신고하여야 한다(법제96조제1항).

2. 성과 본 창설허가 신청

(1) 관할 법원

성과 본을 창설하고자 하는 국적취득자의 등록기준지 · 주소지 또는 등록기준지로 하고자 하는 곳을 관할하는 가정법원이다(법제96조제1항).

(2) 신청인

성과 본 창설허가신청은 성과 본을 창설하고자 하는 자 또는 법정대리인이 하여야 하며, 의사능력있는 미성년자(약 15세 이상)는 자신의 성 · 본창설허가신청을 직접 할 수 있다(규칙제87조제2항).

(3) 신청서

허가신청서에는 사건본인의 성명, 출생연월일, 등록기준지 및 주소를 기록하여야 한다(규칙제87조제3항).

3. 재판 및 불복

성과 본 창설허가신청사건은 등록비송사건에 해당하므로 재판은 비송사건절차법 제17조에 의하여 결정으로 한다. 결정에는 주문을 명시하여야 하나 이유의 적시는 반드시 필요하지 아니하다. 결정의 종류에는 허가결정, 기각결정, 각하결정 등이 있다. 결정은 고지함으로써 효력이 생기고 이 결정에 대하여는 항고 및 재항고를 할 수 있다.

4. 성과 본의 창설 신고

(1) 신고의무자

관할 가정법원으로부터 성과 본 창설허가를 받은 자이다.

(2) 신고기간

관할 가정법원의 성과 본 창설허가서 등본을 받은 날로부터 1개월 이내에 성과 본 창설신고를 하여야 한다(법제96조).

(3) 신고장소

신고장소에 관한 특별한 규정이 없으므로 신고장소에 관한 일반원칙에 따라, 신고사건의 본인의 등록기준지 또는 신고인의 주소지나 현재지에서 신고하여야 한다(법제20조).

(4) 신고서의 기재사항

신고서에는 다음 사항을 기재하여야 한다(법제96조제4항).

이 신고서에는 가정법원의 재판서 등본을 첨부하여야 한다
(법제96조제5항).

  1) 종전의 성

  2) 창설한 성·본

  3) 허가의 연월일

5. 가족관계등록부 기록

  (1) 성 · 본 창설자의 가족관계등록부 기록

  본인의 특정등록사항란의 기록을 정정하는 경우에 해당되
므로, 특정등록사항란에는 창설된 새로운 성과 본을 기록하
고, 정정내용과 그 사유를 일반등록사항란에 기록한다(규칙제
66조제1항).

  (2) 성 · 본 창설자의 배우자의 가족관계등록부 기록

  배우자 일방에 대한 성 · 본 창설신고가 있는 때에는 다른
배우자의 등록부 일반등록사항란에 그 취지를 직권으로 기록
하여야 한다(규칙제54조).

  (3) 성 · 본 창설자의 자녀의 가족관계등록부 기록

  부 또는 모의 성 · 본이 정정되거나 변경된 경우 그 부 또
는 모의 성을 따르는 자녀의 성 · 본을 시 · 읍 · 면의 장은
직권으로 정정 또는 변경기록하고 그 사유를 등록부에 기록
하여야 한다(규칙제55조제3항).

♣ 【양식 제33호】

<table>
<tr><td colspan="2" rowspan="2">창 성 신 고 서
(년   월   일)</td><td colspan="6">※아래의 작성방법을 읽고 기재하시되 선택항목
은 해당번호에 "○"으로 표시하여 주시기 바랍니
다.</td></tr>
<tr><td colspan="6"></td></tr>
<tr><td rowspan="4">① 창성자</td><td rowspan="2">성 명</td><td>한글</td><td></td><td colspan="2">주민등록
번 호</td><td colspan="2">-</td></tr>
<tr><td>한자</td><td></td><td colspan="2"></td><td colspan="2"></td></tr>
<tr><td colspan="2">등록기준지</td><td colspan="5"></td></tr>
<tr><td colspan="2">주 소</td><td colspan="5"></td></tr>
<tr><td rowspan="2">② 성·본</td><td>종전의
성(姓)</td><td>한글</td><td>한자</td><td>종전의
본(本)</td><td>한글</td><td colspan="2">한자</td></tr>
<tr><td>창설한
성(姓)</td><td>한글</td><td>한자</td><td>창설한
본(本)</td><td>한글</td><td colspan="2">한자</td></tr>
<tr><td colspan="2">③허가일자</td><td colspan="3">년   월   일</td><td>법원명</td><td colspan="2"></td></tr>
<tr><td colspan="2">④기타사항</td><td colspan="6"></td></tr>
<tr><td rowspan="3">⑤ 신고인</td><td>성 명</td><td colspan="2"></td><td>㊞ 또는 서명</td><td>주민등록번호</td><td colspan="3">-</td></tr>
<tr><td>자 격</td><td colspan="7">①본인   ②법정대리인③기타(자격   )</td></tr>
<tr><td>주 소</td><td colspan="3"></td><td>전화</td><td></td><td>이메일</td><td></td></tr>
<tr><td colspan="2">⑥제출인</td><td>성 명</td><td colspan="2"></td><td>주민등록번호</td><td colspan="2">-</td></tr>
</table>

작 성 방 법

※ 본 신고는 외국의 성을 쓰는 국적취득자가 그 성을 쓰지 않고 새로이 성과 본을 정하고자
    하는 경우, 관할 가정법원에서 창성허가심판을 받아 그 허가심판서등본을 첨부하여 창성
    허가심판의 고지를 받은 날로부터 1개월 이내에 하는 신고입니다.
④란 : 가족관계등록부에 기록을 분명하게 하는데 특히 필요한 사항을 기재합니다.
     : 창성 전의 성과 본이 한자나 한글이 아닌 경우에 원래의 문자 표기
⑤란 : 신고인이 외국인인 경우에는 외국인등록번호(국내거소신고번호 또는 출생연월일)를 기
    재합니다.
⑥란 : 제출자(신고인 여부 불문)의 성명 및 주민등록번호 기재[접수담당공무원은 신분증과 대
    조]

첨 부 서 류

1. 창성허가심판등본 1부.
2. 신분확인[가족관계등록예규 제23호에 의함]
 - 신고인이 출석한 경우 : 신분증명서
 - 제출인이 출석한 경우 : 제출인의 신분증명서
 - 우편제출의 경우 : 신고인의 신분증명서 사본

제3장 개 명

1. 개명허가신청

(1) 관할 법원

개명하고자 하는 사람은 주소지(재외국민의 경우 등록기준지)를 관할하는 가정법원의 허가를 받아야 한다(법제99조제1항). 주소지가 없는 사람은 등록기준지를 관할하는 가정법원에 할 수 있다(규칙제87조제4항). 여기서 말하는 법원은 우리나라의 관할법원을 의미하는 것이므로 외국법원의 판결(결정)에 의한 개명은 할 수 없다(구호적4-128호 참조).

(2) 신청인

개명허가신청은 개명하고자 하는 자 또는 법정대리인이 하여야 하며, 의사능력있는 미성년자(약 15세 이상)는 자신의 개명허가신청을 직접 할 수 있다. 이해관계인인 제3자는 이미 사망한 자에 대한 개명허가신청을 할 수 없다(구호적선례3-376호 참조).

(3) 신청서의 제출

1) 신청서의 기록사항

① 신청인의 등록기준지, 주소, 성명 및 생년월일

② 대리인에 의하여 신청할 때에는 그 성명과 주소

③ 신청의 취지와 그 원인된 사실

④ 신청의 연월일

⑤ 법원의 표시

⑥ 신청인 또는 대리인의 기명 날인

 2) 신청서의 첨부서류

신청서에는 다음 서면 등을 소명자료로 첨부하여야 한다.

① 등록사항별 증명서

개명허가신청서에는 등록사항별 증명서를 첨부함이 원칙이다. 동명자(同名者)가 있음을 이유로 개명허가신청을 하는 경우에는 신청인의 증명서뿐만 아니라 동명자의 등록사항별 증명서도 함께 첨부하여야 한다.

② 주민등록표등 · 초본

주소지의 관할법원에 개명허가신청을 하도록 하고 있으므로 관할법원임을 소명하기 위하여 주민등록표등 · 초본을 첨부하도록 하고 있다. 그리고 동일지역 내에 동명자(同名者)가 있음을 이유로 개명허가신청을 하는 경우에는 거주관계소명용으로 첨부를 하게 되고, 또 인우인보증서를 첨부할 경우에는 인우보증의 정확을 기하기 위하여 반드시 보증인의 주민등록표등 · 초본을 첨부하여야 한다.

③ 족보(族譜)

친족간에 동명자(同名者)가 있음을 이유로, 또는 항렬자(行列字)를 따라 개명하고자 하는 경우에는 족보(사본)를 첨부한다.

④ 친족증명서

친족증명서는 종중(宗中)이나 문중(門中) 또는 친족회에서 친족관계가 틀림없음을 증명하는 서면이다. 등록사항별 증명서나 족보로 소명이 되지 않거나 불충분할 때에 보충적으로 첨부한다.

⑤ 인우보증서(隣佑保證書)

인우인들이 개명허가신청의 원인사실이 틀림없음을 보증하는 문서이다. 주로 등록부 상의 이름과 통상 호칭하는 이름이 서로 다름을 사유로 통칭명으로 개명하고자 하는 경우에 첨부하고 있다. 이 서면은 직접적인 소명을 갖추기 어려울 때 첨부하게 되는 보완적 의미의 소명방법이다.

⑥ 기타 증명서

구체적인 사안에 따라 경력증명서, 재직증명서, 재학증명서, 졸업증명서, 복무확인서, 생활기록부사본, 편지, 예금통장 등을 소명자료로 첨부하고 있다.

(4) 신청서의 접수

개명허가신청은 사건본인 수에 따라서 각각 사건번호를 부여하고 1건당 1,000원의 수입인지를 첨부하여야 한다(민사소송등인지법제9조제4항제2호).

2. 개명허가신청사건 사무처리지침(예규 제307호)

(1) 개명허가의 심사기준

개명을 허가할 만한 상당한 이유가 인정되고, 범죄를 기도 또는 은폐하거나 법령에 따른 각종 제한을 회피하려는 불순한 의도나 목적이 개입되어 있는 등 개명신청권의 남용으로 볼 수 있는 경우가 아니라면, 원칙적으로 개명을 허가함이 상당하다(대법원 2005. 11. 16.자 2005스26 결정).

(2) 불순한 의도나 목적의 판단자료

1) 법원은 개명허가신청사건을 처리 할 경우 개명신청권의 남용으로 보이는 불순한 의도나 목적을 판단하기 위하여 필요한 경우, 경찰관서에 전과조회, 전국은행연합회에 신용정보조회 등을 하여 그 자료를 신청사건 등의 판단자료로 활용하여야 하고, 필요한 경우에는 출입국관리사무소에 출입국사실조회를 할 수 있다. 사실조회를 전산정보처리조직에 의한 조회로 대체할 수 있다.

2) 신청사건의 제출자료에 진실성이 의심스럽다고 인정되거나 제1)항의 판단자료에 의하여 개명허가신청의 불순한 의도나 목적의 유무가 불분명한 경우에는 본인 또는 참고인의 심문을 적극 활용하여야 한다.

3) 가족과 동일한 이름으로 개명허가신청을 하는지 확인하기 위하여 신청인의 기본증명서 및 가족관계증명서와 부모, 성년인 자녀의 가족관계증명서를 개명허가신청시에 제출하게 한다.

(3) 출생신고서와 개명

1) 출생신고서에 기재한 이름과 가족관계등록부에 기록된

이름이 서로 다른 경우에는 「가족관계의 등록 등에 관한 규칙」 제60조제2항제5호에 따라 간이직권정정 절차로 정정할 수 있다.

2) 출생신고서에 기재를 잘못하였다는 사유로 이름을 변경하고자 하는 경우에는 「가족관계의 등록 등에 관한 법률」 제99조에 따라 법원에 개명허가신청을 하여야 한다.

(4) 인명용 한자의 범위를 초과한 개명신청

「가족관계의 등록 등에 관한 규칙」 제37조의 인명용 한자의 범위를 벗어난 한자로의 개명은 허용되지 아니한다.

(5) 미성년자의 개명허가신청

1) 미성년자라도 의사능력이 있는 경우에는 단독으로 개명허가신청을 할 수 있다.

2) 의사능력 있는 미성년자가 개명허가를 받은 때에는 자신이 신고할 수 있다.

(6) 동일인에 대한 2개의 저촉되는 개명허가

동일인에 대하여 2개의 저촉되는 개명허가가 있는 경우, 「비송사건절차법」 제19조(재판의 취소·변경)에 따라 재판의 취소를 하지 아니하는 한 어느 것이나 효력이 있다.

(7) 여러명의 개명신고

「가족관계의 등록 등에 관한 법률」상의 가족여러명이 동시에 개명한 경우에 개명신고는 하나의 서면에 연기(連記)하여 할 수 있으나 사건은 1명마다 각 별건으로 처리하여야 한다.

(8) 개명의 일자

개명의 일자는 개명허가의 일자를 기록한다.

(9) 재외공관에의 인지납부

1) 재외국민이 개명허가신청서를 재외공관에 제출할 때에는 신청서에 정해진 인지를 붙이거나 그 액면상당의 현지화를 재외공관장에게 납부하여도 된다.

2) 제1)항의 경우 재외공관장은 개명허가신청서 상단부 여백에 영수인(고무인)을 찍어야 하며, 수령한 금액은 매월 정기적으로 국고에 납입하여야 한다.

(10) 외국에서 한 개명의 효력

1) 외국인과의 신분행위 (예: 외국인에게 입양된 경우 등) 등으로 그 외국인과 일정한 신분관계가 형성이 되어 그 외국의 법에 따라 개명을 한 경우라 하더라도, 「가족관계의 등록 등에 관한 법률」 제99조에 따라 한국법원에서 개명허가결정을 받은 경우가 아닌 한 그 외국에서 개명한 이름을 한국 가족관계등록부에 기록할 수 없다.

2) 제1)항의 경우, 외국인과 신분행위를 한 사람이 우리나라 국적을 상실하기 전이라면, 필요에 따라 「가족관계의 등록 등에 관한 법률」 제99조에 따라 한국법원에 개명허가결정을 받아 개명할 수 있다.

3. 개명신고

(1) 신고의무자

개명허가를 받은 자이다. 개명허가를 받은 신청인이 의사능력이 없는 때에는 법정대리인 또는 후견인이 신고의무자가 되며, 의사능력 있는 미성년자 또는 금치산자는 스스로 신고하여도 무방하다(법제26조제1항).

(2) 신고기간

법원의 허가를 받고 그 등본을 받은 날부터 1개월 이내에 신고를 하여야 한다(법제99조).

(3) 신고장소

신고사건의 본인의 등록기준지 또는 신고인의 주소지나 현재지에서 신고하여야 한다.

(4) 신고서의 기재사항

신고서에는 신고서의 일반적 기재사항(법제25조) 외에 다음 사항을 기재하여야 한다(법제99조).

  1) 변경 전의 이름

  2) 변경한 이름

  3) 허가연월일

(5) 신고서의 첨부서류

법원의 개명허가결정등본을 첨부하여야 한다(법제99조제3항). 그러나 확정증명서나 송달증명서는 필요하지 아니하다.

4. 가족관계등록부 기록

(1) 개명자의 가족관계등록부 기록

본인의 특정등록사항란의 성명란에는 개명된 새로운 이름으로 바꾸어 그대로 기록하고, 정정내용과 그 사유를 일반등록사항란에 기록(이때 개명 전·후 이름의 괄호안에 한자를 병기)한다(규칙제66조제1항).

(2) 개명자의 배우자의 가족관계등록부 기록

배우자 일방에 대한 개명신고가 있는 때에는 다른 배우자의 등록부 일반등록사항란에 그 취지를 직권으로 기록(혼인사유의 배우자의 개명 전 성명을 개명 후 성으로 정정하고 개명사유를 기록)하여야 한다(규칙제54조).

▶사례◀
개명절차

☞ 질문

늦게 결혼하여 아들을 낳았는데, '이름을 천하게 지어야 장수한다'는 말을 듣고 '개똥'이라고 이름을 지어 출생신고를 하였습니다. 그런데 아들이 커가면서 이름으로 인하여 친구들로부터 놀림을 받는 등 문제가 심각하여 이름을 바꾸어 주려고 하는데, 어떻게 하여야 하는지요?

☞ 답변

사람의 이름은 사회생활을 하는데 있어서 대단히 중요한 것이라서 함부로 고칠 수 있게 해서는 안 될 것입니다. 그러나 어떠한 경우에도 이름을 바꿀 수 없다고 하면 여러 가지 불합리한 점이 발생할 수 있으므로, 민법은 가정법원의 허가를 받으면 이름을 바꾸는 것이 가능하도록 하고 있습니다.

개명신청절차는 개명허가신청서에 신청취지와 그 신청이유를 납득할 만하게 기재하고 등록사항별 증명서와 주민등록등본 등 신청이유를 뒷받침할 수 있는 자료를 첨부하여 주소지(주소지가 없는 사람은 등록기준지) 관할 가정법원에 제출하면 됩니다(가족관계의 등록 등에 관한 법률 제99조, 가족관계의 등록 등에 관한 규칙 제87조 제4항).

개명허가의 기준과 관련하여 판례는 "이름은 통상 부모에 의해서 일방적으로 결정되어지고 그 과정에서 이름의 주체인 본인의 의사가 개입될 여지가 없어 본인이 그 이름에 대하여 불만을 가지거나 그 이름으로 인하여 심각한 고통을 받은 경우도 있을 수 있는데 그런 경우에도 평생 그 이름을 가지고 살아갈 것을 강요하는 것은 정당화될 수도 없고 합리적이지도 아니한 점, 이름이 바뀐다고 하더라도 주민등록번호는 변경되지 않고 종전 그대로 존속하게 되므로 개인에 대한 혼동으로 인하여 초래되는 법률관계의 불안정은 그리 크지 않으리라고 예상되는 점, 개인보다는 사회적·경제적 이해관계가 훨씬 더 크고 복잡하게 얽혀질 수 있는 법인, 그 중에서도 특히, 대규모 기업 등과 같은 상사법인에 있어서도 상호의 변경에 관하여는 관계 법령에서 특별한 제한을 두고 있지 아니할 뿐만 아니라, 실제로도 자유롭게 상호를 변경하는 경우가 적지 아니한 점, 개명으로 인하여 사회적 폐단이나 부작용이 발생할 수 있다는 점을 지나치게 강조하여 개명을 엄격하게 제한할 경우 헌법상의 개인의 인격권과 행복추구권을 침해하는 결과를 초래할 우려가 있는 점 등을 종합하여 보면, 개명을 허가할 만한 상당한 이유가 있다고 인정되고, 범죄를 기도 또는 은폐하거나 법령에 따른 각종 제한을 회피하려는 불순한 의도나 목적이 개입되어 있는 등 개명신청권의 남용으로 볼 수 있는 경우가 아니라면, 원칙적으로 개명을 허가함이 상당하다고 할 것이다."라고 하였습니다(대법원 2005. 11. 16. 선고 2005스26 결정, 2009. 8. 13. 자 2009스65 결정).

따라서 귀하와 같은 경우에 아들의 이름을 고치려면 주소지의 가정법원에 개명허가신청(改名許可申請)을 하면 되고, 위 판례의 개명허가 기준에 따르면 개명허가신청은 받아들여질 가능성이 크다 할 것입니다.

법원의 개명허가를 받은 경우에는 그 허가서를 받은 날로부터 1개월 이내에 변경전의 이름, 변경한 이름, 허가의 연월일을 기재한 신고서와 허가서의 등본을 첨부하여 본인의 등록기준지 또는 신고인의 주소지나 현재지 시(구)·읍·면의 장에게 개명신고(改名申告)를 하면 됩니다(가족관계의 등록 등에 관한 법률 제99조).

참고로 법률상의 이름을 개칭하는 개명허가신청은 개명하고자 하는 사건본인만이 신청할 수 있으므로 개명허가신청은 부(父) 또는 모(母) 등 이해관계인이 개명허가신청을 할 수 없다할 것입니다.

그러므로 미성년자 '김갑돌'이 개명허가신청을 하는 경우에는 개명허가신청서에 '신청인 및 사건본인 김갑돌'이라고 기재하여야 합니다. 개명허가신청은 미성년자라도 법정대리인에 의하지 않고 직접 신청할 수 있으나, 미성년자가 의사무능력자인 때에는 법정대리인에 의하여 신청할 수밖에 없는데, 이 경우 가족관계등록부 정정허가신청과 혼동하여 보통 '신청인 부

OOO, 사건본인 김갑돌' 이라고 잘못 기재하기 쉬우나 개명허
가신청서에 '신청인 및 사건본인 김갑돌, 공동법정대리인 부
OOO, 동 모 OOO' 이라고 기재하여야 합니다. [법률구조공단자료. 참고만 하세요]

▶판례◀

대법원 2009.8.13. 자 2009스65 결정

【판시사항】

[1] 개명허가의 기준

[2] 신청인의 개인적인 입장을 고려하여 개명을 허가할 만한
상당한 이유가 있고 달리 개명신청권의 남용으로 볼 사정이 없
는 한, 미성년자 시절 한 차례 개명허가결정을 받은 사실만으
로는 개명신청권의 남용이라고 보기 어렵다고 한 사례

【결정요지】

[1] 개명허가 여부를 결정함에 있어서는 이름이 가지는 사회적
의미와 기능, 개명을 허가할 경우 초래될 수 있는 사회적 혼란
과 부작용 등 공공적 측면뿐만 아니라, 개명신청인 본인의 주
관적 의사와 개명의 필요성, 개명을 통하여 얻을 수 있는 효과
와 편의 등 개인적인 측면까지도 함께 충분히 고려되어야 하므
로, 개명을 허가할 만한 상당한 이유가 있다고 인정되고, 범죄
를 기도 또는 은폐하거나 법령에 따른 각종 제한을 회피하려는
불순한 의도나 목적이 개입되어 있는 등 개명신청권의 남용으
로 볼 수 있는 경우가 아니라면, 원칙적으로 개명을 허가함이
상당하다.

[2] 신청인의 개인적인 입장을 고려하여 개명을 허가할 만한 상당한 이유가 있고, 달리 개명신청권의 남용으로 볼 사정이 없는 한, 미성년자 시절 한 차례 개명허가결정을 받은 사실만으로는 개명신청권의 남용이라고 보기 어렵다고 한 사례.

제4장 가족관계등록창설

제1절 가족관계등록창설허가신청

1. 관　할

　가족관계 등록 창설(이하 "등록창설"이라 한다)의 관할법원은 등록을 하려는 곳을 관할하는 가정법원이 된다(법제101조제1항). 이러한 등록창설지 선정에 있어서, 신청인이 임의로 정할 수 있는 것이고, 이에 대한 특별한 제한은 없다(구호적선례제3-490호 참조).

2. 신청서의 기재사항

　등록창설허가신청서에는 아래의 사항을 기재하고 신청인 또는 대리인이 이에 기명날인 하여야 한다(비송사건절차법제9조제1항).

　(1) 신청인의 성명과 주소

　(2) 대리인에 의하여 신청할 때에는 그 성명과 주소

　(3) 신청의 취지와 그 원인인 사실

　(4) 신청의 연월일

　(5) 법원의 표시

3. 신청인

등록창설허가신청은 등록창설하려는 사람 본인이 하는 것이 원칙이다. 무능력자 본인에게 의사능력이 없는 경우에는 법정대리인이 등록창설허가신청을 하여야 한다(예규제69호).

4. 첨부서류(예규 제212호제3조, 제287호)

가족관계등록창설허가를 신청하는 사람은 「비송사건절차법」 제9조제1항의 신청서에 다음 각 호의 서류를 첨부하여야 한다.

(1) 가족관계등록창설을 하려는 곳의 시(구)·읍·면의 장이 발급하는 가족관계등록부 부존재증명서

(2) 읍·면·동의 장이 주민등록법에 의한 주민등록 신고를 이행하였음을 증명한 주민등록신고확인서

(3) 별지1의 성장환경진술서작성방법에 의한 출생지, 성장지, 성장환경 등을 구체적으로 기재한 성장환경 진술서

(4) 성장과정을 뒷받침 하는 다음 각 호의 소명자료(이 소명자료에는 작성자의 주소, 전화번호를 기재하여야 한다)

1) 취학한 사실이 있는 경우 그 학적부

2) 유치원, 병원이나 종교단체가 운영 또는 후원하는 시설, 그 밖의 보호 및 위탁시설 등에 입소했던 경우 그 확인서

3) 근로자인 경우 대표자나 감독자의 확인서

(5) 성·본창설허가 심판서 등본

(6) 그 밖에 법원이 심리에 필요하다고 인정하는 서류

제2절 가족관계등록창설허가신청에 대한 재판

1. 가족관계등록창설허가신청사건의 조사

(1) 조사사항

등록창설허가신청사건의 조사사항은 사건본인의 우리나라 국적 보유유무, 출생사항과 신분관계, 종전 등록의 유무, 등록이 되어 있지 아니한 이유 등이다.

(2) 가족관계등록창설허가 신청 및 가족관계등록창설절차에 관한 사무처리지침(예규 제212호)

이 예규는 친생자관계부존재 확인판결이나 친생부인판결에 의하여 가족관계등록부가 폐쇄된 사람의 가족관계등록창설, 「재외국민의 가족관계등록창설, 가족관계등록부정정 및 가족관계등록부정리에 관한 특례법」, 「북한이탈주민의 보호 및 정착지원에 관한 법률」, 「가족관계의 등록 등에 관한 규칙」 제52조(군사분계선 이북지역 재적자), 기아발견조서에 의한 가족관계등록부 작성의 경우에는 적용하지 아니한다.

1) 사실탐지촉탁

① 법원은 가족관계등록창설허가신청인에 관한 가족관계등록부의 유무, 주거사실 등을 확인하기 위하여 가족관계등록창설지 관할경찰서장에게 지문조회 등에 의한 사실탐지촉탁을 하여야 한다. 이 촉탁서에는 등록창설 신청서의 첨부서류에 나

타난 사항 및 장소 등을 중심으로 별지4와 같은 조사항목을
구체적으로 설정하여 실질적인 조사가 될 수 있도록 하여야
한다.

② 법원은 신청인이 위 첨부한 서류의 내용에 보호시설 등에
관한 기재가 있는 경우에는 관련시설의 장에게 별지5와 같은
조사항목의 사실조회를 하여야 한다.

③ 제1항에 따라 경찰서장의 사실탐지 회보서에 대하여 법원
이 필요하다고 인정할 때에는 재촉탁할 수 있다.

　2) 법원의 심리

① 법원은 가족관계등록창설허가신청서와 첨부서류 등을 면
밀히 주사, 확인하여 허위의 가족관계등록부가 작성되지 않도
록 주의를 하여야 한다.

② 법원은 사건본인을 심문하여야 한다. 단 사건본인이 유아
이거나 출석하기 어려운 특별한 사정이 있는 경우에는 보호
자를 심문할 수 있다.

③ 법원은 신청서와 첨부서류, 사실탐지 회보서, 사건본인 심
문에 의하여도 사실관계에 의문이 있을 때에는 참고인 심문
을 할 수 있다.

♣ 【별지 4】

경찰서에 의뢰할 사실탐지사항

1. 사건본인 부모의 성명, 국적, 생존여부
2. 사건본인 부모의 가족관계등록부 유무 및 있다면 그 등록기준지
3. 부모의 혼인관계 유무
4. 사건본인이 종전에 사용하던 성과 본이 있었다면 그 성과 본관, 통칭명
5. 사건본인의 출생지, 생년월일, 성별
6. 사건본인에 대한 가족관계등록부 유무 및 있다면 그 등록기준지
7. 십지지문을 채취하여 지문조회결과 통보
8. 사건본인의 주거사실, 전과조회(범죄전력, 수형사실 등), 수사자료조회
9. 사건본인이 「실종아동 등의 보호 및 지원에 관한 법률」 제2조제2호에 규정된 "실종아동 등"에 해당하는지 여부, 특히 사건본인이 「실종아동 등의 보호 및 지원에 관한 법률」 제2조제4호의 "보호시설"의 입소자인 경우에는 같은 법 제11조의 유전자검사의 결과
10. 그 밖의 참고사항

▶ 위의 탐지사항 1항부터 9항까지의 내용은 본인의 진술만이 아닌 객관적인 자료에 의해서 회신 받도록 하고 그렇게 판단한 근거를 기재하도록 합니다.

▶ 위 7항에 관하여는 각 경찰서에서 사건본인의 십지지문을 채취하여 경찰청에 지문에 의한 신원확인을 의뢰하고, 경찰청으로부터 회신 받은 결과를 근거로 법원에 회신하도록 합니다.

▶ 위 8항 전과조회 회보시 반드시 범죄경력조회서 등 사본을 첨부하도록 합니다.

▶ 위 9항의 경우 실종아동이라는 사실이 판명되고, 「실종아동 등의 보호 및 지원에 관한 법률」 제2조제3호의 "보호자"가 밝혀진 때에는 그 보호자도 함께 기재하여 회신하도록 합니다.

♣【별지 5】

보호시설 등의 장에게 의뢰할 조회사항

※ 사건본인이 보육원 등의 각종 보호시설 또는 위탁시설에 입소한 경험이 있다고 주장하는 경우에 해당 기관에 확인할 사항:

1. 해당 기관에 입소했던 경력이 있는지 유무

2. 해당 기관에 입소했던 경력이 있다면,
  (1) 입소사유 또는 경위
  (2) 입소해 있던 기간
  (3) 입소 당시의 사건본인의 나이 및 인적사항
  (4) 그 기관에서 알고 있는 사건본인에 대한 보호자 인적사항
  (5) 사건본인이「실종아동 등의 보호 및 지원에 관한 법률」제2조 제2호에 규정된 "실종아동 등"에 해당하는지 여부
  (6) 입소해 있던 기간 동안 학교를 다녔다거나 취업하였는지의 여부 및 그 학교명 또는 회사명과 재학(재직)기간
  (7) 퇴소사유

3. 그 밖의 참고사항

2. 재 판

등록창설허가절차의 재판형식은 결정으로 하여야 한다(비송사건절차법제17조제1항).

제3절 가족관계등록창설신고

1. 신고의무자

등록창설허가결정을 받은 본인이다. 신고의무자가 미성년자 또는 금치산자인 때에는 친권자나 후견인이 신고의무자가 된다. 그러나 미성년자 또는 금치산자라도 의사능력이 있는 때에는 스스로 신고할 수 있다(법제26조제1항). 다만, 사건본인이 의사능력이 없는 사람인 때에는 법정대리인이 등록기준지변경신고·가족관계등록창설허가신청을 하고 가족관계등록창설허가의 재판이 있을 때에는 그 법정대리인이 또한 신고의무자가 된다(예규제69호). 가족관계등록창설허가(가족관계등록부정정허가)를 받았으나 그 신고 전에 사망한 사람에 대한 가족관계등록창설신고(가족관계등록부정정신고)는 배우자 또는 직계혈족이 이를 하여야 한다(예규제213호).

2. 신고기간

법원으로부터 등록창설허가를 받고 그 등본을 받은 날부터 1개월 이내에 등록 창설의 신고를 하여야 한다(법제101조제1항).

3. 신고장소

신고사건 본인의 등록기준지 또는 신고인의 주소지나 현재지 등록관서에 신고하여야 한다(법제20조).

4. 신고서의 기재사항

등록창설신고서에는 법 제9조제2항에 게기한 소정의 사항 외에 등록창설허가의 연월일을 기재하여야 한다(법제101조제2항).

5. 신고서의 첨부서류

등록창설신고서에는 등록창설허가의 등본을 첨부하여야 한다(법제101조제3항). 또한 판결에 의한 등록창설의 신고는 판결확정일로부터 1개월 이내에 하여야 하며, 신고서에는 판결확정일을 기재하고 판결의 등본 및 확정증명서를 첨부하여야 한다(법제103조).

제5장 법원의 허가에 의한 가족관계등록부의 정정

제1절 법원의 허가에 의한 가족관계등록부 정정의 대상

1. 위법한 가족관계등록부 기록

등록부의 기록이 법률상 허가될 수 없는 것 또는 그 기재에 착오나 누락이 있는 경우를 말한다(법제104조).

(1) 법률상 허가될 수 없는 등록부의 기록

1) 법률상 등록부에 기록하여서는 안 되는 사항을 등록부에 기록한 경우로 그 기록이 현실의 실체와 부합하지 않는 위법한 것을 말한다(예규제223호).

2) 그 밖에도

① 우리나라 국민이 아닌 자에 대한 등록부 작성

② 동일인에 대한 이중등록부의 작성

③ 등록부 기록사유 아닌 신고 등에 의한 기록(예: 약혼신고에 의한 기록) 등이 해당된다.

(2) 착오가 있는 등록부의 기록

등록부의 기록이 사실과 부합하지 아니한 경우를 말한다.

(3) 누락이 있는 등록부의 기록

기록할 사항을 빠뜨림으로써 등록부 기록을 불일치하게 하는 것을 말한다.

2. 무효인 행위에 의한 가족관계등록부의 기록

혼인, 인지, 입양 등 신고로 인하여 효력이 발생하는 창설적 신고사항에 대하여 그 등록부 기록 후 그 행위의 무효임이 명백한 때 그 기록의 정정을 신청할 수 있다.

▶사례◀
생년월일이 실제와 가족관계등록부상 불일치하는 경우

☞ 질문

제 아들은 2000년 6월 23일 출생하였으나, 1년이 경과된 2001년 7월 31일에야 출생신고를 함으로써 가족관계등록부상 출생일자가 실제와 다르게 되어 있습니다. 아들의 취학문제로 실제의 출생일자대로 가족관계등록부를 정정하려고 하는데 그 절차는 어떻게 되어 있는지요?

☞ 답변

가족관계등록부상 출생일자가 잘못 기재된 경우에 출생일자를 정정하려면 먼저 등록기준지 관할법원의 등록부 정정허가를 얻어야 하며, 법원의 허가를 얻은 다음에는 1개월 이내에 허가서 등본을 첨부하여 시(구)·읍·면의 장에게 등록부 정정신청을 하여야 합니다(가족관계의 등록 등에 관한 법률 제104조, 106

조).

위 사안과 관련하여 구 호적선례는 "호적부에 기재되어 있는 출생연월일이 출생신고의 잘못으로 실제와 달리 기재되어 있는 경우 사건본인을 비롯한 이해관계인은 호적기재가 실제와 다름을 증명하는 서면을 첨부하여 그 호적이 있는 지(地)를 관할하는 법원으로부터 호적정정의 허가를 얻어 호적정정신청을 함으로써 호적의 기재를 실제와 같이 정정할 수 있을 것이나, 어떠한 서면이 그러한 사실을 증명함에 족한 서면인지 여부에 대하여는 당해 재판절차에서 판단할 사항이다." 라고 하였습니다(1993. 2. 15. 호적선례3-513).

그러므로 법원으로부터 출생일자의 정정허가를 얻으려면 당사자의 주장만으로는 불가능하고, 여러 가지 자료에 의해 실제 출생일자가 가족관계등록부상의 출생일자와 다르다는 것을 입증하여야 하는데, 귀하의 아들이 의료기관에서 출생하고 그 의료기관이 출생 당시의 출산기록을 보존하고 있다면 비교적 입증이 쉬울 수도 있으나, 그렇지 못할 경우에는 전문의의 연령감정을 받아야 할 것이고, 위 사안과 같은 1년 정도의 연령상 오차를 밝히는 것은 현실적으로 그 입증이 쉽지 않을 것으로 보입니다. [법률구조공단자료. 참고만 하세요]

제2절 가족관계등록부 정정허가신청 절차

1. 관할 법원

등록기준지를 관할하는 가정법원이 관할한다. 이중등록부

정정(폐쇄)의 경우 등과 같이 정정하고자 하는 각 등록부가 서로 관련성이 있으나 그 각각의 등록기준지를 관할하는 법원이 서로 다를 때에는, 그 법원 중 1개의 법원에 각 등록부의 관련사항 일체를 정정하는 등록부 정정허가신청을 할 수 있다(구호적선례3-506호 참조).

2. 신청인

법 제104조 규정의 위법한 등록부 기록 정정은 이해관계인이 신청할 수 있는데, 이해관계인이라 함은 신고사건의 본인, 신고인 그밖에 당해 등록부의 기록에 관하여 신분상 또는 재산상 이해관계를 가진 자를 말한다.

3. 신청방법

등록부 정정허가신청서에 신청취지를 기재하고, 신청원인을 간결하게 기재한 후 그 정정사항에 대한 소명자료를 첨부하여 관할 법원에 제출하여야 한다. 그 신청서에는 소정의 인지(사건본인 1인당 1,000원)를 첨부하여야 하며, 송달료도 납부하여야 한다. 사건본인 1인이 자기의 신분에 관한 기록사항 중 착오가 수 개(예: 출생장소, 출생년월일, 성별관계 등) 있어 이의 정정을 모두 청구하는 경우에는 1인 1건으로 보아 소정의 인지를 첨부하지만(예규제225호), 하나의 신청으로 사건본인 1인의 등록부 정정과 개명을 함께 신청하는 경우에는 등록부 정정허가신청과 개명허가신청은 등록법규에 구분하여 규정된 별개의 사건이므로 2개의 사건번호를 부여하고 2건에 해당하는 인지를 붙이며, 비송사건부에도 각각 기록하여야 한다(구호적선례3-503호 참조).

4. 법원의 결정

등록부 정정허가신청에 대한 법원의 재판형식은 결정으로 하며, 결정에는 이를 인용하는 허가결정과 신청을 기각하는 기각결정 그리고 형식적 요건 불비를 이유로 하는 각하결정이 있다. 이 결정은 고지됨으로써 효력이 생긴다. 재판으로 인하여 권리를 침해당한 자는 그 재판에 대하여 항고할 수 있다. 이때의 항고는 보통항고이기 때문에, 항고제기의 기간제한이 없고 항고의 이익이 있으면 언제나 할 수 있다.

법원은 결정이 위법 또는 부당하다고 인정되는 때에는 당사자의 신청 또는 직권에 의하여 결정을 취소 또는 변경할 수 있다. 그러나 등록부 정정허가결정을 받아 이미 등록부 기록을 한 후에는 그 허가결정법원은 비송사건절차법 제19조제1항 규정에 의한 결정의 취소 또는 변경을 할 수 없다(예규 제228호). 등록부의 정정 허가결정에 경정사유가 있으면 직권 또는 신청에 의하여 경정할 수 있고, 경정신청이 있는 경우에 신청서는 문서건명부에 접수하고 경정결정은 원래의 사건번호에 의하여 경정하여야 한다(예규제29호).

5. 가족관계등록부 정정신청

(1) 의 의

법원의 허가를 얻은 후 그 허가재판의 등본을 첨부하여 시

(구)·읍·면의 장에게 등록부 정정을 구하는 행위를 말한다. 그러므로 등록부 정정신청은 그 절차가 끝난 다음에 시(구)·읍·면의 장에게 하는 보고적 신고에 준하는 절차이다. 가족관계등록창설이나 개명은 등록부 정정과는 달리 신청이 아닌 신고(예 : 가족관계등록창설신고, 개명신고)에 의하도록 하고 있다.

(2) 신청의무자

등록부 정정허가신청을 한 자이다. 다만, 등록부 정정허가를 받았으나 그 신고 전에 사망한 사람에 대한 등록부 정정신고는 배우자 또는 직계혈족이 이를 하여야 한다(예규제213호).

(3) 신청기간

법원의 등록부 정정허가결정이 있었을 때에는 그 재판의 등본을 받은 날로부터 1개월 이내에 등록부 정정신청을 하여야 한다.

(4) 등록기준지 변경을 모른 채 허가결정이 난 경우

등록기준지변경은 등록기준지만을 변경하는 절차적·창설적 신고로써, 등록기준지변경 전의 가족관계등록부와 등록기준지변경 후의 가족관계등록부는 동일성이 인정된다 할 것이므로 어떤 등록부의 정정(말소)을 구하는 등록부정정허가신청이 있은 후 그 가족관계등록부의 등록기준지가 변경되어 법원이 이를 모른 채 정정대상을 등록기준지변경 전의 가족관계등록부로 하여 그 허가결정을 한 경우라도, 신청인이 그 등록부정정허가결정등본을 첨부하여 등록부정정(말소)신청을 한 경우, 이를 수리하여 등록부정정(말소)을 하여야 한다. 이때 신청인은 정정신청서의 기타사항란에 등록기준지 변경사유를 기재하고 서명 또는 날인하여야 한다(예규제227호).

제3절 연령정정(年齡訂正)

1. 연령정정의 의의

연령정정은 등록부에 기록되어 있는 출생연월일이 사실과 다른 경우에 이를 사실에 부합되도록 고치는 등록부 정정의 일종이다.

2. 연령정정의 사례

(1) 생년월일(生年月日)을 전부 정정하는 경우

(2) 생년(生年)만을 정정하는 경우

(3) 생년(生年)과 생월(生月)을 정정하는 경우

(4) 생년(生年)과 생일(生日)을 정정하는 경우

(5) 생월(生月)만을 정정하는 경우

(6) 생월(生月)과 생일(生日)을 정정하는 경우

(7) 생일(生日)만을 정정하는 경우가 있다.

3. 가족관계등록부에 기록된 출생연월일의 정정에 관한 사

무처리지침(예규 제229호)

(1) 친생자관계부존재확인판결 등으로 가족관계등록부가 폐쇄된 후 새로이 가족관계등록을 창설 또는 출생신고를 할 경우 폐쇄된 가족관계등록부상의 출생연월일과 실제의 출생연월일이 다른 경우에는, 이를 소명하는 자료를 첨부하여 실제의 출생연월일로 신고할 수 있다.

(2) 「민법」제844조에 따라 부(부)와의 혼인중의 출생자로 추정받는 사람의 출생연월일을 허위로 하여 다른 사람과의 혼인중의 자로 신고하여 가족관계등록부가 작성된 경우, 그 사람의 가족관계등록부는 위법 또는 무효의 가족관계등록부로서 폐쇄되어야 하므로 그 출생연월일을 사실대로 정정하는 등록부정정은 할 수 없다.

(3) 재외동포의 연령정정허가신청에는 거주지 외국인 의사가 작성한 연령감정서를 첨부하여 신청할 수 있다.

(4) 신고를 게을리 한 책임을 면하기 위하여 출생연월일을 허위로 신고한 뒤 실제대로 정정한 경우에도 과태료를 부담시켜야 한다.

제4절 이중가족관계등록부의 정정

1. 이중가족관계등록부의 의의

이중가족관계등록부(이하 "이중등록부"라 한다)라 함은 동일인이 등록부를 복수로 가지게 된 경우를 말한다.

2. 이중가족관계등록부의 정정절차

(1) 총설

이중등록부의 정정은 착오된 등록부를 폐쇄하여야 하고 당사자가 임의로 선택할 수 없다(예규제244호). 법 제104조에 규정된 가정법원의 허가에 의한 등록부의 정정은 그 정정할 사안이 경미하고 또 관계인의 신분에 중대한 영향이 없는 것에 한하여 허용되는 것으로, 이중 삼중의 등록부는 법에 의해 허용되지 않으므로 신분관계에 어떠한 영향을 미치지 않는 한 이를 단일화하기 위하여 본조에 의한 등록부의 정정도 가능하다(예규제249호). 이중등록부를 정정함에 있어서 폐쇄할 등록부에 기록되어 있는 등록부 기록사항을 모두 존치할 등록부에 이기하여야 한다. 예컨대 적법한 출생신고에 의하여 등록부가 작성된 사람이 등록창설을 하여 이중으로 등록부가 작성된 경우, 등록창설에 의하여 작성된 등록부에 그 기록사항이 적법하게 기록된 경우에는 등록부정정에 의하여 등록창설에 의하여 작성된 등록부를 폐쇄함과 동시에 적법한 등록부에 그 기록사항을 이기하는 정정절차를 거쳐 정리할 수 있다(예규제247호).

▶사례◀

이중으로 출생신고 된 이중가족관계등록부의 등록부 정정절차

☞ 질문

저는 甲과 乙의 혼인외 자인데, 모(母)인 乙의 출생신고에 의하여 가족관계등록부가 작성되었으나, 다시 부(父)인 甲의 출생신고에 의하여 이중으로 가족관계등록부가 작성되었습니다. 이 경우 등록부 정정을 어떻게 하여야 하는지요?

☞ 답변

가족관계등록부의 기록이 진정한 신분관계와 부합되지 아니한 때에는 법원의 허가를 얻은 후 그 허가재판의 등본을 첨부하여 시(구)·읍·면의 장에게 등록부정정을 신청할 수 있습니다.

이중으로 등록된 가족관계등록부의 정정은 착오된 등록부를 폐쇄하여야 하고 당사자가 임의로 선택할 수는 없습니다(가족관계등록예규 제244호).

귀하의 경우처럼 혼인외 자에 대하여 모의 출생신고 후 다시 부가 출생신고하여 이중등록부가 작성된 경우에는 "모의 출생신고가 부의 출생신고보다 먼저 수리된 이상 모의 출생신고에 의하여 등록부가 작성된 것은 정당한 것이므로 말소할 수 없고, 부의 출생신고에 의하여 작성된 등록부는 이중등록부로 위법한 것이므로 전부 말소되어야 하지만, 혼인외 자에 대한 친생자 출생신고는 인지(認知)의 효력을 가지는 것이고(가족관계의 등록 등에 관한 법률 제57조), 그것이 중복된 출생신고라 하더라도 그에 따른 출생사유의 기재만을 할 수 없을 뿐이지 효력발생까지 부정할 수는 없는 것이므로, 인지의 효력발생에 따라 모의 출생신고에 의하여 작성된 자녀의 등록부의 특정등록사항란 부(父)란을 기록하고, 성과 본이 바뀐 경우에는 그 내용을 기록하며 일반등록사항란에 인지의 효력 있는 출생신고의 사유와 성과 본이 바뀐 경우의 그 사유를 기록하고, 부(父)

제5절 부모성명 정정

1. 의의

부모 성명의 정정은 실체관계에 영향을 미치므로 친생부인 또는 친생자관계존부확인판결에 의하지 아니하는 한 정정할 수 없는 것이 원칙이다. 그러나 등록부에 기록된 부모가 허무인이라든지, 실재인이라 하더라도 부모의 등록부와 자의 등록부가 서로 연결되지 않는 경우 등에는 일정한 요건 하에 그 정정이 가능하다 할 것이다.

2. 구체적 사례

(1) 구 호적선례에 의하면, 미수복지구에 본적을 가졌던 자가 월남하여 취적함에 있어 허무인을 부모로 정한 경우 부모성명정정이 가능하다고 한다(구호적선례3-615호 참조).

(2) 구 호적선례에 의하면, 멸실 호적 취적시 부의 성은 주(朱)로(실제는 周임), 부의 이름 및 모의 성명은 불상으로 하여 취적을 하였으나 후에 부모성명을 알게 된 경우 부모 성

명정정이 가능하다고 한다(구호적선례3-617호 참조).

(3) 혼인외의 자에 대하여 부가 출생신고하면서 모의 이름을 착오로 잘못 기재하여 그대로 등록부에 기록된 경우에는, 그와 같은 사실을 증명할 수 있는 서면을 첨부하여 등록부 정정허가를 받아 정정할 수 있다(구호적선례4-144호, 2-392호 참조).

(4) 인지되지 아니한 혼인외의 자의 부란에 허무인이 부로 기록된 경우, 인지되지 아니한 혼인외의 자는 부란을 기록할 수 없는 것이므로 이는 법률상 허용될 수 없는 기록으로서 법원의 등록부 정정허가를 받아 말소할 수 있다(구호적선례 2-377호 참조).

(5) 혼인외의 자에 대한 부의 출생신고 시, 모의 성명을 가명으로 등록기준지를 불명으로 하여 신고하여 그대로 기록된 후, 나중에 모의 성명과 등록기준지를 알게 된 경우 등록부 정정허가를 받아 등록부를 정정할 수 있다(구호적선례2-414호 참조).

제6절 성 · 본의 정정

1. 의의

성 및 본은, 민법과 등록법규가 인정하는 경우를 제외하고는 원칙적으로 변경할 수 없으며 등록부에 기록된 성 및 본이 사실과 다른 경우에 한하여 등록부 정정절차에 따라 그 기록을 정정할 수 있다. 다만 생모의 성과 본을 따른 혼인외의 자(子)가 부의 인지에 의하여 부와의 법률적 친자관계가 인정될 경우에는 그 인지신고에 의하여 원칙적으로 모의 성과 본에서 부의 성과 본으로 정정 기록되고, 입양특례법에 의하여 양부의 성과 본을 따르게 되는 경우 입양신고에 의하여 양부의 성과 본으로 정정 기록되므로 별도의 등록부 정정절차를 요하지 않는다.

2. 구체적 사례

(1) 부를 알 수 없는 혼인외의 자의 성과 본을 임의로 정해 출생신고 한 경우에는, 그 등록부 기록이 잘못되었음을 소명하는 서면을 제출하여 등록부 정정허가를 받아 모의 성과 본으로 정정하는 것이 가능하다(구호적선례4-146호 참조). 다만 실제의 부의 성과 본을 알게 된 경우에도 그 사실만으로는 실제의 부의 성과 본으로 정정할 수 없고, 실제의 부의 인지절차에 의하여만 가능하다(구호적선례3-623호 참조).

(2) 혼인외의 자가 모의 성과 본을 따른 후 부의 성과 본으로 정정하고자 하는 경우에도, 추후보완신고나 법원의 허가에 의한 등록부 정정절차에 의하여 변경하는 것은 불가능하고, 반드시 부의 인지절차에 의하여야 한다(구호적선례3-624호 참조).

▶ 사례 ◀

성(姓)과 본(本)의 정정

☞ **질문**

저의 아버지께서 법원에 가족관계등록부 정정허가신청을 하여 '경주 김씨'에서 '김해 김씨'로 본을 정정하셨습니다. 저 또한 '김해 김씨'로 정정하고자 하는데, 법원에 가족관계등록부 정정허가신청을 하여야 하는지요?

☞ **답변**

가족관계등록부에 성(姓)과 본(本)이 사실과 달리 기재되어 있는 경우에는 등록기준지를 관할하는 가정법원에 등록부 정정허가신청을 하여 법원의 등록부 정정허가를 받아 성과 본을 동시에 정정하는 신청을 하여 정정할 수 있습니다(가족관계의 등록 등에 관한 법률 제104조).

그러나 귀하의 경우 귀하의 부(父)가 이미 등록부 정정허가를 받아 성과 본에 대한 등록부 정정을 하였으므로, 귀하가 법원에 가족관계등록부 정정허가신청을 할 필요는 없고 시(구)·읍·면장의 직권정정으로 정정이 가능하다고 할 것입니다(가족관계의 등록 등에 관한 규칙 제60조 제2항 제4호).

참고로 성과 본의 정정과 관련하여 구 호적선례는 "사건본인의 본(本)이 변경된 경우 그 형제자매와 방계혈족의 본의 정정은 간이직권정정절차에 의해 정정할 수 없고 별도로 등록부 정정허가를 받아야 정정이 가능하며(호적선례 3-622), 사건본인의 본(本)이 법원의 정정허가를 받아 정정되었더라도 사건본인의 부(父)의 본은 간이직권정정절차에 의하여 정정될 수 없고 별도의 등록부 정정허가에 의하여 정정할 수 있다(호적선례 3-629)." 라고 하였습니다. [법률구조공단자료. 참고만 하세요]

▶판례◀
대법원 1992.8.17. 자 92스13 결정

【판시사항】
가. 호적상의 성을 바꾸는 방법
나. 호적에 생부모 아닌 사람들 사이에서 출생한 것으로 기재된 경우의 정정방법

【판결요지】
가. 호적상의 성을 바꾸는 것은 친족법상 또는 상속법상 중대한 영향을 미치는 호적기재사항의 정정이므로 호적법 제123조에 의하여 확정판결을 받아 정정하여야 할 것이지 법원의 허가를 얻어 정정할 수 있는 것이 아니다.
나. 호적에 생부모 아닌 다른 사람들 사이에서 출생한 것으로 잘못 기재된 경우의 호적정정방법은, 호주가 호적상 부모를 상대로 호적법 제123조에 의한 친생자관계부존재확인심판의 정본 및 확정증명서를 첨부하여 호적정정신청을 함으로써 자신에 대한 호적기재를 말소정리하고, 생부로 하여금 자신을 혼인외자로 출생신고를 하게 하여 생부의 성과 본을 따르거나, 생부가 사망 등으로 출생신고를 할 수 없는 경우에는 호적법 제116조에 의하여 법원의 허가를 얻어 취적신고를 함으로써 생부의 호적에 입적하거나 생부의 성과 본에 따른 신호적을 편제

한 다음에, 호주의 호적 중 그 처자의 호적기재까지 말소하고, 그의 가족 전부를 생부의 호적(또는 호주 자신 명의의 신호적)에 가족으로 이기하는 동시에 위 호적상 부의 호적 중 위 호주의 신분사유란에 친생관계부존재확인 심판사유를 기재하고 동인의 호적기재를 말소하라는 호적정정신청을 하여 법원의 허가를 받아 그 정정절차를 밟으면 된다.

제7절 사망기록의 정정

1. 의의

법 제104조에 의하여 정정하는 것이 가능하다(대법원 1993.5.22.자 93스14~16 결정).

2. 구체적 사례

(1) 전에 신고한 사망일자에 착오가 있는 경우에는 법원의 허가를 얻어 정정할 수 있다(대법원93스14결정).

(2) 갑이 사망하였는데 을에 대한 사망신고를 한 경우의 정정(예규제242호)

가족관계등록부가 작성되지 아니한 갑이 사망하였음에도 을이 사망한 것 같이 신고하여 을의 가족관계등록부가 사망을 이유로 폐쇄된 경우라도 을은 생존자이므로 등록부 정정절차를 취하여 가족관계등록부를 부활하여야 하며 갑에 대하여는 가족관계등록부가 작성되지 아니한 자에 대한 사망신고를 하게 하여야 한다.

(3) 사망신고가 수리된 후에 다시 살아난 경우의 정정(예규제243호)

「가족관계의 등록 등에 관한 법률」 제104조에 따라 법원의 등록부 정정허가를 얻어 그 등록부를 부활하는 절차를 밟아야 한다.

(4) 혼인신고일 이전에 사망한 것으로 사망신고된 경우의 정정(예규제251호)

사실상 사망하였으나 가족관계등록부상 생존한 것으로 되어 있어 그 이름으로 혼인신고를 하고 그 후 실제 사망일자에 사망한 것으로 신고한 경우 사망사실이 확인되면 사망신고를 접수하여 처리한 후 「가족관계의 등록 등에 관한 법률」 제18조제1항에 따른 통지를 하여 당사자로 하여금 무효혼인에 의한 등록부정정의 절차를 밟아야 한다.

▶판례◀
대법원 1993.5.22. 자 93스14,15,16 결정

【판시사항】
가. 확정판결에 의한 호적정정신청 사항과 법원의 허가에 의한 호적기재정정신청 사항 여부의 구별기준(= 가사소송법 제2조에 의하여 판결을 받을 수 있는 사항인지 여부)
나. 사망사실 또는 사망일시에 관한 호적기재의 정정이 호적법

제120조에 따른 법원의 허가에 의한 호적기재정정 대상인지
여부

【결정요지】

가. 가사소송법 제2조 제1항, 제2항이 신분관계의 발생·변경·소멸에 중대한 영향을 미치는 사항에 관한 분쟁의 해결을 위한 소송방법을 제한적으로 열거하는 체제를 취하고 있음에 비추어 볼 때, 정정하려고 하는 호적기재사항과 관련된 신분관계의 존부에 관하여 직접적인 쟁송방법이 같은 법 제2조에 규정되어 있는지 여부를 기준으로 하여, 위 법조에 규정되어 있는 가사소송사건으로 판결을 받게 되어 있는 사항은 모두 친족법상 또는 상속법상 중대한 영향을 미치는 것으로 보아 그와 같은 사항에 관하여는 호적법 제123조에 따라 확정판결에 의하여서만 호적정정의 신청을 할 수 있고, 같은 법 제2조에 의하여 판결을 받을 수 없는 사항에 관한 호적기재의 정정은 호적법 제120조에 따라 법원의 허가를 얻어 정정을 신청할 수 있다고 보는 것이 상당하다.

나. 사람이 사망하였는지 여부나 사람이 사망한 일시를 확정하는 데 관하여는 직접적인 쟁송방법이 가사소송법은 물론 다른 법률이나 대법원규칙에도 정하여진 바가 없어 이와 같은 사항에 관한 호적기재의 정정은 호적법 제120조에 따라 처리되어야 할 것이다.

제8절 성별정정(性別訂正)

<성전환자의 성별정정허가신청사건 등 사무처리지침(예규제346호)>

1. 목적

이 지침은 성전환자가 가족관계등록부의 성별란에 기록된 출생당시의 성(성)을 전환된 성(성)으로 변경하기 위하여 「가족관계의 등록 등에 관한 법률」 제104조에 따라 등록부 정정허가신청을 하는 경우에 필요한 사항과 법원이 그 심리를 위하여 조사할 사항 그리고 성별정정허가결정을 받은 성전환자의 가족관계등록부 기록과 관련된 사항을 정함을 목적으로 한다.

2. 적용범위

(1) 이 지침은 신청인 겸 사건본인(이하 "신청인"이라 한다)이 성전환증에 의하여 성전환수술을 받았음(이하 "성전환증"이라 한다)을 이유로 성별정정허가신청을 하는 경우에 적용한다.

(2) 이 지침은 성염색체, 성선(성선), 외부성기 등 3가지 요소 중 어느 하나에 불일치가 존재하여 성보완 수술 또는 성적합 수술을 받은 사람이 성별정정허가신청을 하는 경우에는 적용하지 아니한다. 다만, 성보완 수술 또는 성적합 수술에 의하여 생물학적 성과 가족관계등록부에 기록된 성을 일

치시키거나 성보완 수술 또는 성적합 수술을 받고 가족관계
등록부의 성별을 정정한 사람이 성전환증을 이유로 성별정정
허가신청을 하는 경우에는 이 지침에 의하여 처리할 수 있다.

3. 첨부서류

(1) 신청인은 「비송사건절차법」 제9조제1항의 신청서에
다음 각 호의 서면을 첨부하여야 한다.

1) 가족관계등록부의 기본증명서, 가족관계증명서 및 주민
등록표등(초)본

2) 신청인이 성전환증 환자임을 진단한 2명 이상의 정신
과 전문의사의 진단서나 감정서

3) 신청인이 성전환수술을 받아 현재 생물학적인 성과 반
대되는 성에 관한 신체의 성기와 흡사한 외관을 구비하고 있
음을 확인하는 성전환시술 의사의 소견서[성전환시술 의사
명의의 소견서를 첨부할 수 없는 경우에는 그 소견서를 첨부
할 수 없는 이유를 소명하고 다른 전문의사 명의의 신체감정
서를 제출할 수 있고, 신청인이 외국에서 성전환수술을 받은
경우에는 그 수술결과 신청인이 생물학적인 성과 반대의 성
으로 외부성기 등을 갖추게 되었음을 확인한 국내의 성형외
과 또는 산부인과 전문의의 진단서(신체감정서, 소견서)를 제
출하여야 한다]

4) 신청인에게 현재 생식능력이 없고, 향후에도 생식능력
이 발생하거나 회복될 가능성이 없음을 확인하는 전문의사

명의의 진단서나 감정서

　5) 신청인의 성장환경진술서 및 2명 이상 인우인의 보증서(성장환경진술서 및 인우보증서에는 (i) 신청인의 유아기, 소년기, 청년기, 성년기 등 각 시기별로 이성관계를 포함한 대인관계와 사회생활에 대한 구체적인 진술과 (ii) 신청인이 성전환수술을 받기 전부터 일정기간 이상 지속적으로 생물학적인 성과는 반대되는 성적 주체성과 자아를 가지고 생활하였으며, 그러한 성적 주체성 내지는 자아의 발로로 성전환수술을 받았고, 신청인이 성전환수술을 받은 이후부터 현재까지 확립된 성적 주체성과 자아에 지극히 만족하면서 사회생활을 하고 있다는 취지의 진술이 기재되어야 한다)

　6) 부모의 동의서

　(2) 신청서를 접수하거나 재판에 참여하는 법원사무관 등은 제(1)항 각 호의 서면이 첨부되었는지 유무를 면밀히 검토하여야 하며, 제(1)항 각 호의 서면이 첨부되지 아니하였음을 발견한 때에는 신속히 신청인에게 서류의 보완을 위하여 필요한 사항을 지적하고 그 보정을 권고하여야 한다.

4. 사실조회

성별정정허가신청사건을 처리하는 법원은 필요한 경우 사실조회를 실시할 수 있다.

5. 법원의 심리

(1) 법원은 신청인을 심문하여야 한다.

(2) 법원은 신청서와 이에 첨부한 의사의 진단서나 소견서 등 서면의 신빙성에 대하여 합리적인 의심이 있다고 판단되는 경우, 공신력 있는 의료기관에 신청인에 대한 감정을 촉탁할 수 있으며, 인우보증이나 동의의 진실성을 확보하기 위하여 필요한 경우에는 인우인이나 신청인의 친족에 대한 참고인심문을 실시할 수 있다.

(3) 심문은 공개하지 아니한다. 그러나 법원은 상당하다고 인정하는 자에게 방청을 허가할 수 있다.

6. 조사사항

법원은 성별정정허가신청사건의 심리를 위하여 신청인에 대한 다음 각 호의 사유를 조사한다.

(1) 신청인이 대한민국 국적자로서 만 20세 이상의 행위능력자인지, 현재 혼인중인지, 신청인에게 미성년인 자녀가 있는지 여부

(2) 신청인이 성전환증으로 인하여 성장기부터 지속적으로 선천적인 생물학적 성과 자기의식의 불일치로 인하여 고통을 받고 오히려 반대의 성에 대하여 귀속감을 느껴왔는지 여부

(3) 신청인에게 상당기간 정신과적 치료나 호르몬요법에 의한 치료 등을 실시하였으나 신청인이 여전히 수술적 처치를 희망하여, 자격있는 의사의 판단과 책임 아래 성전환수술을 받아 외부성기를 포함한 신체외관이 반대의 성으로 바뀌었는

지 여부

(4) 성전환수술의 결과 신청인이 생식능력을 상실하였고, 향후 종전의 성으로 재 전환할 개연성이 없거나 극히 희박한 지 여부

(5) 신청인에게 범죄 또는 탈법행위에 이용할 의도나 목적으로 성별정정허가신청을 하였다는 등의 특별한 사정이 있는지 여부

7. 성별정정의 허가와 그 효력

(1) 법원이 성별정정허가결정을 하는 때에 참고할 주문례는 아래와 같다.

[주문기재례]

등록기준지 서울특별시 영등포구 여의대로 3(도로명주소가 없는 경우 지번방식의 주소로 기재함) 사건본인 김을순(금을순)의 가족관계등록부 성별란에 "여"로 기록된 것을 "남"으로, 정정하는 것을 허가한다.

(2) 성전환증을 이유로 한 성별정정허가의 효력은 법원이 그 결정을 고지한 때로부터 장래에 향하여 발생하며, 다른 법률에 별도의 규정이 있는 경우를 제외하고는 기존의 법률관계에는 영향을 미치지 아니한다.

8. 개명허가신청

신청인이 성별정정허가신청과 함께 개명허가신청을 하거나

성별정정허가신청사건의 심리중에 개명허가신청을 한 경우, 개명허가신청사건의 심리와 사무처리에 관해서는 원칙적으로 「대법원 가족관계등록예규」 제211호에 따르되, 같은 예규 제3조제1항의 사실조회는 실시하지 아니할 수 있으며, 성별정정을 허가한 경우에는 개명도 허가할 수 있다.

9. 가족관계등록부 기록

성전환증을 이유로 성별정정허가결정을 받은 신청인의 등록부정정신청을 접수한 시(구)·읍·면의 장은 신청인의 성별란을 정정하고, 일반등록사항란에 아래의 기재례에 따라서 정정사유를 기록하되, 특히 [정정내용]항목을 예규 제293호에 따라 특정등록사항란 성별기록 "남(또는 여)"을 "여(또는 남)"으로 정정으로 기록하여야 한다.

[기재례]

정정	【정정허가일】 0년0월0일 【허가법원】 00법원 【신청일】 0년0월0일 【신청인】 000 【정정일】 0년0월0일 【정정내용】 예규 제293호에 따라 특정등록사항란 　　　　　　　성별기록 "남(또는 여)" 　　　　　　　　을 "여(또는 남)"으로 정정 【처리관서】 000

▶사례◀

성전환수술을 한 경우 가족관계등록부의 정정이 허용되
는지

☞ **질문**

저는 가족관계등록부에는 여자로 기재되어 있지만, 유년시절부
터 동성에 호감을 갖는 등 성(性)주체성의 계속적인 장해로(성
전환증: 남성으로 살아가고자 하는 지속적인 신념을 가진 자)
결국에는 얼마 전 자궁 및 난소적출술, 유방적출술, 남성성기
및 고환성형술 등을 포함한 성전환수술을 받았습니다. 현재는
사실상 아내와 동거중이고 가정적으로나 사회적으로 남성으로
서 역할을 정상적으로 수행하며 남성으로서의 성생활도 유지하
고 있지만, 가족관계등록부상 여성이라는 이유로 많은 불편과
불이익 속에 살아가고 있으므로 여성에서 남성으로 등록부를
정정할 수 있는지요?

☞ **답변**

여성과 남성의 성(性)의 구분에 관하여 종전 판례는 "사람의
성은 성역샘체의 구성을 기본적인 요소로 하여 내부 생식기와
외부 성기를 비롯한 신체의 외관은 물론이고 심리적, 정신적인
성과 이에 대한 일반인의 평가나 태도 등 모든 요소를 종합적
으로 고려하여 사회통념에 따라 결정하여야 한다." 라고 하면
서 "피해자가 어릴 때부터 정신적으로 여성에의 성귀속감을
느껴왔고 성전환수술로 인하여 남성으로서의 내·외부성기의
특징을 더 이상 보이지 않게 되었으며 남성으로서의 성격도 대
부분 상실하여 외견상 여성으로서의 체형을 갖추고 성격도 여

성화되어 개인적으로 여성으로서의 생활을 영위해가고 있다 할지라도, 기본적인 요소인 성염색체의 구성이나 본래의 내·외부성기의 구조, 정상적인 남자로서 생활한 기간, 성전환수술을 한 경위, 시기 및 수술 후에도 여성으로서의 생식능력은 없는 점, 그리고 이에 대한 사회일반인의 평가와 태도 등 여러 요소를 종합적으로 고려하여 보면 사회통념상 여자로 볼 수는 없다." 라고 한 사례가 있습니다(대법원 1996. 6. 11. 선고 96도791 판결). 위 판례는 강간죄의 해석과 관련하여 성의 구별을 논한 것이기 때문에 가족관계등록부의 정정에 관한 확립된 입장이라고 할 수는 없습니다.

그러나 2006. 6. 22. 대법원은 "출생 후의 성장에 따라 일관되게 출생 당시의 생물학적인 성에 대한 불일치감 및 위화감, 혐오감을 갖고 반대의 성에 귀속감을 느끼면서 반대의 성으로서의 역할을 수행하며 성기를 포함한 신체 외관 역시 반대의 성으로서 형성하기를 강력히 원하여 정신과적으로 성전환증의 진단을 받고 상당기간 정신과적 치료나 호르몬 치료 등을 실시하여도 여전히 위 증세가 치유되지 않고 반대의 성에 대한 정신적, 사회적 적응이 이루어짐에 따라 일반적인 의학적 기준에 의하여 성전환수술을 받고 반대 성으로서의 외부 성기를 비롯한 신체를 갖추고, 나아가 전환된 신체에 따른 성을 가진 사람으로서 만족감을 느끼고 공고한 성정체성의 인식 아래 그 성에 맞춘 의복, 두발 등의 외관을 하고 성관계 등 개인적인 영역 및 직업 등 사회적인 영역에서 모두 전환된 성으로서의 역할을 수행함으로써 주위 사람들로부터도 그 성으로서 인식되고 있으며, 전환된 성을 그 사람의 성이라고 보더라도 다른 사람들과의 신분관계에 중대한 변동을 초래하거나 사회에 부정적인 영향을 주지 아니하여 사회적으로 허용된다고 볼 수 있다면, 이러한 여러 사정을 종합적으로 고려하여 사회통념상 신체적으로 전환된 성을 갖추고 있다고 인정될 수 있는 경우가 있다 할 것이며, 이와 같은 성전환자는 출생시와는 달리 전환된 성이 법률적으로도 그 성전환자의 성이라고 평가받을 수 있을 것이고 위와 같이 성전환자에 해당함이 명백한 사람에 대하여는 호적정정에 관한 호적법 제120조의 절차에 따라 호적의 성별란 기재의 성을 전환된 성에 부합하도록 수정할 수 있도록 허용함이 상당하다. 이 경우 호적정정 허가는 성전환에 따라 법률적으로 새로이 평가받게 된 현재의 진정한 성별을 확인하는 취지의 결정이므로 호적정정 허가결정이나 이에 기초한 호적상 성별란 정정의 효과는 기존의 신분관계 및 권리의무에 영향을 미치지 않는다고 해석함이 상당하고, 또한 위와 같은 성전환자의 이름이 정정된 성에 부합하도록 하는 개명 역시 허가될 수 있다."
라고 하여 호적(현행 가족관계등록부)정정을 허용하는 결정을 내렸습니다(대법원 2006. 6. 22.자 2004스42 결정).
따라서 구체적인 사안을 심리한 결과 성전환자에 해당함이 명백하다고 증명되는 경우에는 가족관계등록부정정이 가능할 것으로 보입니다.
참고로 판례는, 성전환자가 혼인 중에 있거나 미성년자인 자녀가 있는 경우에는, 가족관계등록부에 기재된 성별을 정정하여, 배우자나 미성년자인 자녀의 법적 지위와 그에 대한 사회적 인식에 곤란을 초래하는 것까지 허용할 수는 없으므로, 현재 혼인 중에 있거나 미성년자인 자녀를 둔 성전환자의 성별정정은 허용되지 않는다고 하였습니다(대법원 2011. 9. 2.자 2009스117 전원합의체 결정). [법률구조공단자료. 참고만 하세요]

▶판례◀

대법원 2006.6.22. 자 2004스42 전원합의체 결정

【판시사항】

[1] 성(성)의 결정 기준

[2] 성전환자의 정의 및 성전환자의 성(성)의 법률적 평가

[3] 성전환자에 대한 호적상 성별 기재의 정정 허용 여부(적극) 및 정정의 효과

[4] 호적상 여성으로 등재되어 있으나, 성장기부터 여성에 대한 불일치감과 남성으로의 귀속감을 나타내면서 성인이 된 후에는 오랜 기간 동안 남성으로서 살다가 성전환수술을 받아 남성의 외부 성기와 신체 외관을 갖춘 사람이 호적정정 및 개명 신청을 한 사안에서, 사회통념상 남성으로 평가될 수 있는 성전환자에 해당함이 명백하므로 호적정정 및 개명을 허가할 여지가 충분히 있다고 보아, 성전환자에 대한 호적정정을 허용할 근거가 없다는 등의 이유로 이를 불허한 원심결정을 파기한 사례

【결정요지】

[1] 종래에는 사람의 성을 성염색체와 이에 따른 생식기·성기 등 생물학적인 요소에 따라 결정하여 왔으나 근래에 와서는 생물학적인 요소뿐 아니라 개인이 스스로 인식하는 남성 또는 여성으로의 귀속감 및 개인이 남성 또는 여성으로서 적합하다고 사회적으로 승인된 행동·태도·성격적 특징 등의 성 역할을 수행하는 측면, 즉 정신적·사회적 요소들 역시 사람의 성을 결정하는 요소 중의 하나로 인정받게 되었으므로, 성의 결

정에 있어 생물학적 요소와 정신적·사회적 요소를 종합적으로 고려하여야 한다.

[2] 성전환증을 가진 사람의 경우에도, 남성 또는 여성 중 어느 한쪽의 성염색체를 보유하고 있고 그 염색체와 일치하는 생식기와 성기가 형성·발달되어 출생하지만 출생 당시에는 아직 그 사람의 정신적·사회적인 의미에서의 성을 인지할 수 없으므로, 사회통념상 그 출생 당시에는 생물학적인 신체적 성징에 따라 법률적인 성이 평가될 것이다. 그러나 출생 후의 성장에 따라 일관되게 출생 당시의 생물학적인 성에 대한 불일치감 및 위화감·혐오감을 갖고 반대의 성에 귀속감을 느끼면서 반대의 성으로서의 역할을 수행하며 성기를 포함한 신체 외관 역시 반대의 성으로서 형성하기를 강력히 원하여, 정신과적으로 성전환증의 진단을 받고 상당기간 정신과적 치료나 호르몬 치료 등을 실시하여도 여전히 위 증세가 치유되지 않고 반대의 성에 대한 정신적·사회적 적응이 이루어짐에 따라 일반적인 의학적 기준에 의하여 성전환수술을 받고 반대 성으로서의 외부 성기를 비롯한 신체를 갖추고, 나아가 전환된 신체에 따른 성을 가진 사람으로서 만족감을 느끼고 공고한 성정체성의 인식 아래 그 성에 맞춘 의복, 두발 등의 외관을 하고 성관계 등 개인적인 영역 및 직업 등 사회적인 영역에서 모두 전환된 성으로서의 역할을 수행함으로써 주위 사람들로부터도 그 성으로서 인식되고 있으며, 전환된 성을 그 사람의 성이라고 보더라도 다른 사람들과의 신분관계에 중대한 변동을 초래하거나 사회에 부정적인 영향을 주지 아니하여 사회적으로 허용된다고 볼 수 있다면, 이러한 여러 사정을 종합적으로 고려하여 사람의 성에 대한 평가 기준에 비추어 사회통념상 신체적으로 전환된 성을 갖추고 있다고 인정될 수 있는 경우가 있다 할 것이

며, 이와 같은 성전환자는 출생시와는 달리 전환된 성이 법률적으로도 그 성전환자의 성이라고 평가받을 수 있을 것이다.

[3] [다수의견] 성전환자의 경우에는 출생시의 성과 현재 법률적으로 평가되는 성이 달라, 성에 관한 호적의 기재가 현재의 진정한 신분관계를 공시하지 못하게 되므로, 현재 법률적으로 평가되는 성이 호적에 반영되어야 한다. 현행 호적법에는 출생시 호적에 기재된 성별란의 기재를 위와 같이 전환된 성에 따라 수정하기 위한 절차 규정이 따로 마련되어 있지 않다. 그러나 진정한 신분관계가 호적에 기재되어야 한다는 호적의 기본원칙과 아울러, 첫째 성전환자도 인간으로서의 존엄과 가치를 향유하며 행복을 추구할 권리와 인간다운 생활을 할 권리가 있고 이러한 권리들은 질서유지나 공공복리에 반하지 아니하는 한 마땅히 보호받아야 한다는 점, 둘째 호적법이 성전환자의 호적상 성별란 기재를 수정하는 절차규정을 두지 않은 이유는 입법자가 이를 허용하지 않기 때문이 아니라 입법 당시에는 미처 그 가능성과 필요성을 상정하지 못하였기 때문이라는 점, 셋째 호적법 제120조에 의한 호적정정사유 중 호적의 기재가 법률상 허용될 수 없는 경우를 해석함에 있어서 호적 기재 후의 법령의 변경 등 사정의 변경에 의하여 법률상 허용될 수 없음이 명백하게 된 경우를 반드시 배제하여야 할 필요가 있다고 보기 어려울 뿐 아니라, 호적법 제120조에 의한 호적정정 절차를 둔 근본적인 취지가 호적의 기재가 부적법하거나 진실에 반하는 것이 명백한 경우에 그 기재 내용을 판결에 의하지 아니하고 간이한 절차에 의하여 사실에 부합하도록 수정할 수 있도록 함에 있다는 점을 함께 참작하여 볼 때, 구체적인 사안을 심리한 결과 성전환자에 해당함이 명백하다고 증명되는 경우에는 호적법 제120조의 절차에 따라 그 전환된 성과 호적의 성

별란 기재를 일치시킴으로써 호적기재가 진정한 신분관계를 반영할 수 있도록 하는 것이 호적법 제120조의 입법 취지에 합치되는 합리적인 해석이라는 점을 종합하여 보면, 성전환자에 해당함이 명백한 사람에 대하여는 호적정정에 관한 호적법 제120조의 절차에 따라 호적의 성별란 기재의 성을 전환된 성에 부합하도록 수정할 수 있도록 허용함이 상당하다. 성전환자에 해당함이 명백한 사람에 대하여 호적법 제120조에서 정한 절차에 따라 성별을 정정하는 호적정정이 허가되고 그에 따라 전환된 성이 호적에 기재되는 경우에, 위 호적정정 허가는 성전환에 따라 법률적으로 새로이 평가받게 된 현재의 진정한 성별을 확인하는 취지의 결정이므로 호적정정허가 결정이나 이에 기초한 호적상 성별란 정정의 효과는 기존의 신분관계 및 권리의무에 영향을 미치지 않는다고 해석함이 상당하다.

[대법관 손지열, 박재윤의 반대의견] 성전환자의 경우는 선천적으로 불완전한 성적 특징을 가진 자에 대하여 착오나 출생신고 당시 오인으로 인하여 호적에 잘못된 성별로 기재한 경우와 달리, 처음부터 잘못 기재된 호적을 출생시에 소급하여 정정하기 위한 호적법 제120조가 그대로 적용될 수 없는 사안이다. 호적법 제120조에 규정된 '착오', '호적의 정정'이라는 문구 등은 그 객관적 의미와 내용이 명확하여 해석상 의문의 여지가 없고, 호적법을 제정할 당시의 입법 취지도 그 내용이 처음 호적에 기재된 시점부터 존재하는 착오나 유루를 정정하고자 하는 것으로서 만일 호적기재가 기재 당시의 진정한 신분관계에 부합되게 적법하게 이루어졌다면 정정의 대상이 될 수 없는 것이었음이 명백하므로, 다수의견의 견해는 호적법 제120조에 대한 문리해석이나 입법 취지 등과는 관계없이, 객관적으로 명백한 호적법 제120조의 규정내용에 일부 내용을 추

가·제거 또는 변경하는 것과 동일한 효과를 가져 오는 것으로서 정당한 유추해석의 한계를 벗어나는 것이다. 사람이 출생신고 당시에 어떠한 성을 가지고 있었는지 여부를 확인하는 호적정정과는 달리, 출생 신고 이후의 사정변경을 이유로 하여 다른 성으로의 실질적 변경을 허용하는 문제는 새로운 신분관계의 창설 내지 변경과 이에 따른 법률관계의 변동을 수반하므로 성의 변경이 허용되는지 여부 및 그 요건과 절차는 호적법이 아닌 다른 법률에서 합목적적인 고려에 따라 상세하게 정하여야 하고, 그 요건과 절차 등에 따라 성 변경의 효력이 발생된 경우에 비로소 이를 대외적으로 확인하고 공시하는 취지에서 신고절차를 거쳐 호적에 기재되어야 한다. 이와 달리, 성의 변경의 요건이나 절차 등에 관한 근거 법률이 전혀 없는 상태에서 단순히 호적정정절차를 통하여 성의 변경을 허용한다는 것은 신분관계를 공시하는 기능만이 부여된 호적제도 본래의 목적과 기능을 크게 벗어나는 것이다. 한편, 다수의견과 같이 해석을 하는 것이 과연 새로운 사회현상으로 대두된 성전환증에 관한 문제의 해결이나 그와 같은 문제로 고통 받는 당사자들의 구제를 위하여 적절하고, 효과적인 것이라고 볼 수도 없다. 현 단계에서 법원으로서는 이 사건과 같은 사안에서 당사자의 성을 적절한 기준에 따라서 변경할 수 있는 법적·제도적인 보완이 절실하다는 점을 충분히 지적하면서, 현행 호적법 제120조의 호적정정의 방법으로는 이 문제를 해결할 수 없다는 점을 선언하고, 국민의 대의기관인 국회가 사회적 여론을 수렴하여 구체적인 요건과 절차, 효과 등을 담은 입법조치를 하기를 강력히 촉구함으로써 당사자들에게 근본적이고 효과적인 구제가 가능한 여건을 조성하는 데에 일조하는 것이 더욱 중요하다. 결론적으로 성전환자에 대하여 호적법 제120조의 호적정정절차에 따라 호적상 성별란을 정정하는 것은 허용될 수 없다.

[다수의견에 대한 대법관 김지형의 보충의견] 합헌적 법률해석이라는 법리에 비추어 볼 때 성전환자에게 출생 당시 확인되어 신고된 성이 출생 후 그 개인의 성적 귀속감의 발현에 따른 일련의 과정을 거쳐 최종적으로 사회통념상 확인된 성과 부합하지 않는다고 인정할 수 있다면 그와 같이 확인된 성에 맞추어 성별을 바꾸는 것은 호적법 제120조가 말하는 '정정'의 개념에 포함된다고 풀이하는 것이 옳다고 본다. 성전환자에 대하여 출생 당시에는 달리 정신적·사회적 성 결정 요소를 확인할 수 없어 생물학적 요소 만에 의하여 출생시 신고된 성이 그의 성인 것으로 알고 있었으나, 성장한 후 일정 시점에서 사회통념상 인정되는 성은 출생시 신고된 성과 반대의 성인 것으로 사후에 비로소 확인될 수밖에 없다는 점에 성전환자에게 특유한 문제가 존재하고 이를 해결하기 위하여 호적정정의 필요성이 제기되는 것이다. 성전환자의 성별 정정에 관한 절차적 규정을 입법적으로 신설하는 것이 이상적이지만, 아직까지 어떠한 형태로든 그에 관한 가시적인 입법조치를 예상하기 힘든 현재의 시점에서는 입법 공백에 따른 위헌적인 상황이 계속되는 것보다는 법원이 구체적·개별적 사안의 심리를 거쳐 성전환자로 확인된 사람에 대해서는 호적법상 정정의 의미에 대한 헌법합치적 법률해석을 통하여 성별 정정을 허용하는 사법적 구제수단의 길을 터놓는 것이 미흡하나마 성전환자의 고통을 덜어줄 수 있는 최선의 선택이다.

[4] 호적상 여성으로 등재되어 있으나, 성장기부터 여성에 대한 불일치감과 남성으로의 귀속감을 나타내면서 성인이 된 후에는 오랜 기간 동안 남성으로서 살다가 성전환수술을 받아

남성의 외부 성기와 신체 외관을 갖춘 사람이 호적정정 및 개명 신청을 한 사안에서, 사회통념상 남성으로 평가될 수 있는 성전환자에 해당함이 명백하므로 호적정정 및 개명을 허가할 여지가 충분히 있다고 보아, 성전환자에 대한 호적정정을 허용할 근거가 없다는 등의 이유로 이를 불허한 원심결정을 파기한 사례.

▶판례◀

대법원 2011.9.2. 자 2009스117 전원합의체 결정

【판시사항】

[1] 성전환자가 혼인 중에 있거나 미성년자인 자녀가 있는 경우 성별정정을 허가할 것인지 여부(소극)

[2] 갑이 을과 혼인을 하여 미성년자인 자녀 병을 두고 있었는데 성전환수술 등을 받고 가족관계등록부상의 성별란 정정을 신청한 사안에서, 현재 혼인 중에 있거나 미성년자인 자녀를 둔 성전환자의 성별정정은 허용되지 않는다고 하며 갑의 성별정정을 불허한 원심판단을 수긍한 사례

【결정요지】

[1] [다수의견] 성전환수술에 의하여 출생 시의 성과 다른 반대의 성으로 성전환이 이미 이루어졌고, 정신과 등 의학적 측면에서도 이미 전환된 성으로 인식되고 있다면, 전환된 성으로 개인적 행동과 사회적 활동을 하는 데에까지 법이 관여할 방법

은 없다. 그러나 성전환자가 혼인 중에 있거나 미성년자인 자녀가 있는 경우에는, 가족관계등록부에 기재된 성별을 정정하여, 배우자나 미성년자인 자녀의 법적 지위와 그에 대한 사회적 인식에 곤란을 초래하는 것까지 허용할 수는 없으므로, 현재 혼인 중에 있거나 미성년자인 자녀를 둔 성전환자의 성별정정은 허용되지 않는다.

[대법관 양창수, 대법관 이인복의 반대의견] 미성년자인 자녀가 있다는 사정은 이와 더불어 그 자녀의 연령과 취학 여부, 부모의 성별정정에 대한 자녀의 이해나 동의 여부, 자녀에 대한 보호·교양·부양의 모습과 정도, 기타 가정환경 등 제반사정과 함께 그 성전환자가 사회통념상 전환된 성을 가진 자로서 인식될 수 있는지 여부를 결정하는 여러 가지 요소들의 일부로 포섭하여 법원이 구체적 사안에 따라 성별정정의 허가 여부를 결정하면 충분하고, 미성년자인 자녀가 있다는 사정을 성별정정의 독자적인 소극적 요건으로 설정할 것이 아니다.

[대법관 박시환, 대법관 김지형, 대법관 전수안의 반대의견] 미성년자인 자녀가 있는 성전환자의 경우 성별정정을 허용할 것인지는 입법정책의 문제에 속하는 것이고, 나아가 이미 부모의 전환된 성에 따라 자연스러운 가족관계가 형성된 경우 등에서는 성별정정을 허용하지 않는 것이 오히려 미성년자의 복리에 장애가 될 수 있다. 한편 다수의견이 과거의 혼인사실을 이유로 성별정정이 제한되는 것은 아니라고 본 점에 대하여는 견해를 같이 하나, 현재 혼인 중에 있다는 사정을 성별정정의 독자적인 소극적 요건으로 보는 데에는 찬성할 수 없다. 혼인 중에 있다고 하더라도, 성별정정신청 당시 그 혼인관계의 실질적 해소 여부와 그 사유, 혼인관계의 실질적 해소로부터 경과한 기간, 실질적으로 해소된 혼인관계의 부활가능성 등 제반사정을

종합적으로 고려하여 가족관계등록부상의 성별란 정정이 신분관계에 혼란을 줄 염려가 있는지를 가리고 그에 따라 성별정정 여부를 결정하면 충분하다.

[2] 가족관계등록부상 남성으로 등재되어 있는 갑이 을과 혼인을 하여 미성년자인 자녀 병을 두고 있었는데 심한 성정체성 장애 때문에 수차례 정신과 치료를 받아오다가 결국 성전환수술 등을 받았고 이에 가족관계등록부상의 성별란 정정을 신청한 사안에서, 성전환자가 혼인 중에 있거나 미성년자인 자녀가 있는 경우에는 가족관계등록부에 기재된 성별을 정정하여 배우자나 미성년자인 자녀의 법적 지위와 그에 대한 사회적 인식에 곤란을 초래하는 것까지 허용할 수는 없으므로, 현재 혼인 중에 있거나 미성년자인 자녀를 둔 성전환자의 성별정정은 허용되지 않는다고 하며, 성전환자 갑이 성별정정을 불허한 원심판단을 수긍한 사례.

【주 문】

재항고를 기각한다.

【이 유】

재항고이유를 판단한다.

1. 성전환자의 성(성)의 결정과 성전환자에 대한 가족관계등록부상 성별 기재의 정정

가. 가족관계의 등록 등에 관한 법률을 포함하여 현행법 체계는 모든 사람이 남성 또는 여성 중의 하나에 속하는 것을 전제로 하면서도 남성과 여성의 구분, 즉 성의 결정 기준에 관하여

별도의 규정을 두지 않고 있다.

나. 종전에는 사람의 성을 성염색체와 이에 따른 성기 등 생물학적인 요소에 따라 결정하여 왔다. 그러나 근래에 와서는 생물학적인 요소뿐 아니라 개인이 스스로 인식하는 남성 또는 여성으로의 귀속감 및 개인이 남성 또는 여성으로서 적합하다고 사회적으로 승인된 행동·태도·성격적 특징 등의 성 역할을 수행하는 측면, 즉 정신적·사회적 요소들 역시 사람의 성을 결정하는 요소 중의 하나로 인정받게 되었다.

다. 성전환증(Transsexualism)을 가진 사람의 경우에도, 남성 또는 여성 중 어느 한쪽의 성염색체를 보유하고 있고 그 염색체와 일치하는 성기가 형성·발달되어 출생하지만, 출생 당시에는 아직 그 사람의 정신적·사회적인 의미에서의 성을 인지할 수 없으므로, 생물학적인 신체적 성징(성징)에 따라 법률적인 성이 평가될 것이다.

라. 그러나 출생 후 성장과정에서 일관되게 출생 당시의 생물학적인 성에 대한 불일치감 및 위화감·혐오감을 갖고 반대의 성에 귀속감을 느끼면서, 반대의 성으로서의 역할을 수행하며 성기를 포함한 신체 외관 역시 반대의 성으로 형성된 사람들에 대해서는 일정한 경우 법률적인 성의 평가도 달라질 수 있다고 할 것이다. 특히 의학적으로 성전환증의 진단을 받고 상당기간 정신과적 치료나 호르몬 치료 등을 실시하여도 여전히 위 증세가 치유되지 않고 반대의 성에 대한 정신적·사회적 적응이 이루어졌고, 나아가 일반적인 의학적 기준에 의하여 성전환수술을 받아 외부 성기를 비롯한 신체적 성징도 반대의 성으로 변경되었을 뿐 아니라 전환된 성을 가진 사람으로서 만족감을 느끼고 공고한 성정체성의 인식 아래 그 성에 맞춘 의복, 두발

등의 외관을 하고 성관계 등 개인적인 영역 및 직업 등 사회적인 영역에서 모두 전환된 성으로서의 역할을 수행하여 주위 사람들로부터도 그 성으로 인식되는 정도에 이르러 사회통념상으로 볼 때 전환된 성을 갖추고 있다고 인정되고, 또한 전환된 성을 그 사람의 성이라고 보더라도 다른 사람들과의 신분관계에 중대한 변동을 초래하지 아니하는 등 사회규범적으로도 허용될 수 있는 경우라면 그러한 성전환자(아래에서 말하는 성전환자는 이러한 성전환자를 뜻한다)에 대하여는 법률적으로도 출생 시의 성이 아닌 전환된 성을 그 사람의 성이라고 평가할 수 있을 것이다.

마. 그리고 성전환자의 경우에는 출생 시의 성과 현재 법률적으로 평가되는 성이 달라, 성에 관한 가족관계등록부의 기재가 현재의 진정한 신분관계를 공시하지 못하게 되므로, 가족관계의 등록 등에 관한 법률 제104조의 절차에 따라 가족관계등록부의 성별란 기재의 성을 전환된 성에 부합하게 수정하는 것을 허용함이 상당하다. 한편 이러한 가족관계등록부 정정허가는 성전환에 따라 법률적으로 새로이 평가받게 된 현재의 진정한 성별을 확인하는 취지의 결정이므로, 그 정정허가 결정이나 이에 기초한 가족관계등록부상 성별란 정정의 효과는 기존의 신분관계 및 권리의무에 영향을 미치지 않는다고 해석하여야 한다.

대법원은 이미 대법원 2006. 6. 22.자 2004스42 전원합의체 결정에서 이러한 법리를 선언한 바 있다.

2. 혼인 중에 있거나 미성년자인 자녀가 있는 경우 성별정정을 허가할 것인지 여부

가. 성전환수술 등으로 신체적 특성이나 사회적 활동을 함에

있어서는 전환된 성이 그 사람의 성으로 인식되더라도, 가족관계등록부상의 성별 표시에 대한 정정을 허가하기 위해서는, 다른 사람들과의 신분관계에 변동을 초래하거나 사회에 부정적인 영향을 주지 아니하여 사회적으로 허용된다고 볼 수 있는 등 여러 사정을 종합적으로 고려하여야 하므로, 성별정정으로 배우자나 자녀와의 신분관계에 중대한 변경을 초래하거나 사회에 미치는 부정적 영향이 현저한 경우 등 특별한 사정이 있다면, 성별정정을 허용하여서는 아니 된다.

나. 성전환자가 혼인 중에 있는 경우

헌법 제36조 제1항은 "혼인과 가족생활은 개인의 존엄과 양성의 평등을 기초로 성립되고 유지되어야 하며, 국가는 이를 보장한다."라고 선언하고 있는바, 무릇 혼인이란 남녀 간의 육체적, 정신적 결합으로 성립하는 것으로서, 우리 민법은 이성(이성) 간의 혼인만을 허용하고 동성(동성) 간의 혼인은 허용하지 않고 있다. 그런데 만약 현재 혼인 중에 있는 성전환자에 대하여 성별정정을 허용할 경우 법이 허용하지 않는 동성혼의 외관을 현출시켜 결과적으로 동성혼을 인정하는 셈이 되고, 이는 상대방 배우자의 신분관계 등 법적·사회적 지위에 중대한 영향을 미치게 된다. 따라서 현행 민법 규정과 오늘날의 사회통념상 현재 혼인 중에 있는 성전환자는 전환된 성을 법률적으로 그 사람의 성이라고 평가할 수 없고, 그 결과 가족관계등록부의 성별정정도 허용되지 아니한다고 할 것이다. 다만 현재 혼인 중이 아니라면 과거 혼인한 사실이 있다고 하더라도 위와 같은 혼란을 야기하거나 사회에 부정적인 영향을 미칠 우려가 크지 않으므로 성별정정을 불허할 사유가 되지 아니한다.

다. 성전환자에게 미성년자인 자녀가 있는 경우

우리 민법에 부모는 미성년자인 자의 친권자가 되고(제909조 제1항), 친권자는 자를 보호하고 교양할 권리의무가 있으며(제913조), 친권을 행사함에 있어서는 자의 복리를 우선적으로 고려하여야 한다(제912조)라고 규정하고 있는바, 미성년자인 자녀가 있는 경우에는 친권자의 성(성)을 법률적으로 평가함에 있어서도 미성년자인 자녀의 복리를 우선적으로 고려하지 않으면 안 된다. 그런데 성전환자에게 미성년자인 자녀가 있음에도 성별정정을 허용한다면 미성년자인 자녀의 입장에서는 법률적인 평가라는 이유로 부(부)가 남성에서 여성으로, 또는 모(모)가 여성에서 남성으로 뒤바뀌는 상황을 일방적으로 감내해야 하므로, 이로 인한 정신적 혼란과 충격에 노출될 수 있음을 쉽게 짐작할 수 있다. 그리고 성별정정을 허용하게 되면 가족관계증명서의 '부(부)' 란에 기재된 사람의 성별이 '여(녀)'로, 또는 '모(모)' 란에 기재된 사람의 성별이 '남(남)'으로 표시됨으로써 동성혼의 외관이 현출될 수밖에 없고, 미성년자인 자녀는 취학 등을 위해 가족관계증명서가 요구될 때마다 동성혼의 외관이 현출된 가족관계증명서를 제출할 수밖에 없다. 동성혼에 대한 찬반양론을 떠나 이에 대한 사회적 차별과 편견은 엄연한 현실이고, 이러한 현실에 대한 적응능력이 성숙되지 아니하고 감수성이 예민한 미성년자인 자녀를 이러한 사회적 차별과 편견에 무방비하게 노출되도록 방치하는 것은 친권자로서 또는 사회구성원으로서의 기본적인 책무를 도외시하는 것이다. 그와 같은 친권자와 미성년자인 자녀 사이의 특별한 신분관계와 미성년자인 자녀의 복리에 미치는 현저한 부정적인 영향, 그리고 가족관계등록부상 성별란 정정의 효과가 '기존의' 친자관계 등 법률관계에 영향을 미치지 않는다는 것만으로는 그 이후 새롭게 생겨나는 미성년 자녀의 생활관계상의 곤란이 다 해결된다고 보기는 어려운 점 등을 고려하면, 성전환자에게 미성년자인 자녀가 있는 경우에는 성별정정이 허용되지 않는다고 할 것이다. 나아가 가족 간의 유대와 배려를 특별히 중요하게 생각하는 우리 사회의 가족관에 비추어 볼 때, 미성년자인 자녀의 복리를 위하여 친권자의 성별정정을 허용하지 않는 것은, 현재의 우리 사회가, 스스로의 선택에 의하여 이성과 혼인하고 자녀를 출생시켜 가족을 이룬 사람에게 요구할 수 있는 최소한의 배려요청이다.

라. 소결론

성전환수술에 의하여 출생 시의 성과 다른 반대의 성으로 성전환은 이미 이루어졌고, 정신과 등 의학적 측면에서도 이미 그 전환된 성으로 인식되고 있다면, 전환된 성으로 개인적 행동과 사회적 활동을 하는 데에까지 법이 관여할 방법은 없다. 그러나 성전환자가 혼인 중에 있거나 미성년자인 자녀가 있는 경우에는, 가족관계등록부에 기재된 성별을 정정하여, 그 배우자나 미성년자인 자녀의 법적 지위와 그에 대한 사회적 인식에 곤란을 초래하는 것까지 허용할 수는 없으므로, 현재 혼인 중에 있거나 미성년자인 자녀를 둔 성전환자의 성별정정은 허용되지 않는다고 할 것이다.

3. 원심은, 신청인이 가족관계등록부상 남성으로 등재되어 있으나 학창시절부터 여성복을 즐겨 입고, 여성을 동성처럼 여기는 등 여성적 성향을 보이며 심한 성정체성 장애를 겪어 왔으며, 그 때문에 수차례 정신과 치료를 받아오다가 2006. 8. 8. 태국에서 성전환수술과 유방성형수술을 받아 여성의 외부 성기와 신체 외관을 갖추게 되었고, 그 후 현재까지 계속하여 여성 호르몬제를 투약해 온 점 등의 사정에 의하면 신청인을 여성으

로 볼 여지가 있다고 하면서도, 신청인이 1992. 10. 21. 혼인을 한 적이 있고, 당시 부인과 사이에 1994. 11. 8.에 태어난 아들을 둔 사정을 들어 신청인의 가족관계등록부상 성별을 남성에서 여성으로 정정하는 것은 신분관계에 중대한 변동을 초래한다고 하여, 이 사건 신청을 기각한 제1심결정을 유지하였다.

앞에서 본 법리에 비추어 보면, 원심이 과거의 혼인경력을 들어 성별정정을 불허한 것처럼 판시한 것은 잘못이라고 할 것이지만, 미성년자인 자녀가 있는 신청인의 성별정정신청을 기각한 제1심결정을 유지한 조치는 그 결론에 있어 정당하고, 거기에 재항고이유에서 주장하는 바와 같은 잘못이 없다.

4. 결론

그러므로 재항고를 기각하기로 하여 주문과 같이 결정한다. 이 결정에 대하여는 미성년자인 자녀가 있다는 사정을 성별정정의 독자적인 소극적 요건으로 볼 것인지에 관하여 대법관 양창수, 대법관 이인복의 반대의견, 미성년자인 자녀가 있다는 사정과 혼인 중에 있다는 사정을 성별정정의 독자적인 소극적 요건으로 볼 것인지에 관하여 대법관 박시환, 대법관 김지형, 대법관 전수안의 반대의견이 있는 외에는 관여 법관들의 의견이 일치되었다.

5. 대법관 양창수, 대법관 이인복의 반대의견은 다음과 같다.

가. 법의 역할은 무엇보다도 사람의 자유와 권리를 보호하는데 있다. 그리하여 이 사회의 소수자에 해당하는 성전환자들에게도 새로운 성에 대한 법적 보호가 필요하고, 각자가 자신이 원하는 성을 법적으로 인정받고 이를 기본으로 하여 삶을 영위하는 것은 자신의 행복 추구에 있어서 본질적인 의미를 가지는

것이다. 이러한 취지에서 대법원 2006. 6. 22.자 2004스42 전원합의체 결정은 이들의 성별 정정을 법적으로 승인한 것이다.

그리고 어느 한 사람의 성적 정체성은 근본적으로 개인적 영역에 속하는 자신의 존재양식 또는 삶의 기본양상에 관한 결단으로서의 성격을 지니므로 이는 법적으로도 그에 상응한 존중을 받아야 하는 것이나, 다른 한편으로 성전환자들 역시 사회의 한 구성원으로서 공동체 내에서 생활을 영위하는 이상 그의 행위가 갖는 사회적 의미를 전적으로 도외시할 수는 없다. 위 대법원 전원합의체 결정이 판시하는 바와 같이 가족관계등록부에 기재된 성별의 정정을 어느 범위에서 허용할 것인지를 판단함에 있어서 성별의 정정이 다른 사람의 신분관계에 미치는 영향이나 그에 따른 사회적 결과도 함께 고려하여야 함은 충분히 수긍할 수 있다.

그러나 성적 정체성에 관한 태도 결정이나 성적 지향은 개인의 존재 그 자체를 구성하는 것으로서 이를 법적으로 인정받지 못하는 것은 인간의 존엄을 유지하고 스스로 선택한 가치관에 따라 행복을 추구한다는 가장 기본적인 권리를 부정당하는 것이나 다름없다. 따라서 사회적 인식이나 통념 등을 이유로 사회 내의 소수자인 성전환자의 성별 정정을 제약하는 데에는 극히 신중한 태도를 가질 필요가 있다. 성전환자의 성별정정은 우리 사회의 주류로부터 오히려 지지·동의될 수 없는 것을 아마도 그들의 뜻에 반하여 성전환자에게도 이 사회에서 인간으로서 누릴 수 있는 행복의 추구를 가능하게 하기 위한 기반으로서 시인하는 것이다. 따라서 이 맥락에서 윤리적 또는 종교적 신념 등에 기반한 사회적 통념 또는 인식을 앞세워서는 성전환자의 성별정정이 가지는 법적 의미는 현저히 퇴색할 수밖에 없는 것이다. 특히 법원이 가족관계등록부에 기재된 성별의 정정을 허가할 것인지 여부를 결정함에 있어서 일정한 기준을 세우고 그에 따라 일관된 처리를 함으로써 법적 안정성을 유지하는 것이 중요한 가치임은 부인할 수 없다고 하더라도, 어떠한 소극적 요건을 절대적 기준으로 설정함으로써 경우에 따라 성전환자의 인간으로서의 존엄성이나 행복추구권의 본질적 부분이 침해되는 결과에 이를 수 있음에도 이를 감수하면서까지 법적 안정성을 추구하는 것이 정당하다고 말할 수 없다.

나. 성전환은 법원이 가족관계등록부상의 성별란 정정을 허용할 것인지 여부에 대한 재판을 통하여 공적으로 확인된다. '성(성)'의 결정은 단순한 사실의 확인이 아니라, '성'이라는 법개념의 내용 및 판단기준에 비추어 어떠한 사람의 성이 어디에 속하는가를 정하는 법적 판단이다.

성전환자의 미성년 자녀가 부 또는 모의 성전환으로 가혹한 사회적 차별과 편견을 받게 되는 상황이 우려되는 경우에는, 법원이 성별정정 허가 여부를 재판하면서 이러한 사정을 하나의 중요한 요소로 고려하면 충분하고, 미성년자인 자녀가 있다는 사정을 당연히 성별정정을 허용하지 않는 절대적인 소극적 요건으로 설정할 것은 아니다. 요컨대 이는 성전환에 대한 법적 승인으로 인한 성전환자의 이익과 그 미성년자인 자녀의 불이익 사이의 구체적 형량문제이고, 이를 어느 경우에나 일률적으로 후자 우선으로 결정할 일이 아닌 것이다.

대법관 박시환, 대법관 김지형, 대법관 전수안의 반대의견에서도 밝히고 있는 바와 같이 성전환자의 미성년 자녀가 성전환자를 성전환 전과 마찬가지로 자신의 어버이로 여기는 경우를 얼마든지 상정할 수 있다. 그러한 경우에는 미성년 자녀의 불이익보다 성전환에 대한 법적 승인으로 인한 성전환자의 이익이 현저히 크다고 할 것이다.

또한 성적 정체성의 혼란을 겪다가 자녀를 둔 후에 비로소 명백한 성전환자가 된 경우 그 시점에 미성년 자녀가 있다는 이유만으로 스스로 어찌할 수 없는 상태에서 자녀가 성년에 이를 때까지 종전의 성에 따른 삶을 살도록 강요하는 것이 이러한 제약이 없는 성전환자와 비교하여 그 차별을 정당화할 만한 이유가 있다고 볼 수 없다.

다수의견은 "성별정정을 허용하게 되면 가족관계증명서의 '부(부)'란에 기재된 사람의 성별이 '여(녀)'로, 또는 '모(모)'란에 기재된 사람의 성별이 '남(남)'으로 표시됨으로써 동성혼의 외관이 현출될 수밖에 없다"고 한다. 그러나 가족관계증명서의 부 또는 모의 기재는 어떤 사람의 부 또는 모가 누구인가를 말하는 것일 뿐이고, 그들 사이에 혼인관계가 있다는 것을 의미하는 것이 아니다. 한편 현재 동성혼이 허용되지 아니한다는 것은 누구나 알고 있는 사실이므로, 가족관계등록부의 기재를 통하여 '동성혼의 외관'은 애초 성립할 여지가 없는 것이다. 다만 위와 같은 가족관계증명서의 기재는 부 또는 모가 성전환을 하였다는 것을 말하여주는 것일 뿐이다.

결국 미성년자인 자녀가 있다는 사정은 이와 더불어 그 자녀의 연령과 취학 여부, 부모의 성별정정에 대한 자녀의 이해나 동의 여부, 자녀에 대한 보호·교양·부양의 모습과 정도, 기타 가정환경 등 제반사정과 함께 그 성전환자가 사회통념상 전환된 성을 가진 자로서 인식될 수 있는지 여부를 결정하는 여러 가지 요소들의 일부로 포섭하여 법원이 구체적 사안에 따라 성별정정의 허가 여부를 결정하면 충분하고, 미성년자인 자녀가 있다는 사정을 성별정정의 독자적인 소극적 요건으로 설정할 것이 아니다.

한편 이 문제에 관하여 혼인 중에 있는 사람과 미성년 자녀가 있는 사람을 같은 차원에서 논의할 수는 없다. 혼인 중에 있는 사람에게 성전환을 인정하는 것은 다수의견이 말하는 대로 직접적으로 동성혼을 인정하는 것이 되고, 이는 혼인제도의 근간을 뒤흔들게 된다. 동성혼은, 혼인제도가 어떻게 이를 포섭할 수 있도록 바뀌어야 하는가 하는 문제는 별론으로 하고, 현재 효력 있는 법에서는 부인되고 있다고 하지 않을 수 없다.

외국의 예를 보더라도 미성년 자녀가 있다는 사정을 성별정정의 독자적인 소극적 요건으로 취급하지 않는 반면에, 현재 혼인 중인 경우에는 성별정정을 어용하시 않는 것이 현 시점에서의 일반적인 경향임을 알 수 있다.

이상과 같은 법리에 의하면, 미성년자인 자녀가 있다는 사정은 성별정정을 허가할 것인가에 있어서의 개별적인 고려요소에 지나지 않는다고 할 것임에도, 원심이 미성년자인 자녀가 있다는 사정을 성별정정의 독자적인 소극적 요소로 보고 그러한 사정의 존재만으로 나머지 제반사정에 관하여 나아가 살펴보지 아니한 채 이 사건 성별정정신청을 기각한 제1심 결정을 그대로 유지한 데에는 성별정정에 관한 법리를 오해함으로써 재판 결과에 영향을 미친 위법이 있다. 따라서 원심결정은 파기되어야 한다.

6. 대법관 박시환, 대법관 김지형, 대법관 전수안의 반대의견은 다음과 같다.

다수의견은, 성전환자의 경우 가족관계등록부의 성별에 관한 기재가 현재의 진정한 신분관계를 공시하지 못하게 되므로 가족관계등록부의 성별란 기재의 성(성)을 현재의 전환된 성에 부합하도록 수정을 허용하여야 하고, 이러한 가족관계등록부 정정허가는 성전환에 따라 법률적으로 새로이 평가받게 된 현재의 진정한 성별을 확인하는 취지의 결정이라고 하면서도, 그 소극적 요건으로 성별정정으로 신분관계에 중대한 변경을 초래하거나 사회에 미치는 부정적 영향이 현저한 경우 등의 사정이 없어야 한다고 하면서 구체적으로는 현재 법률상 혼인 상태에 있지 아니할 것과 미성년자인 자녀가 없어야 한다는 점을 요구하고 있다. 그러나 이러한 다수의견에는 다음과 같은 이유로 찬성할 수 없다.

가. 헌법 전문과 헌법 제10조는 모든 국민은 인간의 존엄과 가치, 행복추구권 및 능력을 최고도로 발휘할 권리를 가진다고 선언하고 있다. 국민 각자가 현재의 생물학적·법률적 성(성)에 부합하도록 자신의 성별을 공적으로 확인받아 공시하는 것은 이러한 기본적 권리를 실현하는데 있어 필수적 요소라 할 수 있다. 성전환자의 경우 자신의 성정체성에 따른 법률적 성을 진정한 성으로 확정 또는 확인받는 것 자체로써 다른 사회구성원들에게 직접 위해를 가할 여지가 있는 것은 아니고, 오히려 자신의 성정체성에 따라 확인된 진정한 성이 있음에도 그 성과 가족관계등록부에 등록된 성이 일치하지 않는 상태가 방치되고 있다면 그로 인하여 다른 사회구성원들 사이에서 혼란과 착오가 발생할 가능성이 더욱 클 것이다. 그럼에도 사회에 대한 부정적 영향이 없어야만 가족관계등록부 정정을 허용하겠다는 다수의견은, 결과적으로 성전환자에 대한 사회구성원 다수의 인식을 궁극적 판단기준으로 설정하는 것일 뿐 아니라 소수자인 성전환자도 성정체성의 문제로 인하여 차별받지 않고

대다수 사람들과 동등한 권리와 행복을 누려야 한다는 기본권적 가치를 외면하고 있는 것이어서 동의할 수 없다.

유엔인권이사회는 2011. 6. 16. 제17차 회의에서 '성적 지향 및 성정체성에 대한 결의안'을 통과시켰고 우리 정부도 유엔인권이사회 이사국으로서 위 결의안에 찬성하였는데, 위 결의안은 각국의 성적 지향과 성정체성에 대한 차별적 법률과 관행 등을 조사, 공개하도록 요구하고 있다. 다수의견의 견해는 성전환자, 동성애자 등의 이른바 성소수자에 대한 차별을 금지하는 입법과 제도적 보완이 요구되는 이러한 시대흐름에도 반하는 것이다.

나. 다수의견은 성전환자가 현재 혼인 중에 있거나 미성년자인 자녀를 두고 있는 경우에는 가족관계등록부의 성별정정이 허용되지 않는다고 함으로써 이를 그 성별정정 허가의 소극적 요건으로 파악하고 있으나, 이는 다수의견이 들고 있는 대법원 2006. 6. 22.자 2004스42 전원합의체 결정에서 판시한 의견에 배치되는 것이다.

위 전원합의체 결정에서의 다수의견에 대한 보충의견은, 혼인 여부나 자녀 유무에 따라 성전환자의 성별정정을 허용할 것인지 여부는 입법재량의 범위 안에 있는 것이고, 이에 관한 명확한 입법이 없는 현재로서는 혼인을 하였다거나 자녀를 두었다는 사정이 성전환자의 호적정정을 허용할 수 없는 사유가 된다고 일률적으로 단정할 수는 없으며, 다수의견의 견해는 이를 소극적 요건으로 설정하려는 것이 아니라 진정한 의미에서의 성전환자로 확인되고 더 나아가 그에 따라 호적정정을 하더라도 그 효력이 소급하여 기존의 신분관계 등에 중대한 영향을 주지 않아 제한적인 범위 안에서만 그 효력이 미친다고 볼 수 있다면 호적정정을 허용할 수 있다는 의미로 이해되어야 할 것임을 명시적으로 밝힌 바 있다.

그런데 이 사건에서 다수의견이, 미성년자인 자녀를 둔 자라는 사정만으로도 성별정정을 불허할 사유가 되고 특히 신청인이 현재 혼인상태에 있지 아니함에도 굳이 혼인 중에 있는 자라는 사정만으로도 성별정정을 불허할 사유가 된다는 견해를 밝히고 있는 것은 위 전원합의체 결정과 달리 '그 성전환자가 다른 사람들과의 신분관계에 변동을 초래하거나 사회에 부적정인 영향을 미치지 않을 것'을 소극적 요건으로 설정한 것이라고 볼 수밖에 없다. 이러한 다수의견에 따를 경우 위 전원합의체 결정에서 판시된 의견은 변경되어야 하는 결과에 이른다는 점을 다수의견은 신중히 고려하였어야 할 것이다.

다. 다수의견은, 미성년자인 자녀를 둔 성전환자에게 성별정정을 허가하게 되면 가족관계등록부에 동성혼의 외관이 현출될 수밖에 없고 현실적인 사회적 차별과 편견에 미성년자를 무방비하게 노출되도록 방치하는 결과가 되어 미성년자인 자녀의 복리에 부정적 영향을 미치게 되므로 미성년자인 자녀가 있는 경우에는 성별정정이 허용되어서는 안 된다고 한다.

그러나 다수의견의 위와 같은 견해는, 미성년자인 자녀가 있는 성전환자의 경우 그 성별정정을 허용할 것인지 여부는 입법정책의 문제에 속하는 것이며, 나아가 이미 부모의 전환된 성에 따라 자연스러운 가족관계가 형성된 경우 등에서는 그 성별정정을 허용하지 않는 것이 오히려 미성년자의 복리에 장애가 될 수 있다는 점에서 동의하기 어렵다.

우선 각국의 입법례를 보더라도 일본의 '성 동일성 장해자의 성별취급의 특례에 관한 법률' 제3조 제1항이 미성년자인 자녀가 존재하지 않을 것 등을 성별정정의 요건으로 규정하고 있으나, 독일, 영국 등에서는 성년 또는 미성년의 자녀 여부를 성별변경의 요건으로 삼고 있지 않다. 우리나라에서는 아직까지 이에 관한 입법이 이루어지지 않고 있으나, 앞서 본 대법원 2004스42 전원합의체 결정 이후로는 성별정정이 허가되고 있고, 성전환자가 성년 또는 미성년자인 자녀를 둔 경우에 있어서 다수의견이 지적하는 우려는 성별정정에도 불구하고 성전환자와 자녀 사이의 법률관계는 변경되지 않는다는 등의 해석론으로 대부분 해결될 수 있는 문제에 지나지 않는다.

또한 다수의견은 성전환자의 미성년자인 자녀가 성년이 될 때까지는 일률적으로 성별정정을 허가하지 않는 것이 그 자녀의 복리에 도움이 된다고 하며, 심지어 우리 사회 가족관에 비추어 볼 때 미성년자인 자녀를 둔 성전환자의 성별정정을 허용하지 않는 것은 스스로의 선택에 의하여 이성과 혼인하고 자녀를 출생시켜 가족을 이룬 사람에게 요구할 수 있는 최소한의 배려 요청이라고 한다.

하지만 성전환자가 혼인 중 또는 사실혼 관계에서 자녀를 출산한 후 성전환하여 혼자서 오랜 기간 동안 그 전환된 성으로서 자녀를 양육해 온 경우 또는 혼인관계 없이 부(부) 또는 모(모)로서 미성년자인 자녀를 입양한 후 성전환하거나 이미 성전환하고서도 성별정정을 하지 못한 채 미성년자인 자녀를 입양하여 혼자서 그 전환된 성으로 자녀를 양육해 온 경우에 있어서 그 성전환자와 미성년자인 자녀 사이에 이미 가족관계등록부의 성(성)과는 다른 실질적 가족관계가 형성되어 있다면, 법원이 단지 미성년자인 자녀가 있다는 이유만으로 성별정정을 허용하지 않는 것이 미성년자인 자녀의 복리를 위한 것이며 우리 사회가 요구할 수 있는 최소한의 배려요청이라고 할 수 있는지 의문이다. 다수의견의 견해는, 성별정정을 통해 인간으로 서의 최소한의 기본적 권리를 보호받고자 하는 성전환자들에게, 사회 구성원 다수의 인식에 비추어 관용하고 수용할 만한 경우에만 성별정정을 허용하겠다는 것과 다르지 않으며, 우리 사회 구성원의 다수가 성적 소수자를 충분히 이해하거나 포용하는 입장으로 돌아서지 않는 한, 성전환자로 하여금 법률적으로 성전환 전의 다른 성으로 살아가도록 강요하는 것에 지나지 않는다.

그러므로 원심이 미성년자인 자녀가 있다는 사정을 성별정정의 독자적인 소극적 요소로 판단하여 앞서 본 바와 같은 사정에 관하여는 살펴보지 아니한 채 이 사건 성별정정신청을 기각한 제1심결정을 그대로 유지한 데에는 성별정정에 관한 법리를 오해한 잘못이 있다. 원심결정은 파기되어야 한다.

라. 한편 다수의견이 과거의 혼인사실을 이유로 성별정정이 제한되는 것은 아니라고 본 점에 대하여는 견해를 같이 하나, 현재 혼인 중에 있다는 사정을 성별정정의 독자적인 소극적 요건으로 보는 데에는 찬성할 수 없다.

성전환자에 대한 우리 사회의 평균적인 이해의 정도가 높아지고 그에 따라 이들을 바라보는 시각이 보다 관대하게 바뀌어가고 있으며 사회통념상의 부정적인 요소도 시대의 변화와 인식의 변화 속에서 달라지게 마련이다. 그런데도 혼인 중에 있다는 사정을 성별정정의 독자적이고 절대적인 소극적 요건으로 보는 것은 바람직하지 않다.

혼인 중에 있다고 하더라도 사실상 별거를 하고 있거나 이혼소송 중에 있는 등 성별정정을 허용하더라도 배우자와의 신분관계에 실질적인 변동을 초래할 우려가 크지 않은 경우도 있을 터인데, 성별정정을 필요로 하는 다른 사정은 고려하지 않은 채 혼인 중에 있다는 사정만을 내세워 성별정정을 불가능하게 하는 것은 합리적인 접근방식이라고 볼 수 없다.

결국 혼인 중에 있다고 하더라도, 성별정정신청 당시 그 혼인관계의 실질적 해소 여부와 그 사유, 혼인관계의 실질적 해소로부터 경과한 기간, 실질적으로 해소된 혼인관계의 부활가능성 등 제반사정을 종합적으로 고려하여 가족관계등록부상의 성별란 정정이 신분관계에 혼란을 줄 염려가 있는지를 가리고 그에 따라 성별정정 여부를 결정하면 충분하다.

이 사건 신청인은 혼인 중에 있지 아니하므로 다수의견에 의하더라도 이 사건 결론에는 영향이 없을 것이나, 현재 혼인 중에 있지 아니할 것을 성별정정의 독자적인 소극적 요건으로 보는 다수의견과는 그 견해를 달리하므로 이 점을 아울러 밝혀둔다.

제9절 한자 성의 한글표기 정정

1. 한글맞춤법에 의한 성의 한글 표기

한자로 된 성을 한글로 기록할 때에는 한글맞춤법에 따라 표기한다. 다만, 일상생활에서 한자 성을 본래의 음가로 발음 및 표기하여 사용하는 등 성의 한글표기에 두음법칙 적용의 예외를 인정할 합리적 사유가 있는 경우에는 그러하지 아니하다(예규제37호).

2. 가족관계등록부상 한자 성의 한글표기 정정에 관한 사무처리지침(예규 제257호)

(1) 신청의 방법

가족관계등록부상 두음법칙이 적용된 한자 성의 한글표기를 정정하고자 하는 신청인은 「가족관계의 등록 등에 관한 법률」 제104조에 따라 사건 본인의 등록기준지를 관할하는 가정법원에 등록부정정허가신청을 하여 그 허가를 받아야 한다.

(2) 신청인

1) 사건본인 및 사건본인과 한자 성이 같은 직계존·비속은 위 (1)의 신청을 할 수 있다. 다만, 사건본인이 속한 문중 또는 종중은 그러하지 아니하다.

2) 사건본인은 「비송사건절차법」 제6조 및 제7조에 따라 대리인으로 하여금 제1)항의 신청을 하도록 할 수 있다.

3) 신청인이 사건본인으로서 단독으로 제1)항의 신청을 하는 경우, 접수 공무원은 「민법」 제781조제1항에 따라 신청인과 같은 성을 사용하는 신청인의 부(모의 성과 본을 따르는 경우에는 모, 이하 같다) 및 직계존·비속 사이의 가족관계등록부상 한글 성 표기가 같아야 함을 안내하고 이해관계인의 지위에서 신청인의 부 및 직계비속을 사건본인으로 하여 공동신청 하도록 권고하여야 한다.

(3) 신청서에 첨부할 서류

신청인이 위 (1)의 신청을 할 경우 다음 각 호의 서면을 첨부하여야 한다.

1) 주민등록 등·초본, 학적부, 졸업증명서, 문중 또는 종중의 확인서 등 사건본인이 일상생활에서 한자 성을 본래의 음가로 발음 및 표기하여 사용하였음을 소명하는 서면

2) 신청인 겸 사건본인의 가족관계등록부상 한자 성의 한글표기의 정정으로 아래 (5)의 단서에 따라 직권정정될 직계비속이 있는 경우에는 해당 직계비속의 동의서 또는 직계비속의 가족관계등록부상 한자 성의 한글표기가 직권정정되며 아래 (6)의 제1)항의 특별한 사정이 없는 한 재정정할 수 없다는 점을 해당 직계비속에게 고지하였음을 소명할 수 있는 서면

3) 신청인과 사건본인 또는 아래 (5)의 단서에 따라 가족관계등록부상 한자 성의 한글표기가 직권정정될 직계비속과의 관계를 소명하는 서면

4) 그 밖의 사건본인의 한자 성을 가족관계등록부에 한글로 기록하면서 두음법칙을 적용하지 아니할 합리적인 사유가 있음을 소명하는 서면

(4) 법원의 심리와 허가

1) 법원은 위 (1)의 신청사건을 심리하면서 사건본인의 가족관계등록부상 한자 성의 한글표기 정정을 허용할 합리적 사유와 그 신청에 불순한 의도나 탈법의 목적이 있는지를 심사하기 위하여 「비송사건절차법」이 정한 방법에 따라 필요

한 조사를 할 수 있다.

2) 제1)항의 조사결과 사건본인이 일상생활에서 자신의 한자 성을 본래의 음가로 발음 및 표기하여 왔고 신청에 불순한 의도나 탈법의 목적이 없다고 인정되는 등 가족관계등록부상 한자 성의 한글표기 정정에 합리적인 사유가 있다고 인정되는 경우에 법원은 위 (1)의 신청을 허가할 수 있다.

(5) 등록부정정허가의 효력

가족관계등록부상 한자 성의 한글표기 정정의 효력은 사건본인에게만 미친다. 다만, 직계비속이 있음에도 사건본인만이 위 (1)의 신청을 하여 가족관계등록부상 한자 성의 한글표기가 정정된 경우에는 「가족관계의 등록 등에 관한 규칙」 제55조제3항, 제60조제2항제3호를 준용하여 시(구)·읍·면의 장은 그 직계비속의 가족관계등록부상 한자 성의 한글표기도 직권으로 정정한다.

(6) 재정정신청의 처리

1) 가족관계등록부상 한자 성의 한글표기를 정정한 사람이 정정 전의 한글표기로 재 정정신청을 한 경우, 관할법원은 이를 허가하지 아니하면 사건본인에게 회복할 수 없는 손해가 발생하는 등 특별한 사정이 소명되지 아니하는 한, 등록부정정을 허가하여서는 안 된다.

2) 위 (5) 단서에 따라 간이직권절차에 의하여 가족관계등록부상 한자 성의 한글표기 정정을 받은 자녀가 신청인 겸 사건본인으로 신청하는 경우도 제1)항과 같다.

(7) 출생신고

1) 부의 가족관계등록부상 한자 성의 한글표기를 정정한 경우에는 그 자녀의 한자 성을 정정 전의 한글표기에 따라 출생신고 할 수 없다.

2) 부의 가족관계등록부상 한자 성의 한글표기를 정정하지 아니하고 그 자녀의 성을 정정하고자 하는 한글표기에 따라 출생신고 하는 경우도 제1)항과 같다.

■ **관련선례** ■ 사건본인의 가족관계등록부상 성씨의 한글표기를 '유'에서 '류'로 정정하였으나, 사건본인의 가족관계등록부상 사망한 부(父)의 성(姓)이 종전대로 '유'로 기록되어 있는 경우, 이해관계인이 사건본인의 등록기준지를 관할하는 가정법원에 "사건본인의 가족관계등록부상 부의 성을 '유'에서 '류'로 정정하는 것을 허가하라"는 취지의 가족관계등록부정정허가신청을 하고 그 허가를 받아 시(구)·읍·면의 장에게 정정신청을 할 수 있다(200808-4호).

▶사례◀

공무원의 착오로 잘못 기재된 가족관계등록부상의 이름 정정방법

☞ **질문**

저는 남편과 혼인신고를 하면서 가족관계등록공무원의 착오로

제 이름 중 '今' 자를 '슈' 자로 기재하여 현재까지도 가족
관계등록부상으로는 그대로 입니다. 그러나 주민등록등본과 주
민등록증에는 원래의 이름대로 되어 있는데 잘못된 가족관계등
록부상의 이름을 바로 하려면 어떻게 하여야 하는지요?

☞ 답변

신분관계를 등록·공증하는 유일한 공부인 가족관계등록부의
기재는 진실하다는 추정력이 인정되어 강한 증명력을 갖게 되
므로 등록부 기재내용과 신분관계가 부합되어야 하는 것입니
다. 그러므로 어떠한 이유에서 실제의 신분관계와 부합하지 않
는 등록부 기재가 있는 경우 신속한 정정절차가 개시될 수 있
도록 가족관계등록부의 정정통지제도를 두는 한편 등록부 정정
제도를 두어 이를 정정토록 하고 있습니다.

위 사안의 경우 가족관계등록부의 정정에 해당하는바, 등록부
정정에는 가족관계등록비송에 의한 정정, 확정판결에 의한 정
정, 직권에 의한 정정이 있는데, 위 사안은 직권에 의한 정정
중 감독법원의 허가 없이 할 수 있는 직권정정 즉, 간이직권정
정사항에 해당한다고 볼 수 있습니다(가족관계의 등록 등에 관
한 법률 제18조, 제104조 내지 제107조).

즉, 다음과 같은 경미한 사항에 대하여는 감독법원의 허가 없
이 시(구)·읍·면장이 직권으로 정정할 수 있으며, 정정 후
감독법원에 보고하도록 되어 있습니다(같은 법 제18조, 가족관
계의 등록 등에 관한 규칙 제60조 제2항).

1.등록부의 기록이 오기되었거나 누락되었음이 법 시행 전의
호적(제적)이나 그 등본에 의하여 명백한 때,

2.규칙 제54조 또는 제55조에 의한 기록이 누락되었음이 신고
서류 등에 의하여 명백한 때,

3.한쪽 배우자의 등록부에 혼인 또는 이혼의 기록이 있으나 다
른 배우자의 등록부에는 혼인 또는 이혼의 기록이 누락된 때,

4.부 또는 모의 본이 정정되거나 변경되었음이 등록사항별 증
명서에 의하여 명백함에도 그 자녀의 본란이 정정되거나 변경
되지 아니한 때,

5.신고서류에 의하여 이루어진 등록부의 기록에 오기나 누락된
부분이 있음이 해당 신고서류에 비추어 명백한 때,

따라서 귀하의 경우는 위 제1호에 해당된다 할 것이므로 해당
사건을 처리한 시(구)·읍·면에 말 또는 서면으로 직권정정신
청을 하여 잘못된 이름을 바로잡을 수 있을 것으로 보입니다.

[법률구조공단자료. 참고만 하세요]

▶사례◀
재외국민의 가족관계등록부 정정절차

☞ 질문
저는 미국에서 태어났고, 태어난 지 1년 후 모국의 친지를 통
해 출생신고를 의뢰하였으나 친지의 착오로 가족관계등록부상
출생연월일이 실제와 다르게 기재되었고, 현재의 가족관계등록
부에도 실제와 다르게 등록이 되어 있습니다. 이에 이를 정정
하려고 하는바, 현지에서 정정할 수 있는 방법은 없는지요?

「가족관계의 등록 등에 관한 법률」 제104조는 "등록부의 기록이 법률상 허가될 수 없는 것 또는 그 기재에 착오나 누락이 있다고 인정한 때에는 이해관계인은 사건 본인의 등록기준지를 관할하는 가정법원의 허가를 받아 등록부의 정정을 신청할 수 있다."고 규정하고 있으며, 특히 「재외국민의 가족관계등록창설·가족관계등록부정정 및 가족관계등록부 정리에 관한 특례법」에서는 재외국민의 가족관계등록창설 등에 관한 특례를 규정하여 이들의 등록부 정정절차를 간소화하고 있습니다.

즉, 가족관계등록비송절차에 있어 첨부서류를 특정화하여 간소하게 하고, 법원의 허가를 요하는 등록부 정정사항 중 일정한 사항에 대하여는 재외공관의 장의 조사확인서를 첨부하면 법원의 허가 없이 등록부 정정을 할 수 있도록 하고, 그 비용은 국가 또는 지방자치단체에게 부담하게 하는 등의 내용을 규정하고 있습니다.

귀하의 경우는 「가족관계의 등록 등에 관한 법률」 제104조에서 정하고 있는 정정사항으로, 등록부 정정허가신청서에 등록사항별 증명서, 재외국민등록부등본, 거류국의 외국인등록부등본(또는 영주권사본), 사유서 등을 첨부하여 재외공관의 장에게 제출할 수 있고, 그 신청서를 접수한 재외공관의 장은 이를 외교통상부장관을 경유하여 등록기준지를 관할하는 가정법원에 송부하여야 하고(다만, 등록부 정정허가 여부는 사안에 따라 결정될 것임), 다만, 재외공관장이 등록부 기록의 착오 또는 누락된 사실을 확인하였을 때에는 그 조사확인서를 첨부하여 직접 등록기준지 관할 시(구)·읍·면장에게 송부하여 이에 관한 정정을 구할 수 있습니다(재외국민의 가족관계등록창설·가족관계등록부 정정 및 가족관계등록부 정리에 관한 특례법

제5조 제1항, 제6조). [법률구조공단자료. 참고만 하세요]

제5조 제1항, 제6조). [법률구조공단자료. 참고만 하세요]

신간 · 개정판 안내(법문북스·법률미디어)

책 명	저 자	정 가
1. 수사형사조사총서 제1권 형법	김 정 수	150,000
2. 수사형사조사총서 제2권 형사특별법	김 정 수	150,000
3. 도산법 실제와 법리	김 영 한	90,000
4. 사이버수사 형벌총서	김창범 · 고홍남	160,000
5. 법률학 대사전	이 병 태	180,000
6. 수사해법과 형벌사례연구	이 창 현	140,000
7. 형벌법요설과 수사기술	김 정 수	68,000
8. 조세의 정의와 실무이론	생활법률연구원	70,000
9. 자동차사고로 인한 손해배상의 책임과 보상	박 영 민	30,000
10. 형벌형법의 실제와 정해	이 상 범	140,000
11. 형벌형사특별법의 실제와 정해	이 상 범	140,000
12. 부동산제문제와 법률적 연구	대한부동산법률문제연구회	85,000
13. 민사소송실제와 법원유해(전2권)	김 만 길	340,000
14. 상거래시 수표 · 어음의 법률적 문제와 이해	김 창 범	65,000
15. 민사소송실제와 법원유해(전2권)	김 만 길	340,000
16. 채권 총론·각론의 그문분석과 법리	이 기 옥	85,000
17. 형사특별법 형벌문제분석과 조사기법	김 정 수	130,000
18. 형법 형사문제문제분석과 조사기법	김 정 수	130,000
19. 형벌의 이해와 실제연구	김 창 범	80,000
20. 법률학지식입문대사전	이 상 범 외	160,000
21. 실용법인등기요설	김 만 길	160,000
22. 토지건물소송과 법원처리절차	김 용 한	160,000
23. 가사(가족관계)소송과 실무정해	박 근 영 외	160,000
24. 민법주석대전(전3권)	경 수 근 외	450,000
25. 민사소송집행실무이론절차(전4권)	김 만 길 외	560,000
26. 법률종합서식	오 시 영 외	150,000
27. 최신계약실무이론총서(전2권)	박 종 훈 외	320,000
28. 민사집행 · 경매 실무이론	이 재 천	140,000
29. 법률학사전	이 병 태	180,000
30. 채무자 회생 파산 분석 요해	이 상 범	160,000
31. 가압류가처분경매총서	김 만 길 외	320,000
32. 법인등기실무이론	김 용 환 외	160,000
33. 법률법원규정특별연구(전2권)	이 상 범	320,000

■ **편 저 이 상 범** ■

- ■전 각급 법원 민사가사형사 참여사무관
- □전 서울고등법원 종합민원접수실장
- ■전 서울중앙지방법원 민사신청과장
- □전 서울가정법원 가사과장
- ■전 인천가정법원 본원 집행관
- □전 서울지방법원 민사조정위원

가족관계법에 따른
개명 · 입양 · 연령정정 실무와 사례   定價 24,000원

2013年 6月 10日 1판 인쇄
2013年 6月 15日 1판 발행
편 저 : 이 상 범
발행인 : 김 현 호
발행처 : 법문 북스
공급처 : 법률미디어

152-050
서울 구로구 구로동 636-62
TEL : 2636-2911~3, FAX : 2636~3012
등록 : 1979년 8월 27일 제5-22호
Home : www.lawbooks.co.kr

▌ISBN 978-89-7535-261-4 13360
▌파본은 교환해 드립니다.
▌본서의 무단 전재 · 복제행위는 저작권법에 의거, 3년 이하의
  징역 또는 3,000만원 이하의 벌금에 처해집니다.